今注本二十四史

宋書

梁　沈約　撰

朱紹侯　主持校注

中國社會科學出版社

一五　　傳〔八〕

宋書　卷九三

列傳第五十三

隱逸

《易》曰：“天地閉，賢人隱。”[1] 又曰：“遯世無悶。”[2] 又曰：“高尚其事。”[3] 又曰：“幽人貞吉。”[4]《論語》“作者七人”，[5] 表以逸民之稱。又曰：“子路遇荷蓧丈人，[6] 孔子曰：隱者也。” 又曰：“賢者避地，其次避言。”[7] 又曰：“虞仲，夷逸，隱居放言。”[8] 品目參差，稱謂非一，請試言之。夫隱之爲言，迹不外見，道不可知之謂也。若夫千載寂寥，聖人不出，則大賢自晦，降夷凡品，止於全身遠害，非必穴處巖栖，雖藏往得二，鄰亞宗極，而舉世莫窺，萬物不覿。若此人者，豈肯洗耳潁濱，[9] 皭皭然顯出俗之志乎。遯世避世，即賢人也。夫何適非世，而有避世之因，固知義惟晦道，非曰藏身。至於巢父之名，即是見稱之號，號曰裘公，[10] 由有可傳之迹，此蓋荷蓧之隱，而非賢人之隱也。賢人之隱，義深於自晦，荷蓧之隱，事止於違人。

論迹既殊，原心亦異也。身與運閉，無可知之情，雞黍宿賓，示高世之美。[11]運閉故隱，爲隱之跡不見，違人故隱，用致隱者之目。身隱故稱隱者，道隱故曰賢人。或曰："隱者之異乎隱，既聞其説，賢者之同於賢，未知所異？"應之曰："隱身之於晦道，名同而義殊，賢人之於賢者，事窮於亞聖，以此爲言，如或可辨。若乃高尚之與作者，三避之與幽人，及逸民隱居，皆獨往之稱，雖復漢陰之氏不傳，[12]河上之名不顯，[13]莫不激貪厲俗，秉自異之姿，猶負揭日月，鳴建鼓而趨也。"陳郡袁淑集古來無名高士，[14]以爲《真隱傳》，格以斯談，去真遠矣。賢人在世，事不可誣，今爲《隱逸篇》，虛置賢隱之位，其餘夷心俗表者，蓋逸而非隱云。

[1]天地閉，賢人隱：語見《易·坤卦》。天地閉，陰陽不通，喻指政治敗壞。

[2]遯世無悶：語見《易·乾卦》。無悶，心無所悶。

[3]高尚其事：語見《易·蠱卦》。意爲不事王侯，自尊自樂。

[4]幽人貞吉：語見《易·履卦》。言幽隱之人，守正得吉。

[5]作者七人：語見《論語·憲問》。指長沮、桀溺、荷蓧丈人、石門晨門、荷蕢、儀封人、楚狂接輿七位隱者。

[6]子路遇荷蓧丈人：語見《論語·微子》。

[7]賢者避地，其次避言：語見《論語·憲問》。原文爲"賢者避世，其次避地，其次避色，其次避言"。

[8]虞仲，夷逸，隱居放言：語見《論語·微子》。虞仲，人名。周武王封爲虞公。見《史記》卷三一《吳太伯世家》。夷逸，人名。即周逸民。隱居不仕，人勸之，答曰："吾譬則牛，寧服軛以耕於野，豈忍被繡入廟而犧。"所謂放言即指此。

[9]洗耳潁濱：典出皇甫謐《高士傳·許由》。堯欲讓天下於許由，許逃至潁水之陽隱居。堯又欲召許由爲九州長，"由不欲聞之，洗耳於潁水濱"。

[10]巢父：人名。古之隱士，許由之友，堯以天下讓之不受。皇甫謐《高士傳》中有《巢父傳》。　裘公：即披裘公。吳人。延陵季子出游，見道中有遺金，季子讓披裘公拾取，公怒曰："何子處之高，而視卜之卑，五月披裘而負薪，豈取金者哉。"季子問其姓名，"公曰：子皮相之士，何足語姓名哉"。《高士傳》載其事。

[11]雞黍宿賓，示高士之美：典出《論語·微子》。子路見荷蓧丈人，止宿，丈人"殺雞爲黍而食之"。孔子贊荷蓧丈人爲"隱者也"。

[12]漢陰氏：即漢陰丈人。楚人。有桔槔而不用，入井抱瓮取水。子貢問故，答曰："聞之吾師……有機事者，必有機心，機心存於胸，則純白不備。"子貢愕然，"慚，俯而不對"。《高士傳》載其事。

[13]河上：即河上公。河上丈人，隱德無言，修黃老之術，是安期生的老師。

[14]陳郡：治所在今河南淮陽縣。　袁淑：人名。字陽源，陳郡陽夏（今河南太康縣）人。其所著《真隱傳》已失傳。本書卷七〇有傳。

戴顒字仲若，譙郡銍人也。[1]父逵，兄勃，並隱遁有高名。

[1]譙郡：治所在今安徽亳州市譙城區。　銍：縣名。治所在今安徽宿州市埇橋區。

顒年十六，遭父憂，[1]幾於毀滅，因此長抱羸患。

以父不仕，復修其業。父善琴書，顗並傳之，凡諸音律，皆能揮手。會稽剡縣多名山，[2] 故世居剡下。顗及兄勃，並受琴於父。父没，所傳之聲，不忍復奏，各造新弄，勃五部，顗十五部。顗又制長弄一部，並傳於世。中書令王綏常攜賓客造之，[3] 勃等方進豆粥，綏曰："聞卿善琴，試欲一聽。" 不答，綏恨而去。

[1] 父憂：父親去世。

[2] 會稽：郡名。治所在今浙江紹興市。　剡縣：治所在今浙江嵊州市。

[3] 中書令：官名。中書省長官，職掌出納章奏、草擬詔令，權力顯要。三品。　王綏：人名。字彦猷，太原晉陽（今山西太原市）人，東晉大臣。桓玄篡位時爲中書令。《晉書》卷七五有附傳。

　　桐廬縣又多名山，[1] 兄弟復共游之，因留居止。勃疾患，醫藥不給，顗謂勃曰："顗隨兄得閑，非有心於默語。[2] 兄今疾篤，無可營療，顗當干禄以自濟耳。" 乃告時求海虞令，[3] 事垂行而勃卒，乃止。桐廬僻遠，難以養疾，乃出居吴下。[4] 吴下士人共爲築室，聚石引水，植林開澗，少時繁密，有若自然。乃述莊周大旨，著《消搖論》，注《禮記·中庸》篇。三吴將守及郡内衣冠要其同游野澤，[5] 堪行便往，不爲矯介，衆論以此多之。

[1] 桐廬：縣名。治所在今浙江桐廬縣。

[2] 默語：丁福林《校議》云："《南史·隱逸傳上》作'語默'。按'語默'喻出仕或隱居。陶淵明《命子詩》：'時有語默，

運因隆寇。’此則偏指隱居，故下文有干祿自濟之語。‘默語’應是‘語默’之倒誤。”

[3]海虞：縣名。治所在今江蘇常熟市。

[4]吳：郡名。治所在今江蘇蘇州市。

[5]三吳：地名。舊指吳、吳興、會稽。　將守：將軍、郡守。衣冠：官紳。　要：同“邀”。

　　高祖命爲太尉行參軍，[1]琅邪王司馬屬，[2]並不就。宋國初建，令曰：“前太尉參軍戴顒、辟士韋玄，[3]秉操幽遁，守志不渝，宜加旌引，以弘止退。並可散騎侍郎，[4]在通直。”[5]不起。太祖元嘉二年，[6]詔曰：“新除通直散騎侍郎戴顒、太子舍人宗炳，[7]並志託丘園，自求衡蓽，恬靜之操，久而不渝。顒可國子博士，[8]炳可通直散騎侍郎。”東宮初建，[9]又徵太子中庶子。[10]十五年，徵散騎常侍，[11]並不就。

[1]高祖：宋武帝劉裕廟號。　太尉行參軍：官名。太尉的屬吏，職如參軍，但級別低於參軍，亦參與軍謀。

[2]琅邪王：王爵名。王國在今江蘇句容市。時司馬德文（晉恭帝）爲琅邪王、大司馬。　司馬屬：官名。司馬的副佐。

[3]韋玄：人名。京兆杜陵（今陝西西安市長安區）人，少有高名，隱居南山，養志不仕，姚興禮聘不起。劉裕入長安，聘爲相國掾、宋臺通直郎，不就。後爲赫連勃勃所殺。

[4]散騎侍郎：官名。職侍從皇帝，多爲貴要子弟的起家官。五品。

[5]通直：通員當值，參與殿中值守，平尚書奏事。

[6]太祖：宋文帝劉義隆廟號。　元嘉：宋文帝劉義隆年號

（424—453）。

[7]太子舍人：官名。太子屬官，掌文章書記，職比中書郎，秩二百石。七品。

[8]國子博士：官名。西晉始置，教授國子學生、備顧問，位高於太學博士。五品。

[9]東宮：太子所居宮。

[10]太子中庶子：官名。太子屬官，掌文翰，侍從。秩六百石。五品。

[11]散騎常侍：官名。散騎省長官，掌侍從、顧問、諫議，職比侍中。三品。

衡陽王義季鎮京口，[1]長史張邵與顒姻通，[2]迎來止黃鵠山。山北有竹林精舍，林澗甚美，顒憩于此澗，義季亟從之遊，顒服其野服，不改常度。爲義季鼓琴，並新聲變曲，其三調《遊絃》《廣陵》《止息》之流，皆與世異。太祖每欲見之，嘗謂黃門侍郎張敷曰：[3]“吾東巡之日，當讌戴公山也。”以其好音，長給正聲伎一部。顒合《何嘗》《白鵠》二聲，以爲一調，號爲清曠。

[1]衡陽王：王爵名。王國在今湖南株洲縣西南。　義季：人名。即劉義季。宋武帝劉裕第七子。本書卷六一有傳。　京口：地名。即今江蘇鎮江市京口區。時爲軍事重鎮。

[2]長史：官名。將軍府屬吏之長，掌佐將軍率衆吏。　張邵：人名。字茂宗，吳郡吳（今江蘇蘇州市）人。本書卷四六有傳。

[3]黃門侍郎：官名。門下省次官，掌侍從、顧問應對。五品。張敷：人名。字影胤，吳郡人。本書卷六二有傳。

自漢世始有佛像，形制未工，逵特善其事，顒亦參焉。宋世子鑄丈六銅像於瓦官寺，[1]既成，面恨瘦，工人不能治，乃迎顒看之。顒曰：“非面瘦，乃臂胛肥耳。”既錯減臂胛，瘦患即除，無不嘆服焉。

十八年，卒，時年六十四。無子。景陽山成，顒已亡矣，上嘆曰：“恨不得使戴顒觀之。”

[1]宋世子：即少帝劉義符。東晉末，劉裕封宋國公，義符爲劉裕長子，故封世子。　瓦官寺：京師著名佛寺。

宗炳字少文，南陽涅陽人也。[1]祖承，宜都太守。[2]父繇之，湘鄉令。[3]母同郡師氏，聰辯有學義，教授諸子。

[1]南陽：郡名。治所在今河南南陽市。　涅陽：縣名。治所在今河南鄧州市。

[2]宜都：郡名。治所在今湖北宜都市。

[3]湘鄉：縣名。治所在今湖南湘鄉市。

炳居喪過禮，爲鄉閭所稱。刺史殷仲堪、桓玄並辟主簿，[1]舉秀才，[2]不就。高祖誅劉毅，[3]領荊州，[4]問毅府諮議參軍申永曰：[5]“今日何施而可？”永曰：“除其宿蠹，倍其惠澤，貫叙門次，顯擢才能，如此而已。”高祖納之，辟炳爲主簿，不起。問其故。答曰：“棲丘飲谷，三十餘年。”高祖善其對。妙善琴書，精於言理，每游山水，往輒忘歸。征西長史王敬弘每從之，[6]未嘗不彌日也。乃下入廬山，就釋慧遠考尋文義。[7]兄臧爲南平太守，[8]逼與俱還，乃於江陵三湖立宅，[9]閑居無事。高祖召爲太尉參軍，[10]不就。二兄蚤卒，孤累甚多，家貧無以相贍，頗營稼穡。高祖數致餼賚，其後子弟從禄，乃悉不復受。

[1]殷仲堪：人名。東晋將領。《晋書》卷八四有傳。　桓玄：人名。東晋大臣，桓温之少子。《晋書》卷九九有傳。二人先後任荆州刺史。　主簿：官名。州主簿。刺史的屬吏，掌簿籍文書。

[2]秀才：時察舉的主要科目。由具有察舉秀才權力的官員向中央政府舉薦，應舉者赴京受試，吏部根據考試成績高低，分別授官。

[3]劉毅：人名。東晋將領，初與劉裕相結，推翻桓玄，後與劉裕争鬭失敗而死。《晋書》卷八五有傳。

[4]荆州：治所在今湖北荆州市荆州區。東晋南朝第一勝州，勢力雄强，常居天下半，例由權臣出任刺史。

[5]諮議參軍：官名。軍府屬吏，職參謀軍事，不領曹。　申永：人名。魏郡魏（今河北大名縣）人，劉裕平南燕而歸附，歷任青、兗二州刺史，後任太中大夫。

[6]征西長史：官名。征西將軍府長史。　王敬弘：人名。名裕，以字行，琅邪臨沂（今山東臨沂市）人。本書卷六六有傳。

[7]釋慧遠：人名。東晋名僧，俗姓賈氏，雁門（今山西代縣）人。師從道安，後居廬山，是南方佛教傳播的重要代表人物。慧皎著《高僧傳》卷六有其傳。

[8]臧：人名。即宗臧。本書僅此一見，其事不詳。　南平：郡名。治所在今湖北公安縣。

[9]江陵：縣名。治所在今湖北荆州市荆州區。　三湖：地區名。在今湖北荆州市東，即白湖、中湖、昏官湖的合稱。

[10]太尉參軍：官名。太尉的屬吏，主一曹事。七品。《南史》卷七五《隱逸傳上》作"行參軍"。

高祖開府辟召，下書曰："吾忝大寵，思延賢彦，而《兔罝》潛處，[1]《考槃》未臻，[2]側席丘園，良增虛佇。南陽宗炳、雁門周續之，[3]並植操幽棲，無悶巾褐，可下辟召，以禮屈之。"於是並辟太尉掾，[4]皆不起。宋受禪，徵爲太子舍人；元嘉初，又徵通直郎；東宮建，徵爲太子中舍人，庶子，並不應。妻羅氏，亦有高情，與炳協趣。羅氏没，炳哀之過甚，既而輟哭尋理，悲情頓釋。謂沙門釋慧堅曰：[5]"死生之分，未易可達，三復至教，[6]方能遣哀。"衡陽王義季在荆州，親至炳室，與之歡讌，命爲諮議參軍，不起。

[1]《兔罝》：《詩·周南》篇名，言后妃之化，莫不好德，賢人衆多。

[2]《考槃》：《詩·衞風》篇名，刺莊公也。不能繼先公之業，使賢者退而窮處。

[3]雁門：郡名。治所在今山西代縣。

[4]太尉掾：官名。太尉的屬吏，主一曹事。七品。

[5]釋慧堅：人名。宋高僧。本書僅此一見，其事不詳。

[6]三復至教：反復誦念佛經。三復，反復誦讀。至教，佛教，此處指佛經。

好山水，愛遠游，西陟荆、巫，[1]南登衡岳，[2]因而結宇衡山，欲懷尚平之志。[3]有疾還江陵，嘆曰："老疾俱至，名山恐難徧覩，唯當澄懷觀道，卧以游之。"凡所游履，皆圖之於室，謂人曰："撫琴動操，欲令衆山皆響。"古有《金石弄》，爲諸桓所重，桓氏亡，其聲遂絶，唯炳傳焉。太祖遣樂師楊觀就炳受之。[4]

[1]荆：荆江，長江自荆州以下至洞庭湖口段亦稱荆江。　巫：巫山。

[2]衡岳：山名。南岳衡山。

[3]尚平：中華本校勘記云："'尚平'即《後漢書·逸民傳》之向子平。"

[4]楊觀：《南史》作"楊歡"。

炳外弟師覺授亦有素業，[1]以琴書自娛。臨川王義慶辟爲祭酒，[2]主簿，並不就，乃表薦之，會病卒。

[1]師覺授：本書卷五一《劉義慶傳》作"師覺"，"授"字衍。

[2]臨川王：王爵名。王國在今江西撫州市臨川區西。　義慶：人名。即劉義慶。宋宗室，劉裕少弟道憐之子過繼劉道規爲嗣。雅好文義，搜集逸聞，編有《世説新語》。本書卷五一有附傳。　祭酒：官名。即軍諮祭酒。時將軍府所置高級幕僚，位在諸僚佐之上，職參贊軍機處理政務。義慶時爲平西將軍，故有此辟。

元嘉二十年，炳卒，時年六十九。衡陽王義季與司徒江夏王義恭書曰："宗居士不救所病，其清履肥素，終始可嘉，爲之惻愴，不能已已。"

子朔，南譙王義宣車騎參軍。[1]次綺，江夏王義恭司空主簿。[2]次昭，郢州治中。[3]次説，正員郎。[4]

[1]南譙王：王爵名。王國在今安徽巢湖市居巢區東南。 義宣：人名。即劉義宣。宋武帝第六子，時爲車騎將軍、荆州刺史。本書卷六八有傳。 車騎參軍：官名。車騎將軍的屬吏。

[2]江夏王：王爵名。王國在今湖北武漢市武昌區。 義恭：人名。即劉義恭。宋武帝第五子，文帝、孝武帝朝屢任要職，前廢帝即位後被殺。本書卷六一有傳。 司空主簿：官名。掌司空府簿籍文書。

[3]郢州治中：官名。即郢州治中從事史。爲郢州刺史的屬吏，職佐刺史治州内政務。郢州，治所在今湖北武漢市武昌區。

[4]正員郎：官名。即散騎侍郎。時員額四名，因此與無員額限制的員外散騎侍郎對稱爲正員郎。

周續之字道祖，雁門廣武人也。[1]其先過江居豫章建昌縣。[2]續之年八歲喪母，哀戚過於成人，奉兄如事父。豫章太守范甯於郡立學，[3]招集生徒，遠方至者甚衆，續之年十二，詣甯受業。居學數年，通《五經》并《緯》《候》，[4]名冠同門，號曰"顔子"。[5]既而閑居讀《老》《易》，[6]入廬山事沙門釋慧遠。時彭城劉遺民遁迹廬山，[7]陶淵明亦不應徵命，謂之"尋陽三隱"。[8]以爲身不可遣，餘累宜絶，遂終身不娶妻，布衣蔬食。

[1]廣武：縣名。治所在今山西代縣西南。

[2]豫章：郡名。治所在今江西南昌市。 建昌：縣名。治所在今江西永修縣西北艾城。

[3]范甯：人名。東晉官員，順陽（今河南淅川縣）人，著名史學家范曄的祖父。《晋書》卷七五有附傳。

[4]《五經》：《詩經》《尚書》《禮記》《周易》《春秋》。

《緯》：緯書。　《候》：候風、候氣之類。

[5]顏子：顏淵。即把周續之比作孔子得意弟子顏淵。

[6]《老》：《老子》，亦名《道德經》。　《易》：《周易》。

[7]劉遺民：人名。《南史》因避唐太宗李世民諱作“劉遺人”。本書、《南史》均一見，其事不詳。

[8]尋陽：郡名。治所在今湖北黃梅縣。

　　劉毅鎮姑孰，命爲撫軍參軍，[1]徵太學博士，[2]並不就。江州刺史每相招請，[3]續之不尚節峻，頗從之游。常以嵇康《高士傳》得出處之美，因爲之注。高祖之北討，世子居守，迎續之館于安樂寺，延入講《禮》，月餘，復還山。江州刺史劉柳薦之高祖曰：[4]

[1]撫軍參軍：官名。撫軍將軍的屬吏。諸本並脫“參軍”二字，中華本據《南史》補。

[2]太學博士：官名。職教授太學生，備顧問。六品。

[3]江州：治所在今湖北黃梅縣。

[4]劉柳：人名。字叔惠，南陽涅陽人，劉湛之父，官至徐、兖、江三州刺史。

　　臣聞恢燿和肆，[1]必在兼城之寶；翼亮崇本，宜紆高世之逸。是以渭濱佐周，[2]聖德廣運，商洛匡漢，[3]英業乃昌。伏惟明公道邁振古，應天繼期，游外暢於冥內，體遠形于應近，雖汾陽之舉，[4]輟駕於時艱；明揚之旨，潛感於穹谷矣。

[1]和：指和氏璧，此處泛指寶玉。

[2]渭濱佐周：指姜太公輔周文王、周武王。事見《史記》卷四《周本紀》、卷三二《齊太公世家》。

[3]商洛匡漢：典出《漢書》卷四〇《張良傳》。劉邦欲廢太子劉盈，立戚姬子如意爲太子。呂后憂懼，遂用張良計，卑辭安車聘請劉邦屢請不至的商洛四皓（隱居商洛的東園公、綺里季、夏黄公、甪里先生四位賢人）輔佐太子，纔穩定了漢初皇位之爭。

[4]汾陽之舉：典出《國語·晋語二》。晋獻公卒，群公子在外，晋請秦穆公選立一公子爲君。穆公遂派公子摯去與公子重耳聯繫，重耳認爲逃亡在外，"父死不得與於哭泣之位，又何敢有他志，以辱君義"，不肯歸國就君位。公子摯又與公子夷吾聯繫，夷吾欣然同意回國爲君，並私下對公子摯説："中大夫里克與我矣，吾命之以汾陽之田百萬。"夷吾遂立爲君，即晋惠公。立十四年卒，重耳乃歸國，是爲晋文公。此典在於貶夷吾而褒重耳，下文之"輟駕於時艱，明揚之旨，潛感於穹谷矣"即指此。又《史記》卷三九《晋世家》亦載其事。

竊見處士雁門周續之，清真貞素，思學鉤深，[1]弱冠獨往，心無近事。性之所遺，榮華與饑寒俱落；情之所慕，巖澤與琴書共遠。加以仁心内發，義懷外亮，留愛崑卉，[2]誠著桃李。若升之宰府，必鼎味斯和；濯纓儒官，亦王猷迤緝。臧文不知，失在降賢；[3]言偃得人，功由升士。[4]願照其丹款，不以人廢言。

[1]鉤深：探索深奧的意義。

[2]留愛崑卉：殿本《考證》云："崑當作昆，昆蟲、花卉也。"

[3]臧文不知，失在降賢：典出《左傳》文公三年。孔子批評

臧文仲知柳下惠之賢，而使居下位，不符合己欲立而立人的原則。臧文，即臧文仲。魯國大夫。不知，不智。此處與《左傳》原文不同。孔子批評臧文仲有"三不仁""三不知"，"下展禽"屬"三不仁"，而非"三不知"。

[4]言偃得人，功由升士：典出《論語·雍也》："子游爲武城宰。子曰：女得人焉耳乎？曰：有澹臺滅明者，行不由徑，非公事未嘗至於偃之室也。"言偃，即孔子弟子子游。澹臺滅明，即孔子弟子子羽。而言偃發現他是人才，故謂得人。

　　俄而辟爲太尉掾，不就。高祖北伐，還鎮彭城，遣使迎之，禮賜甚厚。每稱之曰："心無偏吝，真高士也。"尋復南還。高祖踐阼，復召之，乃盡室俱下。上爲開館東郭外，招集生徒。乘輿降幸，并見諸生，問續之《禮記》"傲不可長""與我九齡""射於瞿圃"三義，[1]辨析精奧，稱爲該通。續之素患風痺，不復堪講，乃移病鍾山。景平元年卒，[2]時年四十七。通《毛詩》六義及《禮論》《公羊傳》，[3]皆傳於世。無子。兄子景遠有續之風，太宗泰始中，[4]爲晉安內史，[5]未之郡，卒。

[1]傲不可長：原文見《禮記·曲禮上》。傲，同"傲"。　與我九齡：原文見《禮記·文王世子》："文王謂武王曰：'女何夢矣。'武王對曰：'夢帝與我九齡。'"九齡，此指九十歲。　射於瞿圃：原文見《禮記·射義》："孔子射於瞿相之圃，蓋觀者如堵牆。"瞿相之圃，在今山東曲阜市城內。孔子此射乃有示範之意。

[2]景平：宋少帝劉義符年號（423—424）。

[3]《公羊傳》：《南史》卷七五《隱逸傳上》作"注《公羊

傳》”。

[4]太宗：宋明帝劉彧廟號。　泰始：宋明帝劉彧年號（465—471）。

[5]晋安：郡國名。治所在今福建福州市。　内史：官名。王國最高行政長官，職比郡守。

王弘之字方平，琅邪臨沂人，[1]宣訓衛尉鎮之弟也。[2]

[1]琅邪：郡名。治所在今山東臨沂市。　臨沂：縣名。治所在今山東費縣。但王氏故居在今臨沂市。

[2]宣訓衛尉：官名。負責太后宮禁衛。宣訓，宋武帝母后宮名。

少孤貧，爲外祖徵士何准所撫育，[1]從叔獻之及太原王恭，[2]並貴重之。晋安帝隆安中，[3]爲琅邪王中軍參軍，[4]遷司徒主簿。[5]家貧，而性好山水，求爲烏程令，[6]尋以病歸。桓玄輔晋，桓謙以爲衛軍參軍。[7]時琅邪殷仲文還姑孰，[8]祖送傾朝，謙要弘之同行，答曰：“凡祖離送別，必在有情，下官與殷風馬不接，無緣扈從。”謙貴其言。母隨兄鎮之之安成郡，[9]弘之解職同行，荆州刺史桓偉請爲南蠻長史。[10]義熙初，[11]何無忌又請爲右軍司馬。[12]高祖命爲徐州治中從事史，除員外散騎常侍，並不就。家在會稽上虞。[13]從兄敬弘爲吏部尚書，[14]奏曰：“聖明司契，載德惟新，垂鑑仄微，表揚隱介，默語仰風，荒遐傾首。前員外散騎常侍琅邪王弘之，恬漠丘園，放心居逸。前衛將軍參軍武昌郭希林，素履純潔，嗣徽前武。並擊壤聖朝，未蒙表飾，宜加旌聘，賁于丘園，以彰止遜之美，以祛勳求之累。臣愚謂弘之可太子庶子，希林可著作郎。"[15]即徵弘之爲庶子，不就。太祖即位，敬弘爲左僕射，[16]又陳："弘之高行表於初筮，苦節彰於暮年，今内外晏然，當脩太平之化，宜招空谷，以敦沖退之美。"元嘉四年，徵爲通直散騎常侍，又不就。敬弘嘗解貂裘與之，即著以采藥。

[1]徵士：受皇帝徵辟而未就職的士人。　何准：人名。東晋外戚，穆章皇后之父。信奉佛教，終身不仕。《晋書》卷九三有傳。

[2]獻之：人名。即王獻之。東晋官員，王羲之之子。《晋書》卷八〇有附傳。　王恭：人名。東晋官員。《晋書》卷八四有傳。

[3]晋安帝：即司馬德宗。《晋書》卷一〇有紀。　隆安：晋安帝司馬德宗年號（397—401）。

[4]琅邪王中軍參軍：官名。晋制，王國置軍。大國置上、中、下三軍，兵五千人。中軍參軍，王國中軍將軍的屬吏。

[5]司徒主簿：官名。司徒的屬吏，職主簿籍文書。

[6]烏程：縣名。治所在今浙江湖州市吳興區南。

[7]衛軍參軍：官名。衛軍將軍的屬吏。

[8]殷仲文：人名。桓玄黨羽，玄敗，一度歸附劉裕，任東陽太守，後與駱賓作亂，被誅。《晋書》卷九九有傳。　姑孰：地名。在今安徽當塗縣。時爲南豫州治所。

[9]母：諸本作"每"，中華本據《南史》改。　安成：郡名。治所在今江西安福縣東南。

[10]桓偉：人名。桓溫第五子，桓玄稱帝，封爲義興郡王。後失敗，被殺。　南蠻長史：官名。南蠻校尉的屬吏之長。

[11]義熙：晋安帝司馬德宗年號（405—418）。

[12]何無忌：人名。東晋將領。《晋書》卷八五有傳。　右軍

司馬：官名。右軍將軍的屬吏，掌佐將軍領軍。

　　［13］上虞：縣名。治所在今浙江上虞市百官鎮。

　　［14］吏部尚書：官名。尚書省吏部曹長官，職掌官吏的選拔、任用、考核等，地位重要。三品。

　　［15］著作郎：官名。秘書省屬官，掌修史，記録皇帝言行起居等事，屬清職官。

　　［16］左僕射：官名。即尚書左僕射。尚書省次官，掌佐尚書令處理省内政務，與右僕射分職。三品。

　　性好釣，上虞江有一處名三石頭，弘之常垂綸於此。經過者不識之，或問：“漁師得魚賣不？”弘之曰：“亦自不得，得亦不賣。”日夕載魚入上虞郭，經親故門，各以一兩頭置門内而去。始寧沃川有佳山水，[1]弘之又依巖築室。謝靈運、顔延之並相欽重，[2]靈運與廬陵王義真牋曰：[3]“會境既豐山水，是以江左嘉遁並多居之。但季世慕榮，幽棲者寡，或復才爲時求，弗獲從志。至若王弘之拂衣歸耕，踰歷三紀；孔淳之隱約窮岫，自始迄今；阮萬齡辭事就閑，纂成先業；浙河之外，棲遲山澤，如斯而已。既遠同義、唐，[4]亦激貪厲競。殿下愛素好古，常若布衣，每意昔聞，虛想巖穴，若遣一介，[5]有以相存，真可謂千載盛美也。”

　　［1］始寧：縣名。治所在今浙江上虞市西南。　沃川：諸本作“汰川”，中華本據《南史》改。

　　［2］謝靈運：人名。宋時官員。本書卷六七有傳。　顔延之：人名。字延年，琅邪臨沂人。本書卷七三有傳。

　　［3］廬陵王：王爵名。王國在今江西吉水縣東北。　義真：人

名。即劉義真。宋武帝次子，屢任要職，少帝即位後，被權臣徐羨之所殺，時年十八。本書卷六一有傳。

[4]羲、唐：伏羲氏與唐堯氏的並稱。

[5]一介：即一個人。《南史》作"一個"。

弘之四年卒，時年六十三。顏延之欲爲作誄，書與弘之子曇生曰："君家高世之節，有識歸重，豫染豪翰，所應載述。況僕託慕末風，竊以叙德爲事，但恨短筆不足書美。"誄竟不就。

曇生好文義，以謙和見稱。歷顯位，吏部尚書，太常卿。[1]大明末，爲吳興太守。[2]太宗初，四方同逆，戰敗奔會稽，歸降被宥，終於中散大夫。[3]

[1]太常卿：官名。九卿之一，職掌文化教育及禮儀事。三品。

[2]吳興：郡名。治所在今浙江湖州市吳興區。

[3]中散大夫：官名。舊隸光禄勳，南朝後成爲閑職，多養老疾。六品。

阮萬齡，陳留尉氏人也。[1]祖思曠，左光禄大夫。[2]父寧，黄門侍郎。

[1]陳留：郡名。治所在今河南開封市祥符區陳留鎮。　尉氏：縣名。治所在今河南尉氏縣。

[2]左光禄大夫：官名。榮譽性官職，無具體職任，多作爲贈官授予老病勳臣。二品。

萬齡少知名，自通直郎爲孟昶建威長史。[1]時袁豹、

江夷相係爲昶司馬,[2]時人謂昶府有三素望。萬齡家在
會稽剡縣,頗有素情。永初末,自侍中解職東歸,徵爲
秘書監,[3]加給事中,[4]不就。尋除左民尚書,[5]復起應
命,遷太常,出爲湘州刺史,在州無政績。還爲東陽太
守,[6]又被免。復爲散騎常侍、金紫光禄大夫。[7]元嘉二
十五年卒,時年七十二。

[1]孟昶:人名。安丘(今山東安丘市西南)人,與劉裕合謀
討桓玄,深得崇信。劉裕伐南燕,任留守。盧循攻建康,驚恐萬
分,飲藥自殺。　建威長史:官名。建威將軍屬吏之長。建威將軍
爲名號將軍之一。四品。

[2]袁豹:人名。陳郡陽夏(今河南太康縣)人,袁湛之弟。
本書卷五二有附傳。　江夷:人名。字茂遠,濟陽考城(今河南民
權縣)人。本書卷五三有傳。

[3]秘書監:官名。秘書省長官,掌圖書秘籍。三品。

[4]給事中:官名。屬門下,職侍從顧問。五品。

[5]左民尚書:官名。尚書省左民曹長官,掌財政。

[6]東陽:郡名。治所在今浙江金華市。

[7]金紫光禄大夫:官名。一種榮譽性職務,無職任,作爲贈
官授予老病勳臣,但地位高。二品。

孔淳之字彥深,魯郡魯人也。[1]祖恢,尚書祠部
郎。[2]父粲,秘書監徵,不就。

[1]魯郡:治所在今山東曲阜市。　魯:縣名。治所在今山東
曲阜市。

[2]尚書祠部郎:官名。尚書省祠部曹下屬祠部郎曹長官,掌

宗廟祭祀及禮儀制度事。六品。

淳之少有高尚，愛好墳籍，爲太原王恭所稱。居會稽剡縣，性好山水，每有所游，必窮其幽峻，或旬日忘歸。嘗游山，遇沙門釋法崇，[1]因留共止，遂停三載。法崇嘆曰："緬想人外，三十年矣，今乃傾蓋于兹，不覺老之將至也。"及淳之還反，不告以姓。[2]除著作佐郎，太尉參軍，並不就。

[1]釋法崇：人名。法崇，疑爲法宗。法宗，宋僧人，於剡縣建法華臺傳經。慧皎《高僧傳》卷一二有傳。

[2]不告以姓：《南史》卷七五《隱逸傳上》作"乃不告以姓"。

居喪至孝，廬于墓側。服闋，與徵士戴顒、王弘之及王敬弘等共爲人外之游。敬弘以女適淳之子尚。會稽太守謝方明苦要入郡，[1]終不肯往。茅室蓬户，庭草蕪逕，唯牀上有數卷書。元嘉初，復徵爲散騎侍郎，乃逃于上虞縣界，家人莫知所之。弟默之爲廣州刺史，[2]出都與別。司徒王弘要淳之集冶城，[3]即日命駕東歸，遂不顧也。元嘉七年，卒，時年五十九。默之儒學，注《穀梁春秋》。

默之子熙先，事在《范曄傳》。

[1]會稽太守謝方明苦要入郡：周一良《札記》："案：《南史》本傳云：'會稽太守謝方明苦要之，不能致。使謂曰，苟不入吾郡，何爲入吾郭？'知郡指太守衙署所在之地，亦即所謂郡朝，非指郡

境而言，郭則謂郡治所在之城郭也。"謝方明，人名。宋時官員。
本書卷五三有傳。要，同"邀"。

　　[2]廣州：治所在今廣東廣州市。

　　[3]冶城：城名。在今江蘇南京市朝天宮一帶。

　　劉凝之字志安，[1]小名長年，[2]南郡枝江人也。[3]父
期公，衡陽太守，[4]兄盛公，高尚不仕。

　　[1]志安：《南史》卷七五《隱逸傳上》作"隱安"。

　　[2]長年：《南史·隱逸傳上》上作"長生"。

　　[3]南郡：治所在今湖北荆州市荆州區。　枝江：縣名。治所
在今湖北枝江市西南。

　　[4]衡陽：郡名。治所在今湖南株洲縣西南。

　　凝之慕老萊、嚴子陵爲人，[1]推家財與弟及兄子，
立屋於野外，非其力不食，州里重其德行。州三禮辟西
曹主簿，[2]舉秀才，不就。妻梁州刺史郭銓女也，[3]遣送
豐麗，凝之悉散之親屬。妻亦能不慕榮華，與凝之共安
儉苦。夫妻共乘薄笨車，[4]出市買易，周用之外，輒以
施人。爲村里所誣，一年三輸公調，[5]求輒與之。有人
嘗認其所著屐，笑曰："僕著之已敗，令家中覓新者備
君也。"[6]此人後田中得所失屐，送還之，不肯復取。

　　[1]老萊：傳説中春秋楚國人。事親至孝，楚王徵而不仕，隱
居江南，不知所終。傳有《老萊子》十五篇。　嚴子陵：人名。名
光，字子陵。東漢隱者，少與光武帝劉秀同游學，東漢建立，劉秀
召而不仕，終於富春山。《後漢書》卷八三有傳。

　　[2]西曹：官署名。州設辦事機構之一。即漢代的功曹。掌州吏的選拔任用及考核，職如尚書的吏部。本書《百官志》："西曹即漢之功曹書佐也。"

　　[3]梁州：治所在今陝西漢中市東。

　　[4]薄笨車：《南史》卷七五《隱逸傳上》作"蒲笨車"。丁福林《校議》云："晁補之《談助録》云：'郭林宗來游京師，當還鄉，送車千乘，詣大槐客舍而別。唯李膺與林宗共乘薄笨車上大坂，觀者數千人，望之眇若松喬之雲漢。'是薄笨車者，簡陋之車也。《南史》改爲'蒲笨'，義便大乖，非是。"

　　[5]三輸：三朝本作"三輸"，北監本、毛本、殿本、局本作"二輸"。張元濟《校勘記》云："若是二輸，當云再輸。三輸不誤。"　公調：即國家的賦税。

　　[6]令：諸本並作"今"，中華本據《通志》改。　備：《南史》作"償"。李慈銘《宋書札記》："備即俗賠字。"

　　元嘉初，徵爲秘書郎，不就。臨川王義慶、衡陽王義季鎮江陵，並遣使存問，凝之答書頓首稱僕，不脩民禮，人或譏焉。凝之曰："昔老萊向楚王稱僕，嚴陵亦抗禮光武，未聞巢、許稱臣堯、舜。"時戴顒與衡陽王義季書，亦稱僕。

　　荆州年饑，義季慮凝之餒斃，餉錢十萬。凝之大喜，將錢至市門，觀有饑色者，悉分與之，俄頃立盡。性好山水，一旦攜妻子泛江湖，隱居衡山之陽，登高嶺，絶人迹，爲小屋居之，采藥服食，妻子皆從其志。元嘉二十五年，卒，時年五十九。

　　龔祈字孟道，武陵漢壽人也。[1]從祖玄之，父黎民，並不應徵辟。

[1]武陵：郡名。治所在今湖南常德市武陵區。　漢壽：縣名。
治所在今湖南常德市東北。

　　祈年十四，鄉黨舉爲州迎西曹，[1]不行。謝晦臨州，
命爲主簿，彭城王義康舉秀才，[2]除奉朝請，[3]臨川王義
慶平西參軍，[4]皆不就。風姿端雅，容止可觀，中書郎
范述見而嘆曰：[5]“此荊楚仙人也。”衡陽王義季臨荊
州，發教以祈及劉凝之、師覺授不應徵召，辟其三子。
祈又徵太子舍人，不起。時或賦詩，言不及世事。元嘉
十七年，卒，時年四十二。

　　[1]州迎西曹：官名。宋置，掌迎接新任州刺史，爲禮儀之職，
事罷即省。
　　[2]彭城王義康：即劉義康。宋武帝第四子，多任要職，以謀
反罪爲文帝所殺。本書卷六八有傳。
　　[3]奉朝請：職事名。本書《百官志》：“奉朝請，無員，亦不
爲官……奉朝請者，奉朝會請召而已。”
　　[4]平西參軍：官名。平西將軍的屬吏。
　　[5]范述：人名。本書僅此一見，其事不詳。

　　翟法賜，尋陽柴桑人也。[1]曾祖湯，湯子莊，莊子
矯，並高尚不仕，逃避徵辟。矯生法賜。

　　[1]尋陽：郡名。治所在今江西九江市西南。　柴桑：縣名。
治所在今江西九江市。

　　少守家業，立屋於廬山頂，喪親後，便不復還家。不食五穀，以獸皮結草爲衣，[1]雖鄉親中表，莫得見也。州辟主簿，舉秀才，右參軍，[2]著作佐郎，員外散騎侍郎，並不就。後家人至石室尋求，因復遠徙，違避徵聘，遁跡幽深。尋陽太守鄧文子表曰：[3]“奉詔書徵郡民新除著作佐郎南陽翟法賜，補員外散騎侍郎。法賜隱跡廬山，于今四世，栖身幽巖，人罕見者。如當逼以王憲，束以嚴科，馳山獵草，以期禽獲，慮致顛殞，有傷盛化。”乃止。後卒於巖石之間，不知年月。

　　[1]以獸皮結草爲衣：《南史》卷七五《隱逸傳上》作“以獸皮及結草爲衣”。

　　[2]右參軍：官名。疑爲“右軍參軍”，“右”字之下有脱文。

　　[3]鄧文子：人名。本書僅此一見，其事不詳。

　　陶潛字淵明，或云淵明字元亮，尋陽柴桑人也。曾祖侃，晋大司馬。[1]潛少有高趣，嘗著《五柳先生傳》以自況，曰：

　　[1]侃：人名。即陶侃。東晋初大臣。《晋書》卷六六有傳。

大司馬：官名。晋八公之一，在三師下、三公之上，爲最高軍事將帥。一品。

　　先生不知何許人，不詳姓字，宅邊有五柳樹，因以爲號焉。閑静少言，不慕榮利。好讀書，不求甚解，每有會意，欣然忘食。性嗜酒，而家貧不能恒得。親舊知其如此，或置酒招之，造飲輒盡，期在必醉，既醉而退，曾不吝情去留。環堵蕭然，不蔽風日，裋褐穿結，[1]簞瓢屢空，晏如也。嘗著文章自娛，頗示己志，忘懷得失，以此自終。

其自序如此，時人謂之實録。

[1]裋褐穿結：中華本校勘記云：“三朝本、北監本作‘裋褐’，毛本、局本、殿本作‘短褐’。”《漢書》卷七二《貢禹傳》顏師古注：“裋者，謂僮豎所著布長襦也。褐，毛布之衣也。”

親老家貧，起爲州祭酒，[1]不堪吏職，少日，自解歸。州召主簿，不就。躬耕自資，遂抱羸疾，復爲鎮軍、建威參軍。謂親朋曰：“聊欲弦歌，以爲三逕之資，可乎？”執事者聞之，以爲彭澤令。[2]公田悉令吏種秫稻，妻子固請種秔，乃使二頃五十畝種秫，五十畝種秔。郡遣督郵至，[3]縣吏白應束帶見之，潛嘆曰：“我不能爲五斗米折腰向鄉里小人。”即日解印綬去職。賦《歸去來》，其詞曰：

[1]州祭酒：官名。州刺史所置屬吏，職掌比州主簿。
[2]彭澤：縣名。治所在今江西湖口縣東。
[3]督郵：郡吏。職巡視監察屬縣。

歸去來兮，園田荒蕪，[1]胡不歸。既自以心爲形役，奚惆悵而獨悲。悟已往之不諫，知來者之可追。實迷塗其未遠，覺今是而昨非。舟超遥以輕颺，[2]風飄飄而吹衣。問征夫以前路，恨晨光之希微。[3]

[1]荒蕪：《南史》《晋書》作"將蕪"。

[2]超遥：局本、《文選》、《晋書》、《南史》作"遥遥"。

[3]希：《文選》《南史》作"熹"。

乃瞻衡宇，載欣載奔。僮僕歡迎，稚子候門。三徑就荒，松菊猶存。攜幼入室，有酒停尊。[1]引壺觴而自酌，眄庭柯以怡顔。倚南窗而寄傲，審容膝之易安。園日涉而成趣，門雖設而常關。策扶老以流憩，[2]時矯首而遐觀。雲無心以出岫，鳥勌飛而知還。景翳翳其將入，撫孤松以盤桓。

[1]停尊：《文選》《晋書》作"盈樽"，《南史》作"盈罇"。

[2]流憩：丁福林《校議》云："《南史·隱逸傳上》、《晋書·隱逸傳》、《文選》卷四五作'流憇'，或作'流憩'。'憇'，古'憩'字，流憩、流憇、流憩，義皆同。"

歸去來兮，請息交而絕遊。世與我以相遺，[1]復駕言兮焉求。説親戚之情話，樂琴書以消憂。農人告余以上春，[2]將有事于西疇。或命巾車，或棹扁舟。[3]既窈窕以窮壑，亦崎嶇而經丘。木欣欣以向榮，泉涓涓而始流。善萬物之得時，感吾生之行休。

[1]遺：《南史》作"違"。

[2]上春：《文選》《南史》作"春及"，《晋書》作"暮春"。

[3]或命巾車：《文選》作"或巾柴車"。　扁舟：《文選》
《晉書》作"孤舟"。

　　已矣乎，寓形宇内復幾時。奚不委心任去
留，[1]胡爲遑遑欲何之。富貴非吾願，帝鄉不可期。
懷良辰以孤往，或植杖而耘耔。登東皋以舒嘯，臨
清流而賦詩。聊乘化以歸盡，樂夫天命復奚疑。

[1]奚不：《晉書》《南史》《文選》皆作"曷不"。

　　義熙末，徵著作佐郎，不就。江州刺史王弘欲識
之，不能致也。潛嘗往廬山，弘令潛故人龐通之齎酒具
於半道栗里要之。[1]潛有脚疾，使一門生二兒舁籃輿，
既至，欣然便共飲酌，俄頃弘至，亦無忤也。先是，顔
延之爲劉柳後軍功曹，[2]在尋陽，與潛情款。後爲始安
郡，[3]經過，日日造潛，每往必酣飲致醉。臨去，留二
萬錢與潛，潛悉送酒家，稍就取酒。嘗九月九日無酒，
出宅邊菊叢中坐久，值弘送酒至，即便就酌，醉而後
歸。潛不解音聲，而畜素琴一張，無絃，每有酒適，輒
撫弄以寄其意。貴賤造之者，有酒輒設，潛若先醉，便
語客："我醉欲眠，卿可去。"其真率如此。郡將候潛，
值其酒熟，取頭上葛巾漉酒，畢，還復著之。

[1]龐通之：人名。本書僅此一見，其事不詳。　栗里：地名。
在今江西星子縣西黃龍山北麓陶村西南，陶潛曾遷居於此。
　　[2]後軍功曹：官名。後軍將軍的屬吏，主官吏的選用。
　　[3]始安：郡名。治所在今廣西桂林市。

潛弱年薄宦，不潔去就之迹，自以曾祖晋世宰輔，耻復屈身後代，自高祖王業漸隆，不復肯仕。所著文章，皆題其年月。義熙以前，則書晋氏年號，自永初以來唯云甲子而已。[1]與子書以言其志，并爲訓戒曰：

[1]永初：宋武帝劉裕年號（420—422）。

天地賦命，有往必終，[1]自古賢聖，誰能獨免。子夏言曰：[2]“死生有命，富貴在天。”[3]四友之人，[4]親受音旨，發斯談者，豈非窮達不可妄求、壽夭永無外請故邪。吾年過五十，而窮苦荼毒，以家貧弊，[5]東西遊走。性剛才拙，與物多忤，自量爲己，必貽俗患，僶俛辭世，使汝幼而飢寒耳。常感孺仲賢妻之言，[6]敗絮自擁，何慚兒子。此既一事矣。但恨鄰靡二仲，[7]室無萊婦，[8]抱茲苦心，良獨罔罔。

[1]往：《元龜》卷八一六作“生”。
[2]子夏：人名。名卜商，字子夏，春秋戰國之際衛國人。孔子弟子，魏文侯師。事見《史記》卷六七《仲尼弟子列傳》。
[3]死生有命，富貴在天：語見《論語·顏淵》。
[4]四友：孔子四位學生，即顏淵、子貢、子張、子路。從陶潛所言，四友中當有子夏。
[5]以家貧弊：諸本脫“以”字，中華本據《元龜》卷八一六補。
[6]常感孺仲賢妻之言：典出《後漢書》卷八四《列女傳·王

霸妻傳》。孺仲，人名。即王霸。隱居不仕，一日他當官的朋友令狐子伯之子來拜訪他，車服甚盛，王霸耕田的兒子，見之有愧色，不敢仰視。客人走後，王霸悶悶不樂。其妻勸曰："君少修清節，不顧榮祿。今子伯之貴孰與君之高？奈何忘宿志而慚兒女子乎！"霸屈起而笑曰："有是哉！"遂共終身隱遁。《後漢書》卷八三有傳

[7]二仲：即漢隱士羊仲、求仲。《三輔決録》曰："蔣詡字元卿，舍中三逕，惟羊仲、求仲從之遊，皆挫廉逃名不出。"

[8]萊婦：即楚老萊子之妻。據《列女傳》記載，老萊子隱居不仕，楚王親自登門要求老萊子做官，老萊子推辭不過而應允。其妻曰："妾聞之，可食以酒肉者，可隨以鞭捶；可授以官祿者，可隨以鈇鉞。今先生食人酒肉，受人官祿，爲人所制也。能免於患乎！"老萊子聽妻之言，遂與其妻共隱江南，終身不仕。

　　少年來好書，偶愛閑静，開卷有得，便欣然忘食。見樹木交蔭，時鳥變聲，亦復歡爾有喜。嘗言五六月北窗下臥，遇凉風暫至，自謂是羲皇上人。意淺識陋，日月遂往，緬求在昔，眇然如何。

　　疾患以來，漸就衰損，親舊不遺，每以藥石見救，自恐大分將有限也。恨汝輩稚小，家貧無役，柴水之勞，何時可免，念之在心，若何可言。然雖不同生，當思四海皆弟兄之義。鮑叔、敬仲，[1]分財無猜；歸生、伍舉，[2]班荊道舊，遂能以敗爲成，因喪立功，他人尚爾，況共父之人哉。潁川韓元長，[3]漢末名士，身處卿佐，八十而終，兄弟同居，至于没齒。濟北氾稚春，[4]晋時操行人也，七世同財，家人無怨色。《詩》云："高山仰止，景行行止。"[5]汝其慎哉！吾復何言。

又爲《命子詩》以貽之曰：

[1]鮑叔、敬仲：人名。鮑叔，即鮑叔牙。敬仲，即管仲。皆
爲春秋時齊國人。二人相友善。管仲後相齊桓公。

[2]歸生、伍舉：人名。歸生，即蔡聲子。春秋時蔡國貴族。
伍舉，食邑椒，亦名椒舉，春秋時楚大夫。伍舉之父伍參與蔡聲子
之父公子朝爲好友。歸生與伍舉亦相友好。

[3]韓元長：人名。名融，潁川舞陽（今河南舞陽縣西北）
人，韓韶之子，少能辨理而不爲章句之學，聲名甚盛。時稱窮神知
化，奉身守約，處卿相之位二十餘年，獻帝時以大鴻臚致仕。事見
《後漢書》卷六二《韓韶傳》。

[4]氾稚春：人名。名毓，濟北盧（今山東濟南市長清區南）
人，少有高名，安貧守己，以儒學爲業，父死守墓三十餘年，屢薦
不就。著有《春秋釋疑》《肉刑論》。《晋書》卷九一有傳。

[5]高山仰止，景行行止：見《詩·小雅·車轄》。

悠悠我祖，爰自陶唐。邈爲虞賓，歷世垂光。
御龍勤夏，豕韋翼商。穆穆司徒，厥族以昌。紛紜
戰國，漠漠衰周。[1]鳳隱于林，幽人在丘。逸虬撓
雲，奔鯨駭流。天集有漢，眷予愍侯。[2]於赫愍侯，
運當攀龍。撫劍夙邁，顯茲武功。參誓山河，啓土
開封。疊疊丞相，[3]允迪前蹤。渾渾長源，蔚蔚洪
柯。群川載導，衆條載羅。時有默語，運固隆汙。
在我中晋，業融長沙。[4]桓桓長沙，伊勳伊德。天
子疇我，專征南國。功遂辭歸，臨寵不惑。孰謂斯
心，而可近得。肅矣我祖，慎終如始。直方二臺，
惠和千里。於皇仁考，淡焉虛止。寄迹風運，冥兹

惄喜。嗟余寡陋，瞻望靡及。顧慚華鬢，負景隻
立。三千之罪，無後其急。我誠念哉，呱聞爾泣。
卜云嘉日，占爾良時。名爾曰儼，字爾求思。溫恭
朝夕，念茲在茲。尚想孔伋，庶其企而。[5] 厲夜生
子，遽而求火。凡百有心，奚待于我。既見其生，
實欲其可，人亦有言，斯情無假。日居月諸，漸免
于孩。福不虛至，禍亦易來。夙興夜寐，願爾斯
才，爾之不才，亦已焉哉。

潛元嘉四年卒，時年六十三。

[1]“悠悠我祖”至“漠漠衰周”：是講陶姓三代以前的族史。
陶姓起源於堯（陶唐氏），舜時“陶甄河濱”，以皋陶爲士。在夏
爲御龍氏，爲夏馴龍。在商爲豕韋氏，輔翼商朝。至周則隱没
無聞。

[2]愍侯：侯爵名。即開封愍侯陶舍。漢初以軍功封侯，三傳
至陶睢，於漢武帝元狩五年（前118）坐酎金免侯。見《漢書·高
惠高后文功臣表》。

[3]亹亹丞相：指漢景帝前二年（前155）開封侯陶青由御史
大夫升任丞相，至七年免相。

[4]業融長沙：指陶侃於長沙起家，後官至太尉、大司馬，封
長沙郡公，顯赫一時。

[5]尚想孔伋，庶其企而：意爲希望其子像孔伋一樣能傳祖業。
孔伋，人名。即子思。孔子之孫，孔鯉之子。受業於曾子，獨傳孔
門心法，作《中庸》以述父師之意，後世被尊爲述聖。

宗彧之字叔粲，南陽涅陽人，炳從父弟也。蚤孤，
事兄恭謹，家貧好學，雖文義不逮炳，而真澹過之。州

辟主簿，舉秀才，不就。公私餽遺，一無所受。高祖受禪，徵著作佐郎，不至。元嘉初，大使陸子真觀采風俗，[1]三詣或之，每辭疾不見也。告人曰："我布衣草萊之人，少長壟畝，何枉軒冕之客。"子真還，表薦之，徵員外散騎侍郎，又不就。元嘉八年，卒，時年五十。

[1]陸子真：人名。吳郡吳（今江蘇蘇州市）人，陸玩之曾孫，陸仲元之弟。文帝時任海陵太守，拒不肯爲中書舍人秋當之父喪車修路，爲彭城王義康所賞識，召爲國子博士，司徒左西掾，州治中，臨海東陽太守。本書卷五三有附傳。

沈道虔，吳興武康人也。[1]少仁愛，好《老》《易》，居縣北石山下。孫恩亂後飢荒，縣令庾肅之迎出縣南廢頭里，爲立小宅，臨溪，有山水之玩。時復還石山精廬，與諸孤兄子共釜庾之資，困不改節。受琴於戴逵，[2]王敬弘深敬之。郡州府凡十二命，皆不就。

[1]武康：縣名。治所在今浙江德清縣。
[2]戴逵：人名。字安道，晉譙國人。善琴，終生不仕。《晉書》卷九四有傳。

有人竊其園萊者，[1]還見之，乃自逃隱，待竊者取足去後乃出。人拔其屋後筍，令人止之，曰："惜此筍欲令成林，更有佳者相與。"乃令人買大筍送與之，盜者慚不取，道虔使置其門內而還。常以捃拾自資，同捃者爭穢，道虔諫之不止，悉以其所得與之，爭者愧恧。後每爭，輒云："勿令居士知。"冬月無複衣，戴顒聞而迎之，爲作衣服，并與錢一萬。既還，分身上衣及錢，悉供諸兄弟子無衣者。鄉里年少，相率受學。道虔常無食，無以立學徒。武康令孔欣之厚相資給，受業者咸得有成。太祖聞之，遣使存問，賜錢三萬，米二百斛，悉以嫁娶孤兄子。徵員外散騎侍郎，不就。累世事佛，推父祖舊宅爲寺。至四月八日，[2]每請像。請像之日，輒舉家感慟焉。道虔年老，菜食，恒無經日之資，而琴書爲樂，孜孜不倦。太祖敕郡縣令隨時資給。元嘉二十六年，卒，時年八十二。

子慧鋒，修父業，辟從事，皆不就。

[1]園萊：《南史》卷七五《隱逸傳上》作“園菜”。

[2]四月八日：相傳爲佛祖釋迦牟尼誕生日。

郭希林，武昌武昌人也。[1]曾祖翻，晋世高尚不仕。希林少守家業，徵州主簿，秀才，衛軍參軍，[2]並不就。元嘉初，吏部尚書王敬弘舉王弘之爲太子庶子，希林爲著作佐郎。[3]後又徵員外散騎侍郎，並不就。十年，卒，時年四十七。

[1]武昌武昌：即武昌郡、武昌縣，治所均在今湖北鄂州市鄂城區。

[2]衛軍參軍：諸本並作“衛參軍”。孫彪《考論》云：“衛下當有軍字。”中華本據改。

[3]著作佐郎：本卷《王弘之傳》作“著作郎”。

子蒙，亦隱居不仕。泰始中，郢州刺史蔡興宗辟爲主簿，[1]不就。

[1]蔡興宗：人名。濟陽考城（今河南民權縣）人，宋時官員。本書卷五七有附傳。

雷次宗字仲倫，豫章南昌人也。[1]少入廬山，事沙門釋慧遠，篤志好學，尤明《三禮》《毛詩》，[2]隱退不交世務。本州辟從事，員外散騎侍郎徵，並不就。與子姪書以言所守，曰：

[1]南昌：縣名。治所在今江西南昌市。
[2]《三禮》：《周禮》《儀禮》《禮記》。　《毛詩》：毛公所傳《詩經》。一說有大、小毛公，即毛亨、毛萇。王國維有考，見《觀堂集林》別集。

夫生之修短，咸有定分，定分之外，不可以智力求，但當於所稟之中，順而勿率耳。吾少嬰羸患，事鍾養疾，爲性好閑，志棲物表，故雖在童稚之年，已懷遠迹之意。暨于弱冠，遂託業廬山，逮事釋和尚。于時師友淵源，務訓弘道，外慕等夷，內懷悱發，於是洗氣神明，玩心墳典，勉志勤躬，夜以繼日。爰有山水之好，悟言之歡，實足以通理輔性，成夫亹亹之業，樂以忘憂，不知朝日之晏矣。自游道餐風，二十餘載，淵匠既傾，良朋凋索，續以釁逆違天，備嘗荼蓼，疇昔誠願，頓盡一朝，心慮荒散，情意衰損，故遂與汝曹歸耕壟畔，山居谷飲，人理久絶。

日月不處，忽復十年，犬馬之齒，已蹦知命。崦嵫將迫，[1]前塗幾何，實遠想尚子五岳之舉，[2]近謝居室瑣瑣之勤。及今耄未至惽，衰不及頓，尚可厲志於所期，縱心於所託，棲誠來生之津梁，專氣莫年之攝養，玩歲日於良辰，偷餘樂於將除，在心所期，盡於此矣。汝等年各成長，冠婚已畢，修惜衡泌，吾復何憂。但願守全所志，以保令終耳。自今以往，家事大小，一勿見關，子平之言，[3]可以爲法。

[1]崦嵫將迫：喻人至垂暮之年。崦嵫，山名。在今甘肅天水市西境，相傳爲日落之處。

[2]尚子：即尚長。字子平，河内朝歌（今河南淇縣）人，漢末隱居不仕，晚年與北海禽慶遍游五岳名山，不知所終。事見《高士傳》。《後漢書》卷八三有傳作“向長”。

[3]子平之言：即尚子平在其子女婚嫁完畢後所説的“斷家事，勿相關，當如我死也”。出處同上。

元嘉十五年，徵次宗至京師，開館於雞籠山，聚徒教授，置生百餘人。會稽朱膺之、潁川庾蔚之並以儒學，[1]監總諸生。時國子學未立，上留心藝術，[2]使丹陽尹何尚之立玄學，[3]太子率更令何承天立史學，[4]司徒參軍謝元立文學，[5]凡四學並建。[6]車駕數幸次宗學館，資給甚厚。又除給事中，不就。久之，還廬山，公卿以下，並設祖道。二十五年，詔曰：“前新除給事中雷次宗，篤尚希古，經行明脩，自絶招命，守志隱約。宜加升引，以旌退素。可散騎侍郎。”後又徵詣京邑，爲築室於鍾山西巖下，謂之招隱館，使爲皇太子諸王講《喪服》經。次宗不入公門，乃使自華林東門入延賢堂就業。二十五年，卒於鍾山，時年六十三。太祖與江夏王義恭書道次宗亡，義恭答曰：“雷次宗不救所疾，甚可痛念。其幽棲窮藪，自賓聖朝，克己復禮，始終若一。伏惟天慈弘被，亦垂矜愍。”

[1]朱膺之：人名。歷官太常丞，領議曹郎、司馬、祠部郎中等官，禮學家，多次參加朝廷的禮儀討論，其所言，常爲朝廷所采納。　庾蔚之：人名。禮學家，官至太常丞，常與朱膺之共同參加朝廷禮儀的討論。

[2]蓺術：丁福林《校議》云：“《南史·隱逸傳上》作‘藝文’。觀下文載文帝因立四學，則作‘藝文’者，是也。”

[3]丹陽尹：官名。京師丹陽郡的長官。　何尚之：人名。宋時官員。本書卷六六有傳。

[4]太子率更令：官名。太子屬官，掌太子宮殿門衛等。五品。

[5]謝元：人名。歷官祠部郎中、殿中郎、尚書左丞等職，對官制、禮儀很有研究。

[6]四學：即儒學、玄（道）學、史學、文學。

子蕭之，頗傳其業，官至豫章郡丞。[1]

[1]郡丞：官名。郡守的佐官，掌佐郡守處理政務。

朱百年，會稽山陰人也。祖愷之，[1]晉右衛將軍。[2]

父濤，揚州主簿。

[1]愷之：人名。《南史》卷七五《朱百年傳》作“凱之”。

[2]右衛將軍：官名。與左衛將軍對置，掌宿衛，多由皇帝親信任之。四品。右衛，《南史·朱百年傳》作“左衛”。

百年少有高情，親亡服闋，攜妻孔氏入會稽南山，以伐樵採箬爲業。每以樵箬置道頭，[1]輒爲行人所取，明旦亦復如此。人稍怪之，積久方知是朱隱士所賣，須者隨其所堪多少，留錢取樵箬而去。或遇寒雪，樵箬不售，無以自資，輒自搒船送妻還孔氏，天晴復迎之。有時出山陰爲妻買繒綵三五尺，好飲酒，遇醉或失之。頗能言理，時爲詩詠，往往有高勝之言，郡命功曹，州辟從事，舉秀才，並不就。隱迹避人，唯與同縣孔覬友善。[2]覬亦嗜酒，相得輒酣，對飲盡歡。百年家素貧，母以冬月亡，衣並無絮，自此不衣綿帛。嘗寒時就覬宿，衣悉裌布，飲酒醉眠，覬以臥具覆之，百年不覺也。既覺，引臥具去體，謂覬曰：“綿定奇溫。”因流涕悲慟，覬亦爲之傷感。

[1]每：諸本皆無，中華本據《御覽》卷五〇四引補。

[2]孔覬：人名。諸本並作“孔凱”，《元龜》《南史》作“孔覬”，孫彪《考論》曰，應作“孔覬”。按：孔覬，會稽山陰人，正與百年同縣。本書卷八四有傳。孔覬爲是。丁福林《校議》據本書《孔覬傳》考證，朱百年較孔覬年長四十五歲，而孔覬在外仕宦不絕，其任所皆距會稽甚遠，“百年又何得與之相交厚耶”？因此不同意孫氏《考論》的孔凱乃孔覬之訛的結論。丁氏“以爲會稽山陰

乃孔氏世代族居之地，不乏高節之士，孔凱乃其一。即本書各本原作‘孔凱’並不誤”。

　　除太子舍人，不就。顏竣爲東揚州，[1]發教餉百年穀五百斛，不受。時山陰又有寒人姚吟，亦有高趣，爲衣冠所重。義陽王昶臨州，[2]辟爲文學從事，不起。竣餉吟米二百斛，吟亦辭之。

　　[1]顏竣：人名。字士遜，琅邪臨沂（今山東費縣）人。本書卷七五有傳。　東揚州：宋初置。治所在今浙江紹興市。爲東揚州，乃爲東揚州刺史的省稱。
　　[2]義陽王：王爵名。王國在河南信陽市南。　昶：人名。即劉昶。文帝第九子，初爲義陽王，後爲前廢帝所逼，叛降北朝。本書卷七二有傳。

　　百年孝建元年卒山中，[1]時年八十七。蔡興宗爲會稽太守，餉百年妻米百斛，百年妻遣婢詣郡門奉辭固讓，時人美之，以比梁鴻妻。[2]

　　[1]孝建元年卒山中：中華本校勘記引孫虨《考論》云：“顏峻爲東揚州，在大明元年，百年尚存，蓋即是年卒，史誤作孝建。”孝建元年爲公元454年，大明元年爲公元457年。按：此處當有舛誤。本書卷七二《晉熙王昶傳》云：“孝建元年，立東揚州，拜昶爲刺史。”則東揚州爲孝建元年初立。而依本傳，則顏峻爲東揚州刺史在昶之前，否則百年去世時，不可能拒受顏峻餉。東揚州的建立、劉昶爲東揚州刺史及顏峻任東揚州，在時間上均有矛盾，不知何者爲是。
　　[2]梁鴻：人名。漢末隱士，其妻孟光與夫俱隱，禮敬不衰，

"舉案齊眉"的典故即出此。事見《後漢書》卷八三《梁鴻傳》。

　　王素字休業，琅邪臨沂人也。高祖翹之，晋光禄大夫。

　　素少有志行，家貧母老。初爲廬陵國侍郎，[1]母憂去職。服闋，廬陵王紹爲江州，[2]親舊勸素脩完舊居，素不答，乃輕身往東陽，隱居不仕，頗營田園之資，得以自立。愛好文義，不以人俗累懷。世祖即位，欲搜揚隱退，下詔曰："濟世成務，咸達隱微，軌俗興讓，必表清節。朕昧旦求善，思惇薄風，琅邪王素、會稽朱百年，並廉約貞遠，與物無競，自足皋畝，志在不移。宜加褒引，以光難進。並可太子舍人。"大明中，太宰江夏王義恭開府辟召，[3]辟素爲倉曹屬；[4]太宗泰始六年，又召爲太子中舍人，並不就。素既屢被徵辟，聲譽甚高。山中有蚿蟲，聲清長，聽之使人不厭，而其形甚醜，素乃爲《蚿賦》以自況。七年，卒，時年五十四。

　　[1]廬陵國侍郎：官名。時王國置侍郎，掌侍從。八品。廬陵國，治所在今江西吉水縣東北。

　　[2]廬陵王紹：即劉紹。宋文帝第五子，元嘉二十年任江州刺史。

　　[3]太宰：官名。上三公之首，榮譽性職官，多用以尊勳舊重臣，無具體職掌。　江夏王義恭：即劉義恭。宋武帝第五子。本書卷六一有傳。

　　[4]倉曹屬：官名。此爲太宰之倉曹，倉曹屬爲倉曹的次官。

　　時又有宋平劉睦之、汝南州韶、吳郡褚伯玉，[1]亦隱身求志。睦之居交州,^[2]除武平太守,^[3]不拜。韶字伯和，黃門侍郎文孫也。築室湖熟之方山，徵員外散騎侍郎，征北行參軍，不起。伯玉居剡縣瀑布山三十餘載，揚州辟議曹從事,^[4]不就。

[1]宋平：郡名。治所在今越南河內市。　汝南：郡名。治所在今河南汝南縣。

[2]交州：治所在今越南北寧省仙遊縣東。

[3]武平：郡名。治所在今越南永福市東南平州。

[4]議曹從事：官名。州刺史的屬吏，主議曹事。議曹，評議州事的機構。

　　關康之字伯愉，河東楊人。^[1]世居京口，寓屬南平昌。^[2]少而篤學，姿狀豐偉。下邳趙繹以文義見稱,^[3]康之與之友善。特進顏延之見而知之。^[4]晉陵顧悅之難王弼《易》義四十餘條,^[5]康之申王難顧，遠有情理。又爲《毛詩義》，經籍疑滯，多所論釋。嘗就沙門支僧納學算,^[6]妙盡其能。竟陵王義宣自京口遷鎮江陵,^[7]要康之同行，距不應命。元嘉中，太祖聞康之有學義，除武昌國中軍將軍,^[8]蠲除租稅。江夏王義恭、廣陵王誕臨南徐州,^[9]辟爲從事、西曹，並不就。棄絕人事，守志閑居。弟雙之爲臧質車騎參軍,^[10]與質俱下，至赭圻病卒,^[11]瘞於水濱。康之其春得疾困篤，小差，牽以迎喪，因得虛勞病，寢頓二十餘年。時有閒日，輒臥論文義。世祖即位，遣大使陸子真巡行天下，使反，薦康之"業履恒貞，操勵清固，行信閭黨，譽延邦邑，棲志希古，操不可渝，宜加徵聘，以潔風軌”。不見省。太宗泰始初，與平原明僧紹俱徵爲通直郎，[12]又辭以疾。順帝昇明元年，[13]卒，時年六十三。

[1]河東：郡名。治所在今山西夏縣。　楊：縣名。治所在今山西洪洞縣東南。

[2]南平昌：郡名。南朝僑置，治所在今江蘇鎮江市京口區。

[3]下邳：郡國名。宋以下邳國改名，治所在今江蘇睢寧縣。

[4]特進：官名。用以贈授勳臣。一品。

[5]晉陵：郡名。治所在今江蘇常州市武進區。

[6]嘗就沙門支僧納學算：諸本並脱“算”字，中華本據《南史》、《御覽》卷五〇四引補。支僧納，人名。宋時高僧。

[7]竟陵王：王爵名。王國在今湖北鍾祥市。　義宣：人名。即劉義宣。初封竟陵王，後改封南郡王。本書卷六八有傳。

[8]武昌國：文帝第十子劉渾的封國，在今湖北鄂州市鄂城區。　中軍將軍：官名。宋王國設上、中、下三軍，軍設將軍一人統之，地位很低，不入流品。

[9]廣陵王：王爵名。王國在今江蘇揚州市西北蜀崗上。　誕：人名。即劉誕。字休文，文帝第六子，後改封竟陵王。本書卷七九有傳。　南徐州：治所在今江蘇鎮江市京口區。

[10]臧質：人名。字含文，東莞莒（今山東莒縣）人。本書卷七四有傳。

[11]赭圻：城名。在今安徽繁昌縣西北長江南岸赭圻嶺。

[12]平原：郡名。治所在今山東平原縣。　明僧紹：人名。字承烈，平原鬲（今山東鄒平縣）人，宋、齊隱士。《南齊書》卷五四有傳。

[13]順帝：即劉準。宋最後一位皇帝，被蕭道成推翻。本書卷一〇有紀。　昇明：宋順帝劉準年號（477—479）。

史臣曰：夫獨往之人，皆稟偏介之性，不能摧志屈道，借譽期通。若使值見信之主，逢時來之運，豈其放情江海，取逸丘樊，蓋不得已而然故也。且巖壑閑遠，水石清華，雖復崇門八襲，[1]高城萬雉，[2]莫不蓄壤開泉，髣髴林澤。故知松山桂渚，非止素玩，碧澗清潭，翻成麗矚。挂冠東都，[3]夫何難之有哉。

[1]八襲：八層。

[2]萬雉：形容城墻高大險峻。雉，古代計算城墻面積的單位，長三丈，高一丈爲一雉。

[3]挂冠東都：典出袁宏《後漢紀》卷五《光武帝紀》：逢萌“聞王莽居攝，子宇諫，莽殺之。萌會友人曰：‘三綱絕矣，禍將及人。’即解衣冠挂東都城門，將家屬客於遼東”。《後漢書》卷八三《逢萌傳》亦載其事。

宋書　卷九四

列傳第五十四

恩倖

　　夫君子小人，類物之通稱。[1]蹈道則爲君子，違之則爲小人。屠釣，卑事也，版築，賤役也，太公起爲周師，[2]傅説去爲殷相。[3]非論公侯之世，鼎食之資，明揚幽仄，唯才是與。逮于二漢，兹道未革，胡廣累世農夫，伯始致位公相；[4]黄憲牛醫之子，[5]叔度名重京師。且任子居朝，[6]咸有職業，雖七葉珥貂，[7]見崇西漢，而侍中身奉奏事，又分掌御服。東方朔爲黄門侍郎，[8]執戟殿下；郡縣掾史，[9]並出豪家。負戈宿衛，皆由勢族，非若晚代，分爲二塗者也。漢末喪亂，魏武始基，[10]軍中倉卒，權立九品，蓋以論人才優劣，非爲世族高卑。因此相沿，遂爲成法。自魏至晋，莫之能改，州都郡正，[11]以才品人，而舉世人才，升降蓋寡。徒以馮藉世資，用相陵駕，都正俗士，[12]斟酌時宜，品目少多，隨事俯仰，劉毅所云"下品無高門，上品無賤族"者也。[13]歲月遷訛，斯風漸篤，凡厥衣冠，[14]莫非二品，自此以還，遂成卑庶。周、漢之道，以智役愚，臺隸參差，用成等級；魏晉以來，以貴役賤，士庶之科，較然有辨。夫人君南面，九重奧絕，陪奉朝夕，義隔卿士，階闥之任，宜有司存。既而恩以倖生，信由恩固，無可憚之姿，有易親之色。孝建、泰始，[15]主威獨運，官置百司，權不外假，而刑政糾雜，理難徧通，耳目所寄，事歸近習。賞罰之要，是謂國權，出內王命，由其掌握，於是方塗結軌，輻湊同奔。人主謂其身卑位薄，以爲權不得重。曾不知鼠憑社貴，狐藉虎威，外無逼主之嫌，內有專用之功，勢傾天下，未之或悟。挾朋樹黨，政以賄成，鈇鉞創痏，構於筵第之曲；[16]服冕乘軒，出乎言笑之下。南金北毳，來悉方艎，素繡丹魄，至皆兼兩，西京許、史，[17]蓋不足云，晉朝王、庾，[18]未或能比。及太宗晚運，[19]慮經盛衰，權幸之徒，憎憚宗戚，欲使幼主孤立，永竊國權，構造同異，興樹禍隙，帝弟宗王，相繼屠剿。民忘宋德，雖非一塗，寶祚夙傾，實由於此。嗚呼！《漢書》有《恩澤侯表》，又有《佞倖傳》，今採其名，列以爲《恩倖篇》云。

[1]通：諸本並脫。中華本據《文選》卷五〇、《通鑑》補。

[2]太公：姜尚。殷末周初人，曾屠牛朝歌，釣於磻溪，文王訪賢，遂爲周師。事見《史記》卷三二《齊太公世家》。

[3]傅說：人名。商代武丁時人。據說武丁夢得聖人，名曰說。乃使人求之於傅險，得之於版築的胥靡之中。以傅姓之，號曰傅說。事見《史記》卷三《殷本紀》。

[4]胡廣累世農夫，伯始致位公相：丁福林《校議》引孫志祖《文選考異》卷四《宋書恩倖傳論》條云："何云，胡廣當作匡衡，以前、後《漢書》考之可見。注家無改正者。伯始亦當作稚圭。志祖案：《漢書·匡衡傳》云，字稚圭。父世農夫，至衡好學家貧，備作以供資用。《後漢書·胡廣傳》不言累世農夫。何説是。"胡廣，人名。字伯始，南郡華容人。東漢大臣。曾仕於安、順、沖、質、桓、靈六朝，一任司空，再作司徒，三爲太尉，又爲太傅。《後漢書》卷四四有傳。

[5]黄憲：人名。字叔度，汝南慎陽人。東漢名士。據説其學識淵博，才德高尚，郭林宗曾評價説："叔度汪汪若千頃陂，澄之不清，淆之不濁，不可量也。"《後漢書》卷五三有傳。

[6]任子：漢代高級官員蔭任子弟的一種制度。《漢書》卷一一《哀帝紀》注引應劭曰"《漢儀注》吏二千石以上視事滿三年，得任同產若子一人爲郎"，即此。任子，《文選》作"士子"。

[7]七葉珥貂：此喻西漢金日磾、張湯家族七代爲侍中之事。七葉，七代。珥貂，漢時侍中所佩飾物。

[8]東方朔：人名。漢武帝時官員，以文學知名。《漢書》卷六五有傳。　黄門侍郎：官名。職侍從皇帝，備顧問。

[9]郡縣掾史：《文選》作"郡縣掾吏"。當爲"史"。

[10]魏武：魏武帝曹操。曹丕即位後追封。見《三國志》卷一《魏書·武帝紀》。

[11]州都郡正：官名。即州大中正、郡中正。職品州郡人士的品級，以供吏部任官時參考。

[12]都正：官名。即州郡都正。掌對人才的評議。

[13]下品無高門，上品無賤族：《晋書》卷八五《劉毅傳》作："上品無寒門，下品無勢族。"

[14]衣冠：官僚世族。《文選》沈約《奏彈王源文》引《袁子正書》："古者命士已上，皆有冠冕，故謂之冠族。"

[15]孝建：宋孝武帝劉駿年號（454—456）。　泰始：宋明帝

劉彧年號（465—471）。

［16］筵第：《文選》作“牀第”。

［17］許：許氏。漢宣帝外戚，許皇后家族。　史：史氏。宣帝外祖母家族。

［18］王：琅邪王氏，元帝外戚。　庾：庾氏，明帝外戚。

［19］太宗：宋明帝劉彧廟號。

戴法興，會稽山陰人也。[1]家貧，父碩子，販紵爲業。法興二兄延壽、延興並修立，延壽善書，法興好學。山陰有陳載者，[2]家富，有錢三千萬，鄉人咸云：“戴碩子三兒，敵陳載三千萬錢。”

［1］會稽：郡名。治所在今浙江紹興市。　山陰：縣名。治所在今浙江紹興市。

［2］陳載：人名。《南史》作“陳戴”。其事不詳。

法興少賣葛於山陰市，後爲吏傳署，[1]入爲尚書倉部令史。[2]大將軍彭城王義康於尚書中覓了了令史，[3]得法興等五人，以法興爲記室令史。[4]義康敗，仍爲世祖征虜、撫軍記室掾。[5]上爲江州，[6]仍補南中郎典籤。[7]上於巴口建義，[8]法興與典籤戴明寶、蔡閑俱轉參軍督護。[9]上即位，並爲南臺侍御史，[10]同兼中書通事舍人。[11]法興等專管內務，權重當時。孝建元年，加建武將軍、南魯郡太守，[12]解舍人，侍太子於東宮。大明二年，[13]三典籤並以南下預密謀，封法興吳昌縣男，[14]明寶湘鄉縣男，[15]閑高昌縣男，[16]食邑各三百戶。閑時已卒，追加爵封。法興轉員外散騎侍郎，[17]給事中，[18]太子旅賁中郎將，[19] 太守如故。

[1]傅署：官署名。政府在交通要道上設立的驛站，負責迎送、招待公務人員。

[2]尚書倉部令史：官名。尚書省倉部曹屬吏。九品。

[3]大將軍：官名。八公之一，位居三師下，三公上。南朝不常授。一品。　彭城王：王爵名。王國在今江蘇徐州市。　義康：人名。即劉義康。武帝第四子，後以謀反罪爲文帝所殺。本書卷六八有傳。　了了：聰慧。

[4]記室令史：官名。記室屬吏。記室，官署名。掌文章表疏等文書類事務。

[5]世祖：宋孝武帝劉駿廟號。　征虜：官名。即征虜將軍。名號將軍之一。三品。　撫軍：官名。即撫軍將軍。重號將軍之一，與中軍、鎮軍號稱三將軍，比諸四鎮將軍。三品。　記室掾：官名。記室之長。

[6]江州：治所在今湖北黃梅縣。

[7]南中郎典籤：官名。軍府屬吏。最初爲州府與軍府間傳送文件的小吏，後成爲監督方鎮的耳目。南中郎，官名。即南中郎將。名號將軍之一。

[8]巴口：地名。巴河入長江之口。在今湖北黃岡市黃州區東南。

[9]參軍督護：官名。參軍、督護，皆爲軍府屬吏。

[10]南臺侍御史：官名。御史臺屬官，掌監察百官。六品。南臺，即御史臺。

[11]中書通事舍人：官名。中書省屬吏，掌呈奏案章，南朝時爲皇帝所信用，參與議政，權力極大。七品。

[12]建武將軍：官名。五武將軍之一。四品。　南魯郡：東晉南朝僑置。治所在今江蘇鎮江市。

［13］大明：宋孝武帝劉駿年號（457—464）。

［14］吳昌縣男：男爵名。封邑在今湖南平江縣。

［15］湘鄉：縣名。治所在今湖南湘鄉市。

［16］高昌：縣名。治所在今江西吉安市吉州區西南。

［17］員外散騎侍郎：官名。清顯之職，多爲貴族子弟初仕官。六品。

［18］給事中：官名。門下省屬官，職侍從、諫議。五品。

［19］太子旅賁中郎將：官名。太子屬官，職侍衛太子。

　　世祖親覽朝政，不任大臣，而腹心耳目，不得無所委寄。法興頗知古今，素見親待，雖出侍東宮，而意任隆密。魯郡巢尚之，[1]人士之末，元嘉中，侍始興王濬讀書，[2]亦涉獵文史，爲上所知。孝建初，補東海國侍郎，[3]仍兼中書通事舍人。[4]凡選授遷轉誅賞大處分，上皆與法興、尚之參懷；內外諸雜事，多委明寶。上性嚴暴，睚眦之間，動至罪戮，尚之每臨事解釋，多得全免，殿省甚賴之。而法興、明寶大通人事，多納貨賄，凡所薦達，言無不行，天下輻湊，門外成市，家產並累千金。明寶驕縱尤甚，長子敬爲揚州從事，[5]與上爭買御物。六宮嘗出行，[6]敬盛服騎馬於車左右，馳驟去來。上大怒，賜敬死，繫明寶尚方。尋被原釋，委任如初。

　　［1］魯郡：治所在今山東曲阜市。

　　［2］始興王：王爵名。王國在今廣東韶關市東南蓮花嶺下。濬：人名。即劉濬。字休明，文帝子。黨同太子劉劭，劭殺文帝即位後受重用。劭敗被殺。本書卷九九有傳。

　　［3］東海國侍郎：官名。王國屬官，掌威儀通教令。

　　[4]兼：諸本作“並”，中華本據《南史》、《元龜》卷二〇
〇改。

　　[5]揚州從事：官名。揚州刺史的屬吏，主一曹事。

　　[6]六宮：代指皇后。《周禮》鄭玄注：王后寝宮有六，“正寝
一，燕寝五，合爲六宮”。故六宮亦指王后。

　　世祖崩，前廢帝即位，[1]法興遷越騎校尉。[2]時太宰
江夏王義恭録尚書事，[3]任同總己，而法興、尚之執權
日久，威行内外，義恭積相畏服，至是懾憚尤甚。廢帝
未親萬機，凡詔勅施爲，悉決法興之手，尚書中事無大
小，專斷之，顔師伯、義恭守空名而已。[4]廢帝年已漸
長，凶志轉成，欲有所爲，法興每相禁制，每謂帝曰：
“官所爲如此，欲作營陽耶？”[5]帝意稍不能平。所愛幸
閹人華願兒有盛寵，賜與金帛無算，法興常加裁減，願
兒甚恨之。帝常使願兒出入市里，察聽風謡，而道路之
言，謂法興爲真天子，帝爲贋天子。[6]願兒因此告帝曰：
“外間云宮中有兩天子，官是一人，戴法興是一人。官
在深宮中，人物不相接，法興與太宰、顔、柳一體，[7]
吸習往來，門客恒有數百，内外士庶，莫不畏服之。法
興是孝武左右，復久在宮闈，今將他人作一家，深恐此
坐席非復官許。”帝遂發怒，免法興官，遣還田里，仍
復徙付遠郡，尋又於家賜死，時年五十二。法興臨死，
封閉庫藏，使家人謹録鑰牡。死一宿，又殺其二子，截
法興棺，焚之，[8]籍没財物。法興能爲文章，頗行於世。

　　[1]前廢帝：即劉子業。孝武帝長子，大明八年（464）即位，

次年爲明帝所殺。本書卷七有紀。

[2]越騎校尉：官名。初領營兵宿衞，後省兵。秩二千石。四品。

[3]太宰：官名。上公之一，多授勳重之臣。一品。　江夏王：王爵名。王國在今湖北武漢市武昌區。　義恭：人名。即劉義恭。武帝第五子。本書卷六一有傳。

[4]顏師伯：人名。字長淵，琅邪臨沂（今山東費縣）人。本書卷七七有傳。

[5]營陽：代指少帝劉義符，即位後所行荒悖，爲大臣徐羨之等所廢。

[6]贗：諸本並作“應”。中華本據《南史》改。

[7]太宰：指江夏王義恭。　顏：顏師伯。時爲尚書僕射、領丹陽尹。　柳：柳元景。時任尚書令。本書卷七七有傳。

[8]截法興棺，焚之：《南史》作“截法興棺兩和”。張元濟《南史校勘記》云：“既焚何必截？疑兩和是。”按：“和”指棺頭，此截斷棺材兩頭故曰“兩和”。

死後，帝敕巢尚之曰：“吾纂承洪基，君臨萬國，推心勳舊，著於遐邇。不謂戴法興恃遇負恩，專作威福，冒憲黷貨，號令自由，積釁累愆，遂至於此。卿等忠勤在事，吾乃具悉，但道路之言，異同紛糾，非唯人情駭愕，亦玄象違度，委付之旨，良失本懷。吾今自親覽萬機，留心庶事，卿等宜竭誠盡力，以副所期。”尚之時爲新安王子鸞撫軍中兵參軍、淮陵太守。[1]乃解舍人，轉爲撫軍諮議參軍，[2]太守如故。

[1]新安王：王爵名。王國在今浙江淳安縣西北。　子鸞：人

名。即劉子鸞。字孝羽，孝武帝第八子，初封襄陽王，尋改封新安王，年十歲，爲前廢帝所殺。明帝即位，改封始平王。本書卷八〇有傳。　撫軍中兵參軍：官名。撫軍將軍的中兵曹之長。　淮陵：郡名。西晉治所在今江蘇泗洪縣。江左僑置，在今江蘇丹陽市、常州市一帶。

[2]撫軍諮議參軍：官名。撫軍將軍的屬吏，不領曹，參謀軍政。

太宗泰始二年，詔曰："故越騎校尉吳昌縣開國男戴法興，昔從孝武，誠懇左右，入定社稷，預誓河山。及出侍東儲，竭盡心力，嬰害凶悖，朕甚愍之。可追復削注，還其封爵。"有司奏以法興孫靈珍襲封。又詔曰："法興小人，專權豪恣，雖虐主所害，義由國討，不宜復貪人之封，封爵可停。"

太宗初，復以尚之兼中書通事舍人、南清河太守。[1]二年，遷中書侍郎，[2]太守如故。未拜，改除前軍將軍，[3]太守如故。侍太子於東宮。晋安王子勛平後，[4]以軍守管内，封邵陵縣男，[5]食邑四百户，固辭不受。轉黄門侍郎，出爲新安太守，病卒。

[1]南清河：郡名。東晋僑置於晋陵，在今江蘇常州市。

[2]中書侍郎：官名。中書省次官，掌文章表奏諸事。五品。

[3]前軍將軍：官名。掌宿衛，爲前、後、左、右四將軍之一。四品。

[4]晋安王：王爵名。王國在今福建福州市。　子勛：人名。即劉子勛。字孝德，孝武帝第三子。明帝劉彧殺前廢帝自立，子勛時任鎮軍將軍、江州刺史，受諸將擁戴，在江州自立爲帝，與明帝

相抗，兵敗被殺。本書卷八〇有傳。

　　[5]邵陵：縣名。治所在今湖南邵陽市。

　　戴明寶，南東海丹徒人也。[1]亦歷員外散騎侍郎，給事中。世祖世，帶南清河太守。前廢帝即阼，權任悉歸法興，而明寶輕矣，以爲宣威將軍、南東莞太守。[2]景和末，[3]增邑百户。太宗初，天下反叛，軍務煩擾，以明寶舊人，屢經戎事，復委任之，以爲前軍將軍。事平，遷宣威將軍、晋陵太守，進爵爲侯，增邑四百户。泰始三年，坐參掌戎事，多納賄貨，削增封官爵，繫尚方，[4]尋被宥。復爲安陸太守，[5]加寧朔將軍，[6]游擊、驍騎將軍，[7]武陵内史，[8]宣城太守，[9]順帝驃騎司馬。[10]昇明初，[11]年老，拜太中大夫，[12]病卒。

　　[1]南東海：郡名。治所在今江蘇鎮江市京口區。　丹徒：縣名。治所在今江蘇鎮江市丹徒區。

　　[2]宣威將軍：官名。雜號將軍。六品。　南東莞：郡名。東晋僑置於晋陵，在今江蘇常州市。

　　[3]景和：宋前廢帝劉子業年號（465）。

　　[4]尚方：少府所屬作坊，多用刑徒、罪吏從事生産。

　　[5]安陸：郡名。宋初置，治所在今湖北安陸市。

　　[6]寧朔將軍：官名。名號將軍之一。四品。

　　[7]游擊、驍騎將軍：官名。二者皆爲禁軍將軍，與領軍、護軍、左衛、右衛合稱六軍。四品。

　　[8]武陵内史：官名。武陵國行政長官，職如太守。武陵國治所在今湖南常德市。

　　[9]宣城：郡名。治所在今安徽宣城市宣州區。

[10]驃騎司馬：官名。驃騎將軍的屬吏，掌軍事。

[11]昇明：宋順帝劉準年號（477—479）。

[12]太中大夫：官名。榮譽性官職，多用於養老疾官員。品級不高，禄賜相當於卿。七品。

武陵國典書令董元嗣，[1]與法興、明寶等俱爲世祖南中郎典籤。元嘉三十年，[2]奉使還都，值元凶弒立，[3]遣元嗣南還，報上以徐湛之等反。[4]上時在巴口，元嗣具言弒狀。上遣元嗣下都，奉表於劭，既而上舉義兵，劭責元嗣，元嗣答曰：“始下，未有反謀。”劭不信，備加考掠，不服，遂死。世祖事克，追贈員外散騎侍郎，使文士蘇寶生爲之誄焉。[5]

[1]武陵國典書令：官名。王國屬官，掌王國公文。

[2]元嘉：宋文帝劉義隆年號（424—453）。

[3]元凶：即宋文帝太子劉劭，因殺其父得此惡稱。本書卷九九有傳。

[4]徐湛之：人名。宋文帝外戚，爲劉劭所殺。本書卷七一有傳。

[5]蘇寶生：人名。名寶。本寒門，有文義之美，爲文帝所知，官至南臺侍御史、江寧令。高闍反，知而不舉，伏誅。本書卷七五有附傳。

大明中，又有奚顯度者，南東海郯人也。[1]官至員外散騎侍郎。世祖常使主領人功，而苛虐無道，動加捶撲，暑雨寒雪，不聽暫休，人不堪命，或有自經死者。人役聞配顯度，如就刑戮。時建康縣考囚，[2]或用方材壓額及踝脛，民間謠曰："寧得建康壓額，不能受奚度拍。"又相戲曰："勿反顧，付奚度。"其酷暴如此。前廢帝嘗戲云："顯度刻虐，爲百姓所疾，比當除之。"左右因倡"諾"。即日宣旨殺焉。時人比之孫晧殺岑昏。[3]

[1]郯：縣名。時治所在今江蘇鎮江市。

[2]建康：縣名。京師所在。治所在今江蘇南京市。

[3]孫晧殺岑昏：岑昏以陰險阿諛，得到吳主孫晧的信任，位列九卿。昏好興功役，爲眾所患苦，後被孫晧所殺。事見《三國志》卷四八《吳書·孫晧傳》。

徐爰字長玉，南琅邪開陽人也。[1]本名瑗，後以與傅亮父同名，改爲爰。

[1]南琅邪：郡名。治所在今江蘇句容市。　開陽：縣名。東晉僑置，治所約在今江蘇丹陽市。

初爲晉琅邪王大司馬府中典軍，[1]從北征。微密有意理，爲高祖所知。[2]少帝在東宮，[3]入侍左右。太祖初，[4]又見親任，歷治吏勞，遂至殿中侍御史。[5]元嘉十二年，轉南臺侍御史，始興王濬後軍行參軍。[6]復侍太子於東宮，遷員外散騎侍郎。太祖每出軍行師，常懸授兵略。二十九年，重遣王玄謨等北伐，配爰五百人，隨軍向碻磝，[7]銜中旨，臨時宣示。

[1]大司馬府中典軍：官名。掌大司馬府警衛。

[2]高祖：宋武帝劉裕廟號。

[3]少帝：即劉義符。永初三年（422）即位，景和二年
（424）爲權臣徐羨之等廢殺。本書卷四有紀。

[4]太祖：宋文帝劉義隆廟號。

[5]殿中侍御史：官名。御史臺屬官，掌舉殿中不法，在朝會
活動中監察百官。

[6]後軍：官名。即後軍將軍。與前、左、右軍將軍號稱四將
軍，掌宿衛。 行參軍：官名。後軍將軍的屬吏，主一曹事，低於
參軍。諸本並脫"行參軍"三字，中華本據《南史》補。

[7]碻磝：地名。在今山東茌平縣。時爲軍事要地。

世祖至新亭，[1]大將軍江夏王義恭南奔，爰時在殿
內，誑勸追義恭，因得南走。時世祖將即大位，軍府造
次，不曉朝章。爰素諳其事，既至，莫不喜説，以兼太
常丞，[2]撰立儀注。孝建初，補尚書水部郎，[3]轉爲殿中
郎，[4]兼右丞。[5]

[1]新亭：地名。在今江蘇南京市南。時爲軍事要地。

[2]太常丞：官名。太常的佐官。七品。太常，官名。九卿之
一，掌文化禮儀、教育等事。

[3]尚書水部郎：官名。尚書省屬下水部郎曹之長，掌水利事。
六品。

[4]殿中郎：官名。尚書省屬下殿中曹之長，掌殿中秘書事。
六品。

[5]右丞：官名。即尚書右丞。尚書令、僕射的佐吏。六品。

孝建三年，索虜寇邊，[1]詔問群臣防禦之策，爰
議曰：

詔旨"虜犯邊塞，水陸遼遠，孤城危棘，復不

可置”。臣以戎虜猖狂，狡焉滋廣，列卒擬候，伺
覘間隙，不勞大舉，終莫永寧。然連旆千里，[2]費
固巨萬，而中興造創，資儲未積，是以齊斧徘徊，
朔氣稽掃。今皇運洪休，靈威遐慴，蠢爾遺燼，懼
在誅剪，思肆蜂蠆，以表有餘，雖不敢深入濟、
沛，[3]或能草竊邊塞。羽林鞭長，太倉遙阻，救援
之日，勢不相及。且當使緣邊諸戍，練卒嚴城，凡
諸督統，聚糧蓄田，籌計資力，足相抗擬。小鎮告
警，大督電赴，塢壁邀斷，州郡犄角，儻有自送，
可使匹馬不反。

[1]索虜：對北朝鮮卑人的蔑稱，以其頭上有辮髮之故。

[2]旆：諸本作“於”。張元濟《校勘記》曰：“於”疑當作
“旆”。中華本據改。

[3]濟：水名。即濟水。　沛：郡名。治所在今江蘇沛縣。此
處泛指黃河中下游河南、河北及江蘇北部地區。

　　詔旨“胡騎倏忽，抄暴無漸，出耕見虜，野粒
資寇，比及少年，軍實無擬，江東根本，[1]不可俱
竭，宜立何方，可以相贍”？臣以爲方鎮所資，實
宜且田且守，若使堅壁而春墾輟耕，清野而秋登莫
擬，私無生業，公成虛罄，遠引根本，二三非宜。
救之之術，唯在盡力防衛，來必拒戰，去則邀躡，
據險保隘，易爲首尾。胡馬既退，則民豐廩實，比
及三載，可以長驅。

[1]江東：長江在安徽蕪湖至南京段，作西南、東北流向，在此以下長江南岸地區稱江東。此處作劉宋政權的代稱。

詔旨“賊之所向，本無前謀，兵之所進，亦無定所。比歲戎戍，倉庫多虛，先事聚衆，則消費糧粟，敵至倉卒，又無以相應”。臣以爲推鋒前討，大須資力，據本應末，不俟多衆。今寇無傾國豕突，列城勢足脣齒，養卒得勇，所任得才，臨事而懼，應機無失，豈煩空聚兵衆，以待未然？

詔旨“戎狄貪婪，唯利是規，不挫凶圖，姦志歲結”。臣以爲不擊則必侵掠，侵掠不已，則民失農桑，農桑不收，則王戍不立，爲立之方，擊之爲要。

詔旨“若令邊地歲驚，公私失業，經費困於遥輸，遠圖決無遂事，寝弊贊略，逆應有方”。臣以爲威虜之方，在於積粟塞下。若使邊民失業，列鎮寡儲，非唯無以遠圖，亦不能制其侵抄。今當使小戍制其始寇，大鎮赴其入境，一被毒手，便自吹虀鳥逝矣。[1]

[1]吹虀：因被燙而對著凉茶吹氣，比喻因受挫折而接受教訓改變做法。

尋即真，[1]遷左丞。[2]先是元嘉中，使著作郎何承天草創國史。[3]世祖初，又使奉朝請山謙之、南臺御史蘇寶生踵成之。[4]六年，[5]又以爰領著作郎，使終其業。爰雖因前作，而專爲一家之書。上表曰：

　　[1]尋即真：不久就被正式任命爲右丞。真，官制用語。官員試用期滿後，正式任命其官職，即稱爲真。

　　[2]左丞：官名。即尚書左丞。位在右丞上。六品。

　　[3]著作郎：官名。掌國史及起居注修撰，爲清要之官，多用有聲望的名士，也爲宗室起家之官。六品。　何承天：人名。東海郯人。本書卷六四有傳。　國史：即宋史。

　　[4]奉朝請：官名。隸散騎省，以安置閑散官員。　山謙之：人名。宋史學家，參修國史，未完成而病故。

　　[5]六年：上文有“世祖初”，説明此六年乃大明六年。

　　　臣聞虞史炳圖，原光被之美，[1]夏載昭策，先隨山之勤。[2]天飛雖王德所至，終陟固有資田躍，[3]神宗始於俾乂，上日兆於納揆。[4]其在《殷頌》，《長發》玄王，[5]受命作周，實唯雍伯，[6]考行之盛則，振古之弘軌。降逮二漢，亦同兹義，基帝創乎豐郊，[7]紹祚本於昆邑。[8]魏以武命《國志》，[9]晋以宣啓《陽秋》，[10]明黃初非更姓之本，[11]泰始爲造物之末，又近代之令準，式遠之鴻規。典謨緬邈，[12]紀傳成準，善惡具書，成敗畢記。然餘分紫色，[13]滔天泯夏，親所芟夷，而不序於始傳，涉、聖、卓、紹，[14]煙起雲騰，非所誅滅，而顯冠乎首述，[15]豈不以事先歸之前録，功偕著之後撰。

　　[1]虞史炳圖，原光被之美：虞舜的歷史彪炳於《虞典》，因爲其德有廣被四方的美譽。圖，即圖書，此指《虞典》，即《尚

書·虞書》。光被之美，即《尚書·堯典》所説"光被四表，格于上下"。光，同"廣"。

[2]夏載昭策，先隨山之勤：夏的歷史記載顯揚於《夏書》，首先表揚夏禹隨山刊木的勤勞。策，同"册"，典册，此指《夏書》。《尚書》中的《禹貢》《五子之歌》《甘誓》《胤征》等篇，有的學者稱爲《夏書》。又《國語·周語》及《左傳》中均記有《夏書》，但其書已佚。隨山之勤，《尚書·禹貢》有"禹敷土，隨山刊木"。

[3]天飛雖王德所至，終陟固有資田躍：登上皇帝寶座雖是有德者的必然結果，但它的升天最終要借助於"在田"和"躍淵"兩個前提。天飛，即《易·乾卦》"飛龍在天，利見大人"的化用。田躍，即《易·乾卦》"見龍在田"和"或躍在淵"的化用。

[4]神宗始於俾乂，上日兆於納揆：祖廟始建是基於德義，元旦的吉兆在於任命百官。神宗，《尚書·大禹謨》云："正月朔旦，受命于神宗。"孔傳："神宗，文祖之宗祖。"後世遂以神宗代指皇帝之祖廟。上日，元旦。《尚書·舜典》："正月上日，受終于文祖。"孔傳："上日，朔日也。"納揆，即《尚書·舜典》"納于百揆，百揆時叙"。

[5]其在《殷頌》，《長發》玄王：在《詩·商頌·長發》中贊頌的是殷商始祖契。《殷頌》即《商頌》。《詩·商頌·長發》："玄王桓發，受小國是達。"毛傳："玄王，契也。"

[6]受命作周，實唯雍伯：受天命創建周國，實在是由於太伯、仲雍。事見《史記》卷四《周本紀》、卷三一《吳太伯世家》。古公亶父有三子，即太伯、仲雍、季歷。季歷子姬昌"有聖瑞"，古公曰："我世當有興者，其在昌乎？"太伯、仲雍知道古公欲立季歷而傳其子昌（文王），遂亡至荆蠻，文身斷髮，以示不歸。古公遂立季歷，又傳姬昌，周遂得興盛。"受命作周，實唯雍伯"，即指此。

[7]基帝創乎豐郊：漢帝國的基業創始於豐沛。《史記》卷八

《高祖本紀》：“高祖，沛豐邑中陽里人。”

[8]紹祚本於昆邑：劉秀繼承漢室基業本於昆陽（今河南葉縣）。劉秀在昆陽之戰中以少勝多，打垮了王莽四十多萬大軍，奠定了復興漢業的基礎。

[9]魏以武命《國志》：曹魏的歷史《三國志·魏書》，是從武帝曹操開始寫起。

[10]晋以宣啓《陽秋》：晋朝的歷史《晋陽秋》，是從宣帝司馬懿開始寫起。按：《陽秋》有三種，即孫盛《晋陽秋》、習鑿齒《漢晋春秋》、檀道鸞《續晋陽秋》。

[11]明黄初非更姓之本：明確黄初不是改朝換代之始。黄初，三國魏文帝曹丕年號（220—226）。

[12]謨：各本並作“謀”，中華本以文義改。

[13]餘分紫色：典出《漢書》卷九九下《王莽傳下》：“紫色繩聲，餘分閏位。”師古注引應劭曰：“紫，間色，繩，邪音也。”意爲雜色、邪氣壓住正色、正氣，篡位者壓住正統王朝。

[14]涉、聖、卓、紹：即陳涉、聖公劉玄、董卓、袁紹。

[15]而顯冠乎首述：意爲涉、聖、卓、紹都是乘時而起於秦末、漢末，不該把他們列入《漢書》《後漢書》列傳之首。

伏惟皇宋承金行之澆季，[1]鍾經綸之屯極，[2]擁玄光以鳳翔，[3]秉神符而龍舉，[4]剗定鯨鯢，[5]天人佇屬。晋禄數終，上帝臨宋，便應奄膺紘宇，對越神工，而恭服勤於三分，讓德邁於不嗣，其爲巍巍蕩蕩，赫赫明明，歷觀逖聞，莫或斯等。宜依銜書改文，[6]登舟變號，[7]起元義熙，[8]爲王業之始，載序宣力，爲功臣之斷。其僞玄篡竊，[9]同於新莽，[10]雖靈武克殄，[11]自詳之晋録。[12]及犯命干紀，受戮霸朝，雖揖禪之前，皆著之宋策。[13] 國典體大，方垂不朽，請外詳議，伏須遵承。

[1]承金行之澆季：繼承晉朝道德風俗敗壞的末世。金行，按五德終始説，晉屬於金德，金行即代指晉朝。

[2]鍾經綸之屯極：遇到治理國家最困難時期。鍾，當，遭遇。經綸，經略、治國。《易·屯卦》：“《象》曰：雲雷，屯，君子以經綸。”金景芳《周易全解》：“經綸就是治理，君子學了屯卦，要用屯卦思想去治理國家社會。”屯極，極端困難。金景芳説：屯卦的特點就是“剛柔始交而難生”，稱之爲“屯難”，它不同於别的難，它是事業開始的難。屯極則是宋建國初所遇到的最困難時期。

[3]玄光：内在的、天賦的穎慧。《淮南子·俶真訓》：“弊其玄光而求知之於耳目，是釋其炤炤，而道之冥冥也。”高誘注：“玄光，内明也。一曰玄，天也。” 鳳翔：贊頌帝王的興起。

[4]神符：神靈賦予統治天下的憑證。《文選》楊雄《劇秦美新》：“與天剖神符，地合靈契。”李善注：“分天之符，合地之契，言應録而王也。” 龍翠：與鳳翔意同，喻王業的興起。

[5]剗定鯨鯢：消滅、平定凶惡的敵人。剗，同“剷”。鯨鯢，鯨魚，比喻凶惡的敵人。

[6]依銜書改文：《類聚》卷九九引《春秋元命苞》曰：“火離爲鳳凰，銜書游文王之都，故武王受鳳書之紀。”紀爲法制，文爲法令條文，故“依銜書改文”與“受鳳書之紀”意同。

[7]登舟變號：指桓玄稱帝後，劉裕與何無忌同船還京口，“建復興之計”。從登舟還京口之日起，劉裕就改變旗號，討伐桓玄。故徐爰主張宋“起元義熙，爲王業之始”。

[8]義熙：晉安帝司馬德宗年號（405—418）。此時晉政權已落入劉裕之手。

[9]僞玄篡竊：指元興二年（403）桓玄廢晉安帝，建楚稱帝。

[10]同於新莽：與王莽篡漢建新性質相同。

[11]靈武：神靈威武，此指劉裕。

[12]晋録：即晋史。

[13]宋策：即宋史。

　　於是内外博議，太宰江夏王義恭等三十五人同爰議，宜以義熙元年爲斷。散騎常侍巴陵王休若、尚書金部郎檀道鸞二人謂宜以元興三年爲始。[1]太學博士虞龢謂宜以開國爲宋公元年。[2]詔曰："項籍、聖公，編録二漢，[3]前史已有成例。桓玄傳宜在宋典，餘如爰議。"

[1]散騎常侍：官名。掌侍從、諫議。三品。　巴陵王休若：即劉休若。文帝第十九子。本書卷七二有傳。　尚書金部郎：官名。尚書省金部郎曹之長。　檀道鸞：人名。字萬安，曾爲國子博士、永嘉郡太守，撰有《續晋陽秋》二十卷，佚。《南史》卷七二有附傳。　元興：晋安帝司馬德宗年號（402—404）。

[2]太學博士：官名。掌顧問及教授太學生。　虞龢：人名。會稽餘姚人，曾任中書郎、廷尉，少好學，有名當時。《南史》卷七二有附傳。　宋公元年：即晋義熙十二年（416）。此年劉裕受封宋國公。

[3]項籍：人名。即項羽。秦末起義軍領袖。《漢書》卷三一有傳，《史記》卷七有紀。

　　七年，爰遷游擊將軍。其年，世祖南巡，權以本官兼尚書左丞，車駕還宫，罷。明年，又兼左丞，著作兼如故。世祖崩，營景寧陵，[1]爰以本官兼將作大匠。[2]爰便僻善事人，能得人主微旨。頗涉書傳，尤悉朝儀。元嘉初便入侍左右，預參顧問，既長於附會，又飾以典文，故爲太祖所任遇。大明世，委寄尤重，朝廷大禮儀注，非爰議不行，雖復當時碩學所解過人者，既不敢立異議，所言亦不見從。世祖崩，公除後，晋安王子勛侍讀博士咨爰宜習業與不？爰答：“居喪讀喪禮，習業何嫌。”少日，始安王子真博士又咨爰，爰曰：“小功廢業，三年喪何容讀書。”其專斷乖謬皆如此。

[1]景寧陵：在今江蘇南京市東麒麟門外北三里處麒麟鋪，陵冢早已無存。

[2]將作大匠：官名。營造重大土木工程時所設之總監官，屬列卿之一，事畢即省。

前廢帝凶暴無道，殿省舊人，多見罪黜，唯爰巧於將迎，始終無迕。誅群公後，以爰爲黃門侍郎，領射聲校尉，[1]著作如故。封吳平縣子，[2]食邑五百户。寵待隆密，群臣莫二。帝每出行，常與沈慶之、山陰公主同輦，[3]爰亦預焉。太宗即位，例削封，以黃門侍郎改領長水校尉，[4]兼尚書左丞。明年，除太中大夫，著作並如故。

[1]射聲校尉：官名。隸屬中領軍的侍衞武官。四品。

[2]吳平縣子：子爵名。封邑在今江西樟樹市西南。

[3]山陰公主：即劉楚玉。孝武帝之女。本書卷八〇有附傳。

[4]長水校尉：官名。職掌、官品同射聲校尉。

爰秉權日久，上昔在藩，素所不説。及景和世，屈辱卑約，爰禮敬甚簡，益銜之。泰始三年，詔曰：

夫事君無禮，教道弗容；訕上衒己，人倫所棄。太中大夫徐爰拔迹厮猥，推斥饕逢，遂官參時望，門伍豪族，遷位轉榮，莫非超荷。而諂側輕險，與性自俱，利口讒妄，自少及長，奉公在事，螫豪蔑聞，初無愧滿，常有闚進。先朝嘗以芻蕘之中，粗有學解，故得漸蒙驅策，出入兩宮。太初僞立，盡心佞事，義師已震，方得南奔。及孝武居統，唯極諂諛，附會承旨，專恣厥性，致使治政苛縱，興造乖法，損德害民，皆由此豎。景和悖險，深相贊協，苟取偷存，罔顧節義，任算設數，取合人主，觚嶇姦矯，所志必從，故歷事七朝，白首全貴。自以體含德厚，識鑑機先，迷塗遂深，罔知革悟。

朕撥亂反正，勳濟天下，靈祇助順，群逆必夷，況爰恩養，而無輸效，遂內挾異心，著於形迹，陽愚杜口，罔所陳聞，惰事緩文，庶申詭略。當今朝列賢彥，國無佞邪，而秉心弗純，累蠹時政。以其自告之辰，用賜歸老之職，榮禮優崇，寧非饕過。不謂潛怨斥外，進競不已，勤言託意，觸遇斯發。小人之情，雖所先照，猶許其當改，未忍加法。遂恃朕仁弘，必永容貸。昨因觴宴，肆意譏毀，謂制詔所爲，皆資傍説，又宰輔無斷，朝要非才，恃老與舊，慢戾斯甚。比邊難未靜，安衆以惠，戎略是務，政綱從簡，故得使此小物，乘寬自縱。乃合畀豺虎，以清王猷，但朽頸將盡，不足窮法，可特原罪，徙付交州。

爰既行，又詔曰："八議緩罪，舊在一條；[1]五刑所抵，耆必加貸。徐爰前後釁迹，理無可申，廢棄海埵，實允國憲。但蚤蒙朕識，曲矜愚朽，既經大宥，思沾殊渥。可特除廣州統內郡。"有司奏以爲宋隆太守。[2]除命既下，爰已至交州，[3]值刺史張牧病卒，土人李長仁爲亂，[4]悉誅北來流寓，無或免者。長仁素聞爰名，以智計詿誘，故得無患。久之聽還，仍除南康郡丞。[5]太宗崩，還京都，以爰爲南濟陰太守，[6]復除中散大夫。[7]元徽三年，[8]卒，時年八十二。

[1]八議緩罪，舊在一條：符合以上八議其中之一條的人，犯了罪可以議減或免刑。見《周禮・秋官・小司寇》。徐爰爲舊臣，符合議故這一條。八議，即議親、議故、議賢、議能、議功、議貴、議勤、議賓。

[2]宋隆：郡名。治所在今廣東高要市東南。

[3]交州：治所在今越南北寧省仙遊縣東。

[4]李長仁：人名。泰始四年交州叛亂首領，爲龍驤將軍陳伯紹討平。諸本並作"孝長仁"。中華本據本書卷八《明帝紀》改。

[5]南康：郡名。治所在今江西贛州市章貢區東北。　郡丞：官名。太守的佐吏，掌佐太守處理政務。

[6]南濟陰：郡名。東晉僑置，治所約在今江蘇鎮江市一帶。

[7]中散大夫：官名。用以關照老病官員的散職。

[8]元徽：宋後廢帝劉昱年號（473—477）。

阮佃夫，會稽諸暨人也。[1]元嘉中，出身爲臺小史。

太宗初出閣，選爲主衣。[2]世祖召還左右，補內監。[3]永光中，[4]太宗又請爲世子師，[5]甚見信待。景和末，太宗被拘於殿內，住在秘書省，[6]爲帝所疑，大禍將至，惶懼計無所出。佃夫與王道隆、李道兒及帝左右琅邪淳于文祖謀共廢立。[7]時直閣將軍柳光世亦與帝左右蘭陵繆方盛、丹陽周登之有密謀，[8]未知所奉。登之與太宗有舊，方盛等乃使登之結佃夫，佃夫大說。先是帝立皇后，普暫徹諸王奄人，太宗左右錢藍生亦在其例。[9]事畢未被遣，密使藍生候帝。慮事泄，藍生不欲自出，帝動止輒以告淳于文祖，令文祖報佃夫。

[1]諸暨：縣名。治所在今浙江諸暨市。

[2]主衣：吏名。爲諸王管理衣物的吏。

[3]內監：官名。內殿中監的省稱。掌殿中宿衛，管皇帝生活，代宣詔旨，爲皇帝近臣，故多有權勢。

[4]永光：宋前廢帝劉子業年號（465）。

[5]世子師：官名。世子師傅，教導世子的官員。世子，即諸王嫡長子、王位繼承人。

[6]秘書省：官署名。掌管國家檔案、圖書，負責修撰國史、起居注等。

[7]淳于文祖：人名。僅見本卷，餘事不詳。

[8]直閣將軍：官名。侍衛皇帝的武官。　蘭陵：郡名。東晉僑置，治所在今江蘇常州市武進區。　丹陽：郡名。治所在今江蘇南京市。　繆方盛、周登之：皆人名。均僅見本卷，事皆不詳。

[9]錢藍生：人名。僅見本卷，餘事不詳。

景和元年十一月二十九日晡時，帝出幸華林園，建安王休仁、山陽王休祐、山陰公主並侍側，[1]太宗猶在秘書省，不被召，益憂懼。佃夫以告外監典事東陽朱幼，[2]又告主衣吳興壽寂之、細鎧主南彭城姜產之，[3]產之又語所領細鎧將臨淮王敬則，[4]幼又告中書舍人戴明寶，並響應。明寶、幼欲取其日向曉，佃夫等勸取開鼓後。幼豫約勒內外，使錢藍生密報建安王休仁等。時帝欲南巡，腹心直閤將軍宗越等其夕並聽出外裝束，[5]唯有隊主樊僧整防華林閤，是柳光世鄉人，光世要之，僧整即受命。姜產之又要隊副陽平聶慶及所領壯士會稽富靈符、吳郡俞道龍、丹陽宋逵之、陽平田嗣，并聚於慶省。佃夫慮力少不濟，更欲招合，壽寂之曰："謀廣或泄，不煩多人。"

[1]建安王：王爵名。王國在今福建建甌市南松溪南岸。 休仁：人名。即劉休仁。文帝第十二子，初封始安王。本書卷七二有傳。 山陽王：王爵名。王國在今江蘇淮安市。 休祐：人名。即劉休祐。文帝第十三子。本書卷七二有傳。

[2]外監：官署名。外殿中監的省稱，與內監職掌相同。 東陽：郡名。治所在今浙江金華市。

[3]吳興：郡名。治所在今浙江湖州市吳興區。 細鎧主：官名。細鎧隊隊主。細鎧隊爲皇帝的衛隊。 南彭城：郡名。東晉僑置，治所約在今江蘇鎮江市京口區。

[4]臨淮：郡名。治所在今江蘇泗洪縣。 王敬則：人名。晉陵南沙（今江蘇常熟市西北）人，在宋官至冠軍將軍，入齊官至大司馬，後以謀反罪被殺。《南齊書》卷二六有傳。

[5]宗越：人名。南陽葉（今河南葉縣）人。本書卷八三有傳。

　　時巫覡云："後堂有鬼。"其夕，帝於竹林堂前，與巫共射之。建安王休仁等山陰主並從，帝素不說寂之，見輒切齒。寂之既與佃夫成謀，又慮禍至，抽刀前入，姜産之隨其後，淳于文祖、繆方盛、周登之、富靈符、聶慶、田嗣、王敬則、俞道龍、宋逵之又繼進。休仁聞行聲甚疾，謂休祐曰："事作矣。"相隨奔景陽山。帝見寂之至，引弓射之，不中，乃走，寂之追而殞之。事定，宣令宿衛曰："湘東王受太后令，[1]除狂主。今已平定。"太宗即位，論功行賞，壽寂之封應城縣侯，[2]食邑千户。姜産之汝南縣侯，[3]佃夫建城縣侯，[4]食邑八百户。王道隆吳平縣侯，淳于文祖陽城縣侯，食邑各五百户。李道兒新渝縣侯，[5]繆方盛劉陽縣侯，周登之曲陵縣侯，[6]食邑各四百户。富靈符惠懷縣子，[7]聶慶建陽縣子，[8]田嗣將樂縣子，[9]王敬則重安縣子，[10]俞道龍茶陵縣子，[11]宋逵之零陵縣子，[12]食邑各三百户。

　　[1]太后令：丁福林《校議》云："《通鑑》卷一三〇作'太皇太后令'。"時皇太后已死，太皇太后路淑媛尚在，故丁氏曰："此'太后'乃'太皇太后'之訛，《通鑑》是也。"

　　[2]應城：縣名。治所在今湖北應城市。

　　[3]汝南：縣名。時僑置於塗口，即今湖北武漢市武昌區。

　　[4]建城：縣名。治所在今江西高安市。

　　[5]新渝：縣名。治所在今江西新餘市。諸本作"新塗"，中華本據《南史》改。

　　[6]曲陵：縣名。治所在今湖北漢川市西北。

　　[7]惠懷：縣名。治所在今湖北仙桃市。

[8]建陽：縣名。治所在今福建建陽市。

[9]將樂：縣名。治所在今福建將樂縣。

[10]重安：縣名。治所在今湖南衡陽縣北。

[11]茶陵：縣名。治所在今湖南茶陵縣。

[12]零陵：縣名。治所在今廣西全州縣西南。

　　佃夫遷南臺侍御史。薛索兒渡淮爲寇，[1]山陽太守程天祚又反，[2]佃夫與諸軍討之，破索兒，降天祚。遷龍驤將軍、司徒參軍，[3]率所領南助赭圻，轉太子步兵校尉、南魯郡太守，[4]侍太子於東宮。泰始四年，以破薛索兒功，增封二百户，并前千户。以本官兼游擊將軍，假寧朔將軍，與輔國將軍兼驍騎將軍孟次陽與二衛參員直。[5]次陽字崇基，平昌安丘人也。[6]泰始初，爲山陽王休祐驃騎參軍。薛安都子道標攻合肥，[7]次陽擊破之，以功封攸縣子，[8]食邑三百户。歷右軍、驃騎參軍，[9]六年，[10]出爲輔師將軍、兗州刺史，[11]戍淮陰，立北兗州，自此始也。進號冠軍將軍。[12]元徽四年，卒。

[1]薛索兒：人名。河東汾陰（今山西萬榮縣）人，薛安都從子，明帝時任左將軍、直閤。安都反，成爲安都主將，後被蕭道成軍擊破，被殺。

[2]山陽：郡名。治所在今江蘇淮安市。　程天祚：人名。廣平（今河南鄧州市東南）人，文帝時爲殿中將軍，助戍彭城，於汝陽爲魏所俘，後逃歸。曾助孝武帝反元凶劉劭，甚得劉駿信任。

[3]龍驤將軍：官名。名號將軍之一。三品。　司徒參軍：官名。司徒的屬吏，主一曹事。

[4]太子步兵校尉：官名。太子的侍從武官，爲太子三校尉之

一。　南魯郡：東晉僑置，治所在今江蘇鎮江市。

[5]輔國將軍：官名。名號將軍之一，與左、右衛將軍一起參與警衛皇帝。三品。

[6]平昌：郡名。治所在今山東安丘市西南。　安丘：縣名。治所在今山東安丘市西南。

[7]道標：人名。即薛道標。《南齊書》卷三○《薛淵傳》、《南史》卷二五《垣閎傳》均作“道摽”。

[8]攸縣：治所在今湖南攸縣。

[9]右軍：官名。即右軍將軍。與前、後、左軍將軍合稱四軍，職掌宿衛，亦授出鎮。三品。　驃騎參軍：各本並作“驃騎將軍”。張森楷《校勘記》云：“驃騎將軍位從公，非雜號將軍之比。此下云次陽出爲輔師將軍、兗州刺史，進號冠軍將軍，是驃騎之號必有誤。”孫虨《考論》云：“將軍當爲參軍訛。”據改。

[10]六年：丁福林《校議》云：“本書《明帝紀》記孟次陽爲兗州刺史在泰始五年閏十一月戊子，《通鑑》卷一三二同。此‘六年’，恐是‘五年’之訛。”

[11]輔師將軍：官名。宋改輔國將軍置。　兗州：治所在今山東兗州市。

[12]冠軍將軍：官名。名號將軍之一。三品。

　　時佃夫、王道隆、楊運長並執權柄，亞於人主。巢、戴大明之世方之蔑如也。嘗值正旦應合朔，[1]尚書奏遷元會，佃夫曰：“元正慶會，國之大禮，何不遷合朔日邪。”其不稽古如此。大通貨賄，凡事非重賂不行。人有餉絹二百匹，嫌少，不答書。宅舍園池，諸王邸第莫及。妓女數十，藝貌冠絕當時，金玉錦繡之飾，宮掖不逮也。每製一衣，造一物，京邑莫不法效焉。於宅內開瀆，東出十許里，塘岸整絜，汎輕舟，奏女樂。中書

舍人劉休嘗詣之，[2]值佃夫出行，中路相逢，要休同反，
就席，便命施設，一時珍羞，莫不畢備。凡諸火劑，並
皆始熟，如此者數十種。佃夫嘗作數十人饌，以待賓
客，故造次便辦，類皆如此，雖晉世王、石，[3]不能過
也。泰始初，軍功既多，爵秩無序，佃夫僕從附隸，皆
受不次之位，捉車人虎賁中郎，[4]傍馬者員外郎。[5]朝士
貴賤，莫不自結，而矜傲無所降意，入其室者，唯吳興
沈勃、吳郡張澹數人而已。

[1]合朔：日月運行處於同宮同度，謂之合朔。一般是指夏曆
每月初一，日月同宮，卯時齊出。《續漢書·律曆志》：“日月相推，
日舒月速，當其同〔所〕，謂之合朔。”

[2]劉休：人名。字弘明，沛郡相（今安徽濉溪縣）人，在宋
歷官中書舍人、黃門郎、前軍長史，入齊官至御史中丞。《南齊書》
卷三四有傳。

[3]晉世王、石：晉朝的官僚豪族王愷、石崇，二人鬥富，奢
侈異常。事見《晉書》卷三三《石崇傳》。

[4]虎賁中郎：官名。虎賁中郎將的屬官，掌宿衛侍從，職比
六百石。

[5]員外郎：官名。員外散騎侍郎的省稱。

泰豫元年，[1]除寧朔將軍、淮南太守，遷驍騎將軍，
尋加淮陵太守。[2]太宗晏駕，後廢帝即位，佃夫權任轉
重，兼中書通事舍人，加給事中、輔國將軍，餘如故。
欲用張澹爲武陵郡，[3]衛將軍袁粲以下皆不同，[4]而佃夫
稱敕施行，粲等不敢執。元徽三年，遷黃門侍郎，領右
衛將軍，[5]太守如故。明年，改領驍騎將軍。其年，遷

使持節、督南豫州諸軍事、冠軍將軍、南豫州刺史、歷陽太守，[6]猶管內任。以平建平王景素功，[7]增邑五百戶。

[1]泰豫：宋明帝劉彧年號（472）。

[2]淮陵：郡名。治所在今江蘇丹陽市。

[3]張澹：人名。明帝時曾任巴郡太守，巴郡民李承明反，被執，亂平得釋。由於阮佃夫專斷推薦，得任武陵內史，後以罪伏誅。　武陵：郡名。治所在今湖南常德市。

[4]衛將軍：官名。位在諸名號大將軍之上，多作爲軍府名號以加大臣及重要州郡長官。無具體職掌，常以中書監、尚書令兼任。二品。　袁粲：人名。字景倩，陳郡陽夏（今河南太康縣）人。本書卷八九有傳。

[5]右衛：官名。諸本作“右軍”。中華本據《南史》改。

[6]使持節：官名。節爲皇帝授權的表徵。魏晉以後，出鎮地方將軍的權力大小，以使持節、持節、假節區分。使持節權力最高，可以殺二千石以下官員。　督諸軍事：官名。時出鎮地方的將軍按權限範圍，分爲都督諸軍事、監諸軍事、督諸軍事，以都督最大，督軍最小。　南豫州：治所在今安徽和縣。　歷陽：郡名。治所在今安徽和縣歷陽鎮。

[7]建平王：王爵名。王國在今重慶巫山縣。　景素：人名。即劉景素。文帝之孫。本書卷七二有附傳。

時廢帝猖狂，好出游走，始出宮，猶整羽儀，引隊仗，俄而棄部伍，單騎與數人相隨，或出郊野，或入市廛，內外莫不懼憂。佃夫密與直閤將軍申伯宗、步兵校尉朱幼、于天寶謀共廢帝，立安成王。五年春，帝欲往江乘射雉。[1]帝每北出，[2]常留隊仗在樂遊苑前，棄之而去。佃夫欲稱太后令喚隊仗還，閉城門，分人守石頭、東府，[3]遣人執帝廢之，自爲揚州刺史輔政。與幼等已成謀，會帝不成向江乘，故其事不行。于天寶因以其謀告帝，帝乃收佃夫、幼、伯宗於光禄外部，賜死。佃夫、幼罪止身，其餘無所問。佃夫時年五十一。

[1]江乘：縣名。治所在今江蘇句容市北。

[2]帝每北出：《南史》卷七七《恩倖傳》作“帝每出”。

[3]石頭：城名。在今江蘇南京市西清涼山。其城負山面江，南臨秦淮河，控扼江險，形勢險固，有“石頭虎踞”之稱。 東府：爲丞相兼揚州刺史府第，在今江蘇南京市内。

幼，泰始初爲外監，配張永諸軍征討，[1]有濟辦之能，遂官涉二品，爲奉朝請、南高平太守，[2]封安浦縣侯，[3]食邑二百户。

[1]配張永諸軍征討：《南史》卷七七《恩倖傳》作“幼泰始初爲外監配衣，諸軍征討，有濟辦之能”，費解。查宋官制無“外監配衣”之官。又單言配衣，難言“有濟辦之能”。又言“諸軍征討”，不言誰之諸軍，不明確。配，配合。張永，人名。張茂度之子。本書卷五三有附傳。

[2]官涉二品，爲奉朝請：“二品”，中華本改爲“三品”。其校勘記曰：“各本作‘二品’，據《南史》改。按朱幼封縣侯，官第三品，其餘奉朝請、南高平太守，皆不至三品，官無有涉二品者，《南史》作三品是。”中華本顯然將此官涉二品的“品”當作官階之品。按九品官人法下爲官位所定之品，並非官階，而是該官位的任職人品要求。即，某官官品第二，是要求二品人擔任此官；某官

官品第三，是要求三品人擔任此官。（見陳長琦《魏晋九品官人法再探討》，《歷史研究》1995 年第 6 期。）"官涉二品，爲奉朝請"符合當時九品官人法的要求，即奉朝請需二品人擔任。

　　[3]安浦：縣名。治所在今江西樂安縣西南。

　　于天寶，其先胡人，預竹林堂功。[1]元徽中，自陳功勞，求加封爵，乃封爲鄂縣子，[2]食邑二百户。發佃夫之謀，以爲清河太守，右軍將軍。昇明元年，出爲山陽太守。齊王以其反覆，[3]賜死。

　　[1]預竹林堂功：參預殺前廢帝功。事見本書本卷。
　　[2]鄂縣：治所在今湖北鄂州市鄂城區西南。
　　[3]齊王：齊高帝蕭道成。

　　壽寂之，泰始初，以軍功增邑二百户。爲羽林監，[1]遷太子屯騎校尉，[2]尋加寧朔將軍、南泰山太守。[3]多納貨賄，請謁無窮，有一不從，切齒罵詈，常云："利刀在手，何憂不辦。"鞭尉史，斫邏將。七年，爲有司所奏，徙送越州，[4]行至豫章，[5]謀欲逃叛，乃殺之。

　　[1]羽林監：官名。掌領皇帝侍衛羽林軍。
　　[2]太子屯騎校尉：官名。太子的侍衛武官，爲太子三校尉之一。
　　[3]南泰山：郡名。東晋僑置，治所在今江蘇鎮江市。
　　[4]越州：治所在今廣西合浦縣。
　　[5]豫章：郡名。治所在今江西南昌市。

姜産之，泰始初，以軍功增邑二百户。爲晉平王休祐驃騎中兵參軍，[1]龍驤將軍、南濟陰太守。[2]三年北伐，與虜戰，軍敗見殺。追贈左軍將軍，[3]太守如故。

[1]晉平王：王爵名。以晉安改名，王國在今福建福州市。中兵參軍：官名。掌本府中兵曹事務，兼備咨詢。

[2]南濟陰太守：《南史》卷七七《恩倖傳》作"南濟陽太守"。按：南濟陰、南濟陽均是僑置郡，治所均在今江蘇鎮江、無錫二市間。有可能姜産之一身二職，本書、《南史》各表其一。

[3]左軍將軍：官名。前、後、左、右四軍將軍之一，領營兵，掌宿衛。四品。

李道兒，臨淮人。本爲湘東王師，[1]稍至湘東國學官令。[2]太宗即位，稍進至員外散騎侍郎，淮陵太守。泰始二年，兼中書通事舍人，轉給事中。四年，病卒。

[1]湘東王師：官名。時制，王置師、友、文學，師掌輔導諸王。六品。

[2]學官令：官名。掌王國教育。

王道隆，吳興烏程人。[1]兄道迄，涉學善書，形貌又美，吳興太守王韶之謂人曰：[2]"有子弟如王道迄，無所少。"始興王濬以爲世子師。以書補中書令史。[3]

[1]烏程：縣名。治所在今浙江湖州市吳興區。

[2]王韶之：人名。字休泰，琅邪臨沂人。本書卷六〇有傳。

[3]中書令史：官名。中書省屬史，掌管文書。八品。

道隆亦知書，爲主書書吏，漸至主書。[1]世祖使傳命，失旨，遣出，不聽復入六門。[2]太宗鎮彭城，以補典籤，署内監。及即位，爲南臺侍御史，稍至員外散騎侍郎，南蘭陵太守。泰始二年，兼中書通事舍人。以破晋陵功，增邑百户，并前六百户。五年，出侍東宫，復兼中書通事舍人。後廢帝即位，自太子翊軍校尉遷右軍將軍，[3]太守、兼舍人如故。道隆爲太守所委，過於佃夫，和謹自保，不妄毀傷人。執權既久，家産豐積，豪麗雖不及佃夫，而精整過之。

[1]主書：官名。從事文字工作的吏。
[2]六門：臺城之六門，即大司馬門、萬春門、東華門、西華門、太陽門、承明門。
[3]太子翊軍校尉：官名。太子侍衛武官。

元徽二年，太尉桂陽王休範奄至新亭，佃夫留守殿内，而道隆領羽林精兵向朱雀門。時賊已至航南，道隆忽召鎮軍將軍劉勔於石頭。[1]勔至，命開航，道隆怒曰：“賊至但當急擊，寧可開航自弱邪。”勔不敢復言。催勔進戰，勔度航便敗，賊乘勝迳進，道隆棄衆走向臺，所乘馬連罥跼不肯前，遂爲賊兵及，見殺。事平，車駕臨哭，贈輔國將軍、益州刺史。[2]子法貞嗣。齊受禪，國除。

[1]鎮軍將軍：官名。重號將軍之一。三品。　劉勔：人名。字伯猷，彭城人。本書卷八六有傳。

[2]益州：治所在今四川成都市。

楊運長，宣城懷安人。[1]初爲宣城郡吏，太守范曄解吏名。[2]素善射，太宗初爲皇子，出運長爲射師。性謹愨，爲太宗所委信。及即位，親遇甚厚，與佃夫、道隆、李道兒等並執權要，稍至員外散騎侍郎、南平昌太守。泰始七年，出侍東宮。後廢帝即位，與佃夫俱兼通事舍人，加龍驤將軍，轉給事中。以平桂陽王休範功，封南城縣子，[3]食邑八百戶。元徽三年，自安成王車騎中兵參軍，[4]遷後軍將軍，兼舍人如故。

[1]懷安：縣名。治所在今安徽寧國市東南。

[2]范曄：人名。字蔚宗，順陽（今河南淅川縣）人。本書卷六九有傳。　解吏名：解除吏的名籍。按：魏晉南北朝吏的地位很低，要服雜役，參加生產勞動。

[3]南城：縣名。治所在今江西南城縣。

[4]車騎中兵參軍：官名。車騎將軍的屬吏，職主車騎府中兵曹。

運長質木廉正，治身甚清，不事園宅，不受餉遺，而凡鄙無識知，唯與寒人潘智、徐文盛厚善，[1]動止施爲，必與二人量議。文盛爲奉朝請，預平桂陽王休範，封廣晉縣男，[2]食邑四百戶。順帝即位，出運長爲寧朔將軍、宣城太守，尋去郡還家。沈攸之反，[3]運長有異志，齊王遣驃騎司馬崔文仲討誅之。[4]

[1]寒人：指其出身門第低微。　潘智、徐文盛：人名。本書

均一見，其事不詳。查《南史》卷六四、《梁書》卷四六均有《徐文盛傳》，據其所記内容，與此徐文盛無關。張忱石《南朝五史人名索引》誤爲一人。

[2]廣晉縣男：男爵名。封邑在今江西鄱陽縣北。

[3]沈攸之：人名。字仲文，吳興武康（今浙江德清縣）人。本書卷七四有傳。

[4]崔文仲：人名。清河東武城人，在平沈攸之之亂及抗擊北魏戰爭中屢立戰功，後官至征虜將軍、汝陰太守。《南齊書》卷二八有附傳。

史臣曰：竭忠盡節，仕子恒圖；隨方致用，明君盛典。舊非本舊，因新以成舊者也；狎非先狎，因疏以成狎者也。而任隔疏情，殊塗一致，權歸近狎，異世同規。雖復漢高之簡易，光武之謹厚，猶豐、沛多顯，[1]白水先華，[2]况世祖之泥滯鄙近，太宗之拘攣愛習，欲不紛惑狀第，豈可得哉。

[1]豐、沛多顯：豐縣、沛縣多出顯貴。此指隨劉邦打天下的家鄉人蕭何、曹參、樊噲等人，在漢初都身居高官。

[2]白水先華：白水鄉的人優先享受榮華富貴。此指隨劉秀打天下的同鄉李通、鄧晨、來歙等人在東漢初年多爲顯貴。白水，地名。在今湖北襄陽市南，是劉秀的家鄉。此處乃泛指當時的南陽郡。

宋書　卷九五

列傳第五十五

索虜

　　索頭虜姓託跋氏，[1]其先漢將李陵後也。[2]陵降匈奴，有數百千種，各立名號，索頭亦其一也。

　　[1]索頭虜：南朝對鮮卑人的賤稱。以其頭上有辮髮，故名之曰索頭。　託跋：《魏書》卷一《序紀》又稱托跋，曰：“黃帝以土德王，北俗謂土爲托，謂后爲跋，故以爲氏。”
　　[2]李陵：人名。漢武帝時將軍，率軍伐匈奴，兵敗而降。事見《漢書》卷五四《李廣傳》。説託跋氏是李陵之後，爲後人附會，不確。

　　晋初，索頭種有部落數萬家在雲中。[1]惠帝末，[2]并州刺史東嬴公司馬騰於晋陽爲匈奴所圍，[3]索頭單于猗㐌遣軍助騰。[4]懷帝永嘉三年，[5]㐌弟盧率部落自雲中入雁門，[6]就并州刺史劉琨求樓煩等五縣，[7]琨不能制，且欲倚盧爲援，乃上言：“盧兄㐌有救騰之功，舊勳宜録，請移五縣民於新興，[8]以其地處之。"琨又表封盧爲代郡公。[9]愍帝初，[10]又進盧爲代王，增食常山郡。[11]其後盧國内大亂，盧死，子又幼弱，部落分散。盧孫什翼犍勇壯，[12]衆復附之，號上洛公，[13]北有沙漠，南據陰山，[14]衆數十萬。其後爲苻堅所破，[15]執還長安，[16]後聽北歸。犍死，子開字涉珪代立。[17]

[1]雲中：郡名。治所在今内蒙古和林格爾縣。

[2]惠帝末：即光熙元年（306）。

[3]并州：治所在今山西太原市。　司馬騰：人名。晋宗室高密王司馬泰之子，初封東嬴公，永嘉初封新蔡王，後爲汲桑所殺。《晋書》卷三七有附傳。

[4]單于：鮮卑首領之號。　猗馳：人名。追封爲桓帝。《魏書》卷一《序紀》作"猗㐌"。

[5]永嘉：晋懷帝司馬熾年號（307—313）。

[6]盧：人名。即猗盧。鮮卑族發展史上的重要人物之一，曾統一鮮卑三部，被尊爲穆帝。《魏書·序紀》有紀。　雁門：郡名。治所在今山西代縣。

[7]劉琨：人名。字越石，中山魏昌（今河北定州市）人，晋末五胡交侵中原，劉琨與祖逖書曰"吾枕戈待旦，志梟逆虜"，有恢復中原之志。《晋書》卷六二有傳。　樓煩：縣名。治所在今山西寧武縣。

[8]新興：縣名。治所在今甘肅武山縣西北。

[9]代郡公：公爵名。公國在今河北蔚縣。郡公，五等爵的第一級。

[10]愍帝：即司馬鄴。字彦旗，劉曜攻陷長安，愍帝降，西晋亡。《晋書》卷五有紀。

[11]常山：郡名。治所在今河北正定縣。

[12]什翼犍：人名。號曰昭成皇帝，鮮卑發展史上的重要人物之一。建年號曰"建國"，始置百官，移都於雲中之盛樂。犍，《魏書·序紀》作"犍"。

[13]上洛：郡名。治所在今陝西商洛市商州區。

[14]陰山：山名。即今内蒙古陰山山脉。

[15]苻堅：人名。氐族人，十六國時前秦君主，一度統一北方，淝水之戰中敗於東晋。《晋書》卷一一三、一一四有載記。

[16]長安：郡名。治所在今陝西西安市。

[17]子開字涉珪代立：此段文字似有訛誤。中華本校勘記云："據《魏書·序紀》，什翼犍爲苻堅將苻洛所破後，旋爲其庶長子寔君所殺，未嘗執送長安。拓跋涉珪爲什翼犍之孫，亦非什翼犍子。又《魏書·太祖紀》，太祖道武皇帝諱珪，此云名開字涉珪，開珪音相近，蓋爲異譯。"

先是，鮮卑慕容垂僭號中山。[1]晋孝武太元二十一年，[2]垂死，開率十萬騎圍中山。明年四月，[3]尅之，遂王有中州。自稱曰魏，號年天賜。[4]元年，治代郡桑乾縣之平城。[5]立學官，置尚書曹。開頗有學問，曉天文。其俗以四月祠天，六月末率大衆至陰山，謂之却霜。陰山去平城六百里，深遠饒樹木，霜雪未嘗釋，蓋欲以暖氣却寒也。死則潛埋，無墳壠處所，至於葬送，皆虚設棺柩，立冢槨，生時車馬器用皆燒之以送亡者。開暴虐好殺，民不堪命。先是，有神巫誡開當有暴禍，唯誅清河殺萬民，[6]乃可以免。開乃滅清河一郡，常手自殺人，欲令其數滿萬。或乘小輦，手自執劍擊檐輦人腦，一人死，一人代，每一行，死者數十。夜恒變易寢處，人莫得知，唯愛妾名萬人知其處。萬人與開子清河王私通,^[7]慮事覺,欲殺開,令萬人爲内應。夜伺開獨處,殺之。開臨死,曰:"清河、萬人之言,乃汝等也。"是歲,安帝義熙五年。^[8]開次子齊王嗣字木末,^[9]執清河王,對之號哭,曰:"人生所重者父,云何反逆。"逼令自殺。嗣代立,謚開道武皇帝。

[1]鮮卑:族名。得名於鮮卑山。《魏書》卷一《序紀》:"昔黄帝有子二十五人,或内列諸華,或外分荒服。昌意少子,受封北土,國有大鮮卑山,因以爲號。"鮮卑山即今東北大興安嶺。《魏書・禮志》:"魏先之居幽都也,鑿石爲祖宗之廟於烏落侯國西北。自後南遷,其地隔遠。真君中,烏落侯國遣使朝獻,云石廟如故,民常祈請,有神驗焉。其歲,遣中書侍郎李敞詣石室,告祭天地。"1980年7月,考古工作者在内蒙古鄂倫春自治旗阿里河鎮大興安嶺北部東麓,發現了這個石室宗廟。石室中保存著太平真君四年(443)魏世祖拓跋燾派中書侍郎李敞前來祭祀的石刻祝文,全文十九行,二百零一字,與《魏書・禮志》所載祝文基本相同。　慕容垂:人名。鮮卑慕容部落首領。太元九年(384)稱燕王。《晉書》卷一二三《慕容垂載記》作太元八年。　中山:郡名。治所在今河北定州市。

[2]太元:晉孝武帝司馬曜年號(376—396)。

[3]明年四月:丁福林《校議》據《魏書》卷二《太祖紀》、《北史》之《魏本紀》、《通鑑》卷一〇九、《晉書》卷一〇《安帝紀》、《晉書》卷一二四《慕容寶載記》考證,"此'四月',乃'十月'之訛也"。

[4]天賜:丁福林《校議》據《魏書》《通鑑》考證,拓跋珪定魏號爲"天興",故此"天賜"應易爲"天興"。

[5]桑乾:縣名。治所在今山西山陰縣。　平城:地名。治所在今山西大同市,後爲北魏之都城。

　[6]清河：郡名。治所在今河北清河縣。

　[7]清河王：王爵名。王國在今河北清河縣。清河王名紹，拓跋珪長子。《魏書》卷一六有傳。

　[8]安帝：即晉安帝司馬德宗。《晉書》卷一〇有紀。　義熙：晉安帝司馬德宗年號（405—418）。

　[9]齊王：王爵名。王國在今山東淄博市臨淄區。　嗣：人名。即拓跋嗣。後即皇帝位，是爲北魏明元帝。《魏書》卷三有紀。

　　十三年，高祖西伐長安，[1]嗣先娶姚興女，[2]乃遣十萬騎屯結河北以救之，大爲高祖所破，事在朱超石等傳。[3]於是遣使求和，自是使命歲通。高祖遣殿中將軍沈範、索季孫報使，[4]反命已至河，未濟，嗣聞高祖崩問，追執範等，絕和親。太祖即位，[5]方遣範等歸。

　[1]高祖：宋武帝劉裕廟號。
　[2]姚興：人名。十六國時期後秦君主。《晉書》卷一一七、一一八有載記。
　[3]朱超石：人名。本書卷四八有附傳。
　[4]殿中將軍：官名。掌宿衛的武官。六品。　沈範、索季孫：皆人名。本書均一見，事皆不詳。
　[5]太祖：宋文帝劉義隆廟號。

　　永初三年十月，[1]嗣自率衆至方城，[2]遣鄭兵將軍揚州刺史山陽公達奚斤、吳兵將軍廣州刺史蒼梧公公孫表、尚書滑稽，[3]領步騎二萬餘人，於滑臺西南東燕縣界石濟南渡，[4]輜重弱累自隨。滑臺戍主、寧遠將軍、東郡太守王景度馳告，冠軍將軍、司州刺史毛德祖戍虎牢，[5]遣司馬翟廣率參軍龐諮、上黨太守劉談之等步騎三千拒之。[6]軍次卷縣土樓，[7]虜徙營滑臺城東二里，造攻具，日往脅城。德祖以滑臺戍人少，使翟廣募軍中壯士，遣寧遠將軍劉芳之率領，[8]助景度守。芳之將八十餘人，突得入城。德祖又遣討虜將軍、弘農太守竇應明領五百人，[9]建武將軍竇霸領二百五十人，[10]並以水軍相繼發，咸受翟廣節度。

[1]永初：宋武帝劉裕年號（420—422）。

[2]方城：縣名。治所在今河南方城縣。

[3]鄭兵將軍、吳兵將軍：官名。皆爲北魏泰常七年（422）攻宋時置，以中州人爲鄭兵，江南人爲吳兵。 揚州刺史、廣州刺史：官名。亦皆爲北魏虛置。 達奚斤：人名。北魏將領。《魏書》卷二九有傳。《魏書》作“奚斤”。 蒼梧公：公爵名。公國在今廣西梧州市。北魏虛封。“蒼梧公”《魏書》作“固安子”。 公孫表：人名。北魏將領。《魏書》卷三三有傳。 滑稽：人名。丁福林《校議》認爲，即《魏書》之周幾。據《魏書》卷三〇《周幾傳》，周幾原爲左民尚書，泰常七年九月南侵時任宋兵將軍、交州刺史，宋人不知其官職之變化，故仍以尚書稱之。

[4]滑臺：地名。在今河南滑縣。東晉南北朝時爲軍事要地。 東燕：縣名。治所在今河南延津縣東北。 石濟：津名。一名棘津，南津。在今河南滑縣西南古黃河上。

[5]寧遠將軍：官名。名號將軍之一。五品。 東郡：治所在今河南濮陽市。 王景度：人名。僅見於本卷，餘事不詳。 冠軍將軍：官名。名號將軍之一。三品。 司州：治所在今河南汝南縣。 毛德祖：人名。滎陽陽武（今河南原陽縣）人，其事主要見於本卷，《晉書》卷八一有附傳。 虎牢：地名。在今河南滎陽市汜水鎮。時爲兵家必爭之地。

[6]翟廣、龐諮、劉談之：皆人名。其事均見本卷，餘不詳。上黨：郡名。治所在今山西長治市。

[7]卷縣：治所在今河南原陽縣舊原武西北。　土樓：地名。確址不詳。

[8]劉芳之：人名。本書僅此一見，其事不詳。

[9]討虜將軍：官名。雜號將軍之一。六品。　弘農：郡名。治所在今河南靈寶市。　竇應明：人名。本書僅此一見，其事不詳。

[10]建武將軍：官名。五武將軍之一。四品。　竇霸：人名。其事均見本卷，餘不詳。

　　初，亡命司馬楚之等常藏竄陳留郡界，[1]虜既南渡，馳相要結，驅扇疆場，大爲民患。德祖遣長社令王法政率五百人據邵陵，[2]將軍劉憐領二百騎至雍丘以防之。[3]楚之於白馬縣襲憐，[4]爲憐所破。會臺送軍資至，[5]憐往迎之，而酸棗民王玉知憐南，[6]馳以告虜，虜將滑稽領千乘襲倉垣，[7]兵吏悉踰城散走，陳留太守嚴悰爲虜所獲，[8]虜即用王玉爲陳留太守，給兵守倉垣。

[1]司馬楚之：人名。東晋宗室。劉裕代晋後，楚之亡命中原，聚衆抗宋，後降於北魏。《魏書》卷三七有傳。　陳留：郡名。治所原在今河南開封縣陳留鎮，現改爲開封市祥符區陳留鎮。

[2]長社：縣名。治所在今河南長葛市。　邵陵：縣名。治所在今河南漯河市郾城區。　王法政：人名。本書僅此一見，其事不詳。

[3]將軍劉憐：各本並脱“軍”字。中華本據《通鑑》補。雍丘：縣名。治所在今河南杞縣。

[4]白馬：縣名。治所在今河南滑縣東。

〔5〕臺：朝廷的代稱。

〔6〕酸棗：縣名。治所在今河南延津縣。　王玉：人名。本書僅此一見，其事不詳。

〔7〕倉垣：城名。一名倉垣亭。在今河南開封市西北。

〔8〕嚴悷：人名。諸本並作“嚴慢”，《通鑑》作“嚴稜”，中華本據《魏書》改。

十一月，虜悉力攻滑臺城，城東北崩壞，王景度出奔，景度司馬陽瓚堅守不動，衆潰，抗節不降，爲虜所殺。竇應明擊虜輜重於石濟，[1]破之，殺賊五百餘人，斬其戍主□連內頭、張索兒等。應明自石濟赴滑臺，聞城已沒，遂進屯尹卯，[2]竇霸馳就翟廣。虜既剋滑臺，并力向廣等，力不敵，[3]引退，轉鬭而前，二日一夜，裁行十許里。虜步軍續至，廣等矢盡力竭，大敗，廣、霸、談之等各單身迸還。

〔1〕石濟：地名。在今河南延津縣。

〔2〕尹卯：壘名。一名尹卯固。在今山東東阿縣東南。

〔3〕力不敵：之上應加“廣等”二字。

虜乘勝遂至虎牢，德祖出步騎欲擊之，虜退屯土樓，又退還滑臺。長安、魏昌、藍田三縣民居在虎牢下，[1]德祖皆使入城。虜別遣黑矟公率三千人至河陽，[2]欲南渡取金墉。[3]德祖遣振威將軍、河陰令竇晃五百人戍小壘，[4]緱氏令王瑜四百人據監倉，[5]鞏令臣琛五百人固小平，[6]參軍督護張季五百人屯牛蘭，[7]又遣將領馬隊，與洛陽令楊毅合二百騎，[8]緣河上下，隨機赴接。

十二月，虜置守於洛川小壘，[9] 德祖遣翟廣馳往擊之，虜退走。廣安立守防，脩治城塢，復還虎牢。豫州刺史劉粹遣治中高道瑾領步騎五百據項，[10] 又遣司馬徐瓊繼之，[11] 臺遣將輔伯遣、姚珍、杜坦、梁靈宰等水步諸軍續進。[12] 徐州刺史王仲德率軍次湖陸。[13] 黑矟公遣長史將千人逼竇晃、楊毅，晃等逆擊，禽之，生獲二百人。其後鄭兵將軍五千騎掩襲晃等，黑矟渡與并力，四面攻壘，晃等力少衆散，晃、毅皆被重創。虜將安平公鵝青二軍七千人南渡，[14] 於碻磝東下，[15] 至泗瀆口，[16] 去尹卯百許里。兗州刺史徐琰委軍鎮走，[17] 於是泰山諸郡並失守。[18]

[1] 長安：縣名。治所在今陝西西安市。　　魏昌：縣名。治所在今陝西石泉縣。　　藍田：縣名。治所在今陝西藍田縣。

[2] 黑矟公：即北魏名將于栗磾，代（今山西大同市）人，因其常持黑矟故以爲號。《魏書》卷三一有傳。　　河陽：縣名。治所在今河南孟州市。

[3] 金墉：城名。即金墉城。在今河南洛陽市東北漢魏故城。三國魏明帝時築，魏、晉時用以安置被廢帝、后。

[4] 振威將軍：官名。五威將軍之一。四品。　　河陰：縣名。治所在今河南洛陽市東北。　　竇晃：人名。僅見本卷，餘事不詳。

[5] 緱氏：縣名。治所在今河南偃師市。　　王瑜：人名。本書僅此一見，其事不詳。

[6] 鞏：縣名。治所在今河南鞏義市。　　琛：人名。史失其姓。丁福林《校議》認爲，「臣琛」是人名，以備一説。　　小平：津名。在今河南孟津縣北黃河邊。

[7] 參軍督護：官名。公府、都督府的屬吏。領營兵，參與作

戰。　張季：人名。本書僅此一見。　牛蘭：山名。在今河南魯山縣西北。

[8]洛陽：縣名。治所在今河南洛陽市。　楊毅：人名。本書僅此一見。

[9]洛川：河名。一名洛水，又名洛河，流經河南洛陽市。

[10]豫州：時治所在今安徽壽縣。　劉粹：人名。本書卷四五有傳。　治中：官名。即治中從事史。州刺史的屬吏。　高道瑾：人名。僅見於本卷。　項：縣名。治所在今河南沈丘縣。

[11]司馬：官名。將軍的屬吏，掌軍事。　徐瓊：人名。文帝時曾任左軍將軍、兗州刺史，餘事不詳。

[12]輔伯遺、姚珍、梁靈宰：皆人名。本書均此一見，事皆不詳。　杜坦：人名。京兆杜陵（今陝西西安市長安區）人，杜驥之兄。事見本書卷六五《杜驥傳》。

[13]徐州：治所在今江蘇鎮江市。後改名南徐州。　王仲德：人名。名懿，太原祁（今山西祁縣）人。本書卷四六有傳。　湖陸：縣名。在今山東魚臺縣東南。

[14]鵝青：人名。《魏書》卷三〇有傳。《魏書》作“娥清”。

[15]磽磝：津名。在今山東茌平縣。黃河邊一個重要渡口，爲軍事要地。

[16]泗瀆口：地名。在今江蘇淮安市。

[17]兗州：治所在今山東兗州市。　徐琰：人名。曾任車騎司馬，任刺史後升龍驤將軍，因失兗州被判刑。

[18]泰山：郡名。治所在今山東泰安市。

鄭兵與公孫表及宋兵將軍、交州刺史交阯侯普幾萬五千騎，[1]復向虎牢，於城東南五里結營，分步騎自成皋開向虎牢外郭西門，[2]德祖逆擊，殺傷百餘人，虜退還保營。鎮北將軍檀道濟率水軍北救，[3]車騎將軍盧陵王義真遣龍驤將軍沈叔狸三千人就豫州刺史劉粹,[4]量宜赴援。少帝景平元年正月,[5]鄭兵分軍向洛,攻小壘,小壘守將竇晃拒戰,陷没,河南太守王涓之棄金墉出奔。[6]

[1]宋兵將軍:官名。北魏置以統南朝宋籍士兵。　交州:北魏虛置。　普幾:中華本曰:"'普幾'即《魏書》之'周幾'。《魏書·官氏志》:'獻帝以次兄爲普氏,後改爲周氏。'"按:周幾,人名。《魏書》卷三〇有傳。

[2]成皋:地名。在今河南滎陽市汜水鎮西。自古爲戰爭要塞。

[3]鎮北將軍:官名。四鎮將軍之一,爲出鎮地方的高級將領,三品。　檀道濟:人名。宋時將軍。本書卷四三有傳。

[4]車騎將軍:官名。重號將軍,僅授予重臣,位在諸公下,諸大將軍上。二品。　廬陵王:王爵名。王國在今江西吉水縣東。義真:人名。即劉義真。宋武帝子。本書卷六一有傳。　沈叔狸:人名。其事均見本卷,餘不詳。

[5]少帝:即劉義符。宋武帝劉裕子,在位兩年,爲權臣所廢。

[6]河南:郡名。治所在今河南洛陽市。　王涓之:人名。本書僅此一見,其事不詳。

自虜分軍向洛,德祖每戰輒破之。嗣自率大衆至鄴。鄭兵既剋金墉,復還虎牢,德祖於城内穴地,[1]入七丈,二道,出城外,又分作六道,出虜陣後。募敢死之士四百人,參軍范道基率二百人爲前驅,[2]參軍郭王符、劉規等以二百人爲後係,[3]出賊圍外,掩襲其後,虜陣擾亂,斬首數百級,焚燒攻具。虜雖退散,隨復更合。

　　[1]地：諸本作"城"，中華本據《元龜》卷五九九、《通鑑》改。

　　[2]范道基：人名。其事僅見本卷，餘不詳。

　　[3]郭王符：人名。本書僅此一見，其事不詳。　劉規：人名。本書僅此一見，其事不詳。

　　虜又遣楚兵將軍徐州刺史安平公涉歸幡能健、越兵將軍青州刺史臨菑侯薛道千、陳兵將軍淮州刺史壽張子張模東擊青州，[1]所向城邑皆奔走。冠軍將軍、青州刺史竺夔鎮東陽城，[2]聞虜將至，斂衆固守。龍驤將軍、濟南太守垣苗率二府郡文武奔就夔。[3]夔與將士盟誓，居民不入城者，使移就山阻，燒除禾稼，令虜至無所資。虜衆向青州，前後濟河凡六萬騎。三月，三萬騎前追脅。城內文武一千五百人，而半是羌蠻流雜，人情駭懼。竺夔夜遣司馬車宗領五百人出城掩擊，[4]虜衆披退。間二日，虜步騎悉至，繞城四圍，列陣十餘里，至晡退還安水結營，[5]去城二十里，大治攻具，日日分步騎常來逼城。夔夜使殿中將軍竺宗之、參軍賈元龍等領百人，[6]於楊水口兩岸設伏。[7]虜將阿伏斤領三百人晨渡水，[8]兩岸伏發，虜騎四迸，殺傷數十人，梟阿伏斤首。虜又進營水南，去城西北四里。

　　[1]涉歸幡能健：《通鑑考異》云："按《後魏書》無涉歸等姓名，蓋皆胡中舊名，即叔孫建等也。"孫彪《考論》云："涉歸幡能健，即叔孫建也。《檀道濟傳》作乙旃眷，皆語音轉譯，無定字。"中華本曰："按《魏書·官氏志》：'獻帝又命叔父之胤曰乙旃氏，

後改爲叔孫氏。’涉歸幡蓋乙旆之異譯。”旆，即“斾”之俗字。叔孫建，人名。《魏書》卷二九有傳。其官爵名號事迹皆與涉歸幡能健同。　越兵將軍：官名。北魏所置諸方位名號將軍之一。　青州：治所在今山東青州市。　薛道千：人名。本書僅此一見，其事不詳。　陳兵將軍：官名。北魏所置諸方位號將軍之一。　淮州：北魏初虛置。　壽張子：子爵名。封邑在今山東東平縣西南。此子爵可能虛設。　張模：人名。本書僅此一見，《魏書》無此人。

[2]竺夔：人名。字祖季，宋將領，官至金紫光禄大夫。　東陽城：地名。時青州州治，在今山東青州市。

[3]龍驤將軍：官名。名號將軍之一。三品。　濟南：郡名。治所在今山東濟南市。　垣苗：人名。宋將領，曾爲屯騎校尉，其子垣護之爲南朝名將。事見本書卷五〇《垣護之傳》。

[4]車宗：人名。文帝時曾任冗從僕射出使青、兗二州，餘事不詳。

[5]安水：今地不詳。

[6]竺宗之：人名。原任建武將軍府司馬，討氐族楊高時立有戰功，時元嘉二十七年。　賈元龍：人名。本書僅此一見，其事不詳。

[7]楊水口：地名。今地不詳。

[8]阿伏斤：人名。本書僅此一見，其事不詳。《魏書》無此人。

嗣自鄴遣兵益虎牢，[1]增圍急攻，鄭兵於虎牢率步騎三千，攻潁川太守李元德於許昌，[2]車騎參軍王玄謨領千人，[3]助元德守，與元德俱散敗。虜即用潁川人庾龍爲潁川太守，領騎五百，并發民丁以戍城。德祖出軍擊公孫表，大戰，從朝至晡，殺虜數百。會鄭兵軍從許昌還，合圍，德祖大敗，失甲士千餘人，退還固城。嗣又於鄴遣萬餘人從白沙口過河,[4]於濮陽城南寒泉築壘。[5]朝議以:"項城去虜不遠,非輕軍所抗,使劉粹召高道瑾還壽陽。[6]若沈叔狸已進,[7]亦宜且追。"粹以虜攻虎牢,未復南向,若便攝軍捨項城,則淮西諸郡,[8]無所憑依。沈叔狸已頓肥口,[9]又不宜便退。時李元德率散卒二百人至項,劉粹使助高道瑾戍守,[10]請宥其奔敗之罪,朝議並許之。

[1]鄴:郡名。治所在今河北臨漳縣。

[2]潁川:郡名。治所在今河南許昌市。　李元德:人名。文帝時任宣威將軍,陳南頓二郡太守,在郡清勤均平,奸盜止息,進升寧朔將軍。　許昌:縣名。治所在今河南許昌市。

[3]參軍:諸本並作"將軍"。孫虨《考論》云:"玄謨時不得爲車騎將軍。蓋參軍之誤。"按:車騎將軍爲重號將軍,時廬陵王義真爲車騎將軍。玄謨當爲義真屬吏。　王玄謨:人名。字彥德,太原祁(今山西祁縣)人。宋初南歸,明帝時受到重用,官至護軍將軍、開府儀同三司。本書卷七六有傳。

[4]白沙口:地名。在今河南濮陽縣附近古黃河畔。

[5]濮陽:郡名。治所在今河南濮陽縣。

[6]壽陽:縣名。治所在今安徽壽縣。

[7]進:諸本作"追"。中華本據《通鑑》改。按:依文義當是"進"。

[8]淮西諸郡:淮水西岸諸郡。蓋指今皖北、豫東一帶。

[9]肥口:地名。在今安徽壽縣。肥水入淮河之口。

[10]使:諸本作"便",中華本據《通鑑》改。　戍守:諸本脫"守"字,中華本據《通鑑》補。

　　檀道濟至彭城,[1]以青、司二州並急,而所領不多,不足分赴，青州道近，竺夔兵弱，先救青州。竺夔遣人出城作東西南塹，虜於城北三百餘步鑿長圍，夔遣參軍閭茂等領善射五十人，[2]依牆射虜，虜騎數百馳來圍牆，牆內納射，固牆死戰。虜下馬步進，短兵接，城上弓弩俱發，虜乃披散。虜遂填外塹，引高樓四所，蝦蟆車二十乘，[3]置長圍內。夔先鑿城北作三地道，令通外塹，復鑿裏塹，內去城二丈作子塹，遣三百餘人出地道，欲燒虜攻具。時回風轉爓，火不得燃，虜兵矢橫下，士卒多傷，斂衆還入。虜填三塹盡平，唯餘子塹，蝦蟆車所不及。虜以橦攻城，夔募人力，於城上係大磨石堆之，又出於子塹中，用大麻絚張骨骨，攻車近城，從地道中多人力挽令折。虜復於城南掘長圍，進攻逾急。夔能持重，垣苗有膽幹，故能堅守移時。然被攻日久，城轉毀壞，戰士多死傷，餘衆困乏，旦暮且陷，檀道濟、王仲德兼行赴之。

［1］彭城：郡名。治所在今江蘇徐州市。
［2］閭茂：人名。本書僅此一見，其事不詳。
［3］蝦蟆車：原爲古代播種車，後軍事用爲攻城戰車。

　　劉粹遣李元德襲許昌，庾龍奔迸，將宋晃追躡，斬龍首。元德因留綏撫，[1]并上租糧。虜悅勃大肥率三千餘騎，[2]破高平郡所統高平、方與、任城、金鄉、亢父等五縣，[3]殺略二千餘家，殺其男子，驅虜女弱。兗州刺史鄭順之戌湖陸，[4]以兵卒不敢出。冠軍將軍申宣戌彭城，去高平二百餘里，懼虜至，移郭外居民，并諸營署，悉入小城。

[1]留：諸本並作"苗"，孫彪《考論》云："苗當作留。"中華本據改。

[2]悦勃大肥：人名。中華本曰即闇大肥。按：所言爲是。闇大肥，本柔然人，後降鮮卑爲將，時與此役。《魏書》卷三〇有傳。

[3]高平郡：治高平縣。　高平：縣名。治所在今山東鄒平縣。方與：縣名。治所在今山東魚臺縣西。　任城：縣名。治所在今山東微山縣西北。　金鄉：縣名。治所在今山東金鄉縣。　亢父：縣名。治所在今山東濟寧市南。

[4]鄭順之：人名。其事均見本卷，餘不詳。

嗣又遣并州刺史伊樓拔助鄭兵攻虎牢，[1]填塞兩塹，德祖隨方抗拒，頗殺虜，而將士稍零落。

[1]伊樓拔：人名。本書僅此一見，其事不詳。北朝四史無傳。

四月壬申，虜聞道濟將至，焚燒器械，棄青州走。竺夔上言東陽城被攻毀壞，不可守，移鎮長廣之不其城。[1]夔以固守功，[2]進號前將軍，[3]封建陵縣男，[4]食邑四百户。夔字祖季，東莞人也。[5]官至金紫光禄大夫。[6]

[1]長廣：縣名。治所在今山東萊陽市東。　不其城：城名。在今山東青島市西北。

[2]夔以固守功：三朝本、殿本、北監本作"下以固守以功"，毛本、局本作"夔固守以功"。殿本《考證》云："當作'夔以固守功'五字。"中華本據改。

[3]前將軍：官名。四將軍之一。三品。

[4]建陵縣男：男爵名。封邑在今廣西荔浦縣。

[5]東莞：郡名。治所在今山東莒縣。

[6]金紫光禄大夫：官名。無職任，專以賞賜勳老舊臣。二品。

嗣率大衆至虎牢，停三日，自督攻城，不能下，回軍向洛陽，留三千人益鄭兵。停洛數日，渡河北歸。虜安平公等諸軍從青州退還，迳趨滑臺。檀道濟、王仲德步軍乏糧，追虜不及。道濟於泰山分遣仲德向尹卯，道濟停軍湖陸。仲德未至尹卯，聞虜已遠，還就道濟，共裝治水軍。虜安平公諸軍就滑臺，西就鄭兵，共攻虎牢。虎牢被圍二百日，[1]無日不戰，德祖勁兵戰死殆盡，而虜增兵轉多。虜撞外城，德祖於內更築三重，仍舊爲四，賊撞三城已毀，德祖唯保一城，[2]晝夜相拒，將士眼皆生創，死者太半。德祖恩德素結，衆無離心。德祖昔在北，與虜將公孫表有舊，[3]表有權略，德祖患之，乃與交通音問，密遣人説鄭兵，云表與之連謀。每答表書，[4]輒多所治定。表以書示鄭兵，鄭兵倍疑之，言於嗣，誅表。虜衆盛，檀道濟諸救軍並不敢進。劉粹據項城，沈叔狸屯高橋。[5]

[1]虎牢被圍二百日：諸本並脱“虎牢”二字。中華本據《通鑑》補。

[2]唯保一城：三朝本作“一保一城”，北監本、毛本、殿本、局本作“共保一城”。中華本據《通鑑》、《元龜》卷二九九訂正。

[3]公孫表：人名。字玄元，北魏初大臣。出身儒生，事魏爲吴兵將軍、廣州刺史。《魏書》卷三三有傳。

[4]答：諸本作“益”，中華本據《通鑑》改。

[5]高橋：鎮名。在今河南漯河市郾城區東。

二十一日，[1]虜作地道偷城内井，井深四十丈，山勢峻峭，不可得防，至其月二十三日，人馬渴乏飢疫，體皆乾燥，被創者不復出血。虜因急攻，遂剋虎牢，自德祖及翟廣、竇霸，凡諸將佐及郡守在城内者，皆見囚執，唯上黨太守劉談之、參軍范道基將二百人突圍南還。城將潰，將士欲扶德祖出奔，德祖曰：“我與此城并命，義不使此城亡而身在也。”嗣重其固守之節，勒衆軍生致之，故得不死。司空徐羨之、尚書傅亮、領軍將軍謝晦表曰：[2]“去年逆虜縱肆，陵暴河南，司州刺史臣德祖竭誠盡力，抗對強寇，孤城獨守，將涉朞年，救師淹緩，舉城淪没，聖懷垂悼，遠近嗟傷。陛下殷憂諒闇，委政自下，臣等謀猷淺蔽，託付無成，遂令致節之臣，抱忠傾覆，將士殲辱，王略虧挫，上墜先規，下貽國恥。稽之朝典，無所辭責。雖有司撓筆，未加准繩，豈宜尸禄，昧安殊寵，乞蒙屏固，以申國法。”不許。

[1]二十一日：丁福林《校議》云：“按北魏軍攻克虎牢，擒毛德祖乃是年閏四月事，説見本書《卷四校議》。本書《少帝紀》記在四月，亦非是。據本書體例，應於‘二十一日’前益‘閏月’二字。”

[2]司空：官名。名譽宰相。多爲大臣加官，無實際職掌。一品。　徐羨之：人名。宋初大臣。宋武帝劉裕死後控制朝政，廢少帝，立文帝，後爲文帝所殺。本書卷四三有傳。　尚書：官名。分掌尚書諸曹。三品。　傅亮：人名。宋初大臣。本書卷四三有傳。

丁福林《校議》云：“據本書《少帝紀》《傅亮傳》，傅亮於少帝即位後進位爲中書監、尚書令。此於‘尚書’後佚‘令’一字。”領軍將軍：官名。掌禁衛軍及京師諸軍。三品。　謝晦：人名。宋初大臣。本書卷四四有傳。

　　德祖，滎陽陽武人也。[1]晉末自鄉里南歸。初爲冠軍參軍、輔國將軍，[2]道規爲荆州，[3]德祖爲之將佐。復爲高祖太尉參軍。高祖北伐，以爲王鎮惡龍驤司馬，[4]加建武將軍。爲鎮惡前鋒，斬賊寧朔將軍趙玄石於栢谷，[5]破弘農太守尹雅於梨城，[6]又破賊大帥姚難於涇水，[7]斬其鎮北將軍姚强。[8]鎮惡剋立大功，蓋德祖之力也。長安平定，以爲龍驤將軍、扶風太守，[9]仍遷秦州刺史，[10]將軍如故。時佛佛虜爲寇，[11]復以德祖爲王鎮惡征虜司馬，[12]尋復爲桂陽公義真安西參軍、南安太守，[13]將軍如故。復徙馮翊太守。[14]高祖東還，以德祖督司州之河東平陽二郡諸軍、輔國將軍、河東太守，[15]代并州刺史劉遵考戍蒲坂。[16]長安不守，合部曲還彭城，除世子中兵參軍，[17]將軍如故。又除督司州之河東平陽河北雍州之京兆豫州之潁川兗州之陳留九郡軍事、滎陽太守，[18]將軍如故，又加京兆太守。高祖踐阼，進號冠軍。論前後功，封觀陽縣男，[19]食邑四百户。又除督司雍并三州豫州之潁川兗州之陳留諸軍事、司州刺史，將軍如故。太祖元嘉六年，[20]死於虜中，時年六十五。世祖大明元年，[21]以德祖弟子熙祚第二息詡之紹德祖封。

[1]陽武：縣名。治所在今河南原陽縣。諸本並作"南武陽"。洪頤煊《諸史考異》云："南武陽當是陽武之訛。"按：洪氏所言是。南武陽（今山東平邑縣）非滎陽屬邑。陽武乃滎陽名邑。

[2]冠軍參軍：官名。冠軍將軍的屬吏，治一曹事。　輔國將軍：官名。名號將軍之一。三品。丁福林《校議》據本書《百官志》《宗室傳》考證，"頗疑此'輔國將軍'乃'輔國參軍'之訛"。

[3]道規爲荊州：即劉道規爲荊州刺史。道規，人名。即劉道規。宋宗室，劉裕少弟。本書卷五一有傳。荊州，治所在今湖北荊州市荊州區。

[4]王鎮惡：人名。宋初將領。本書卷四五有傳。　龍驤司馬：官名。龍驤將軍的屬吏，掌軍事。

[5]趙玄石：人名。本書《王鎮惡傳》、《晉書》卷一一九《姚泓載記》均作"趙玄"。　栢谷：地名。在今河南靈寶市西南。

[6]尹雅：人名。姚興弘農太守，被俘後仍擔任原職。　梨城：地名。在今河南洛寧縣。本書《王鎮惡傳》作"蠡城"。應以"蠡"爲是。

[7]姚難：人名。後秦姚興將領。本書僅此一見，其事不詳。　涇水：河名。即涇河。源出寧夏涇源縣，東南流至陝西涇陽縣東城南入渭河。

[8]鎮北將軍：後秦官名。四鎮將軍之一。三品，如持節都督則進爲二品。　姚强：人名。本書僅二見，《晉書》一見，所記均與此同，餘事不詳。

[9]扶風：郡名。治所在今陝西涇陽縣。

[10]秦州：治所在今甘肅天水市。

[11]佛佛虜：即鐵弗匈奴。所謂鐵弗即匈奴父、鮮卑母之意。是匈奴與鮮卑二族融合的產物。後秦時，其首領赫連勃勃興起於西北，赫連勃勃襲殺後秦官員，於義熙二年（406）自稱天王，建國號大夏，元嘉八年（431）爲吐谷渾所滅。《晉書》卷一三〇有赫

連勃勃載記。

　　[12]征虜司馬：官名。征虜將軍的屬吏，掌軍事。

　　[13]桂陽公：公爵名。公國在今湖南郴州市。　安西參軍：官名。安西將軍的屬吏，主一曹事。　南安：郡名。治所在今甘肅隴西縣東南。

　　[14]馮翊：郡名。治所在今陝西大荔縣。

　　[15]司州：治所在今河南洛陽市。　河東：郡名。治所在今山西夏縣。　平陽：郡名。治所在今山西臨汾市。

　　[16]并州：治所在今山西永濟市。　劉遵考：人名。劉裕族弟。本書卷五一有傳。　蒲坂：縣名。治所在今山西永濟市。

　　[17]世子：即劉義符。劉裕長子。時制，王公爵位繼承人稱世子，劉裕爲宋公，其長子立爲世子（爵位繼承人）。　中兵參軍：官名。軍府屬吏，掌中兵曹。

　　[18]九郡軍事：上舉祇有六郡，疑“九”爲“六”字之訛。丁福林《校議》云：“德祖是時既以司州刺史而領滎陽太守，則必應督滎陽郡軍事，見德祖所督者已有七郡之數，亦即德祖時當督九郡，非六郡。此‘九’字未必誤，應是所督郡名有佚。《晋書·毛寶傳附毛德祖傳》亦云德祖是時督九郡軍事，可以爲證。”　河北：郡名。治所在今山西芮城縣。　雍州：治所在今陝西西安市。　京兆：郡名。治所在今陝西西安市。　豫州：治所在今河南許昌市東。

　　[19]觀陽縣男：男爵名。封邑在今山東海陽市。

　　[20]元嘉：宋文帝劉義隆年號（424—453）。

　　[21]世祖：宋孝武帝劉駿廟號。　大明：宋孝武帝劉駿年號（457—464）。

　　虜既剋虎牢，留兵居守，餘衆悉北歸。少帝曰：[1]“故寧遠司馬、濮陽太守陽瓚，滑臺之逼，厲誠固守，投命均節，在危無撓，古之忠烈，無以加之。可追贈給事中，[2]并存恤遺孤，以尉存亡。"尚書令傅亮議瓚家在彭城，宜即以入臺絹一百匹，粟三百斛賜給。文士顏延之爲誄焉。[3]龍驤將軍兗州刺史徐琰、東郡太守王景度並坐失守，[4]鉗髡居作，[5]琰五歲，景度四歲。

[1]少帝曰：中華本校勘記云："'少帝'下蓋脱'詔'字。"

[2]給事中：官名。門下省屬吏，掌侍從諫議。五品。

[3]顏延之：人名。字延年，琅邪臨沂（今山東費縣）人。本書卷七三有傳。

[4]東郡：諸本作"東陽"，中華本據上文有東郡太守王景度改。按：東郡是。

[5]鉗髡居作：剃髮戴刑具服勞役。鉗，刑具。髡，剃髮。居作，勞役。

　　時宣威將軍、潁川太守李元德戍許昌，仍除滎陽太守，督二郡軍事。其年十一月，虜遣軍并招集亡命，攻逼許昌城，以土人劉遠爲滎陽太守。[1]李元德欲出戰，兵仗少，至夜，悉排女牆散潰，元德復奔還項城。虜又圍汝陽，[2]太守王公度將十餘騎突圍奔項城。[3]虜又破邵陵縣，殘害二千餘家，盡殺其男丁，驅略婦女一萬二千口。劉粹遣將姚聳夫率軍助守項城，[4]又遣司馬徐瓊五百人繼之。虜掘破許昌城，又毀壞鍾離城，[5]以立疆界而還。

[1]劉遠：人名。本書僅此一見，其事不詳。

[2]汝陽：郡名。治所在今河南商水縣。

［3］王公度：人名。本書僅此一見，其事不詳。

［4］姚聳夫：人名。吳興武康（今浙江德清縣）人，宋文帝時
勇將，在北魏戰爭中戰績卓著，因受杜驥誣陷，被殺。事見本書卷
六五《杜驥傳》。

［5］鍾離城：城名。《通鑑》作“鍾城”。按：鍾城爲三國曹魏
太尉鍾繇故里，在今河南尉氏縣境，時屬陳留郡，正是此次戰役之
戰場，而鍾離遠在安徽鳳陽，未染戰火，鍾城爲是。

　　嗣死，謚曰明元皇帝，[1]子燾字佛貍代立。[2]母杜
氏，[3]冀州人，入其宮内，生燾。燾年十五六，不爲嗣
所知，遇之如僕隸。嗣初立慕容氏女爲后，[4]又娶姚興
女，[5]並無子，故燾得立。壯健有筋力，勇於戰鬬，忍
虐好殺，夷、宋畏之。攻城臨敵，皆親貫甲冑。元嘉五
年，使大將吐伐斤西伐長安，[6]生禽赫連昌于安定，[7]封
昌爲公，以妹妻之。昌弟赫連定在隴上，[8]吐伐斤乘勝
以騎三萬討定，定設伏於隴山彈箏谷破之，[9]斬吐伐
斤，[10]盡坑其衆。定率衆東還，後剋長安，燾又自攻不
剋，乃分軍戍大城而還。[11]燾常使昌侍左右，常共單馬
逐鹿，深入山澗。昌素有勇名，諸將咸謂昌不可親，燾
曰：“天命有在，亦何所懼。”親遇如初。復攻長安，剋
之，定西走，爲吐谷渾慕璝所禽。[12]

［1］謚曰明元皇帝：按《謚法》：“行義説民曰元。”“主義行德
曰元。”“照臨四方曰明。”“譖訴不行曰明。”

［2］燾：即北魏太武帝拓跋燾。《魏書》卷四有紀。　佛貍：
《魏書》亦作“佛貍”。

［3］杜氏：冀州鄴（今河北臨漳縣）人。《魏書》卷一三有傳。

〔4〕慕容氏女爲后：《魏書》無慕容皇后傳，不知其身世。

〔5〕姚興女：即姚興長女西平公主。《魏書》卷一三有傳。姚興，人名。十六國時期羌族首領，後秦國君主。《晉書》卷一一七、一一八有載記。

〔6〕吐伐斤：人名。即達奚斤。《魏書》卷二九有傳。

〔7〕生禽赫連昌于安定：諸本作“生禽赫連昌中山王安定”。孫彪《考論》云：“按斤時軍安定，中山王三字疑誤文。又按王當作于，中山二字衍。”按：孫説是，中華本據改。

〔8〕赫連定：人名。匈奴族，夏國主赫連昌之弟，昌敗亡後，赫連定奔平涼，稱尊號，後爲魏將吐谷渾慕璝所俘，被斬。　隴上：地名。亦名隴首、隴山，在今甘肅隴西縣、陝西寶雞市與甘肅清水縣、張家川回族自治縣之間，爲關中西部屏障。

〔9〕彈箏谷：地名。亦名彈箏峽，在今甘肅平涼市。

〔10〕斬吐伐斤：《魏書·奚斤傳》曰：“斤衆大潰，斤及娥清、劉拔爲定所擒，士卒死者六七千人。後世祖剋平涼，斤等得歸。免爲宰人，使負酒食從駕還京師以辱之。”當以《魏書》所言爲是。本書有誤。

〔11〕大城：地名。在今内蒙古伊金霍洛旗西。

〔12〕吐谷渾：鮮卑族人之一支。　慕璝：人名。吐谷渾首領。魏封其爲西秦王，宋封其爲隴西王，璝皆受之。事見《魏書》卷一〇一《吐谷渾傳》。

赫連氏有名衛臣者，[1]種落在朔方塞外，[2]部落千餘户。朔方以西，西至上郡，[3]東西千餘里，漢世徙謫民居之，土地良沃。苻堅時，衛臣入塞寄田，春來秋去。堅雲中護軍賈雍掠其田者，[4]獲生口馬牛羊，堅悉以還之，衛臣感恩，遂稱臣入居塞内，其後漸强盛。衛臣死，子佛佛驍猛有謀算，[5]遠近雜種皆附之。姚興與相抗，興覆軍喪衆，前後非一，關中爲之傷殘。高祖入長安，佛佛震懾不敢動。高祖東還，即入寇北地。[6]安西將軍義真之歸也，佛佛遣子昌破之青泥，[7]俘囚諸將帥，遂有關中，自稱尊號，號年曰真興元年。[8]京兆人韋玄隱居養志，有高名，姚興備禮徵，不起，高祖辟爲相國掾，[9]宋臺通直郎，[10]又並不就。佛佛召爲太子庶子，[11]玄應命。佛佛大怒，曰：“姚興及劉公相徵召，並不起，我有命即至，當以我殊類，不可理其故耶。”殺之。元嘉二年，佛佛死，昌立，至是爲燾所兼。燾西定隴右，[12]東滅黃龍，[13]海東諸國，[14]並遣朝貢。

[1]赫連氏有名衛臣者：孫彪《考論》云：“赫連氏上當有‘初’字。”衛臣，人名。赫連勃勃之父。《魏書》《晉書》皆作“衛辰”，音譯之故。

[2]朔方：郡名。治所在今内蒙古磴口縣東。

[3]上郡：治所在今陝西榆林市。

[4]護軍：官名。地方要鎮的軍政長官，職掌類似郡守。 賈雍：人名。本書、《晉書》均一見。

[5]佛佛：人名。即赫連勃勃。

[6]北地：郡名。治所在今陝西銅川市耀州區。

[7]青泥：地名。即青泥坂。在今甘肅徽縣南，爲陝、甘入蜀要道。

[8]真興：大夏赫連勃勃年號（419—425）。丁福林《校議》云：“《晉書·赫連勃勃傳》、《魏書·鐵弗劉虎傳》、《通鑑》卷一一八皆記義熙十四年赫連勃勃破劉義真而據有關中後，於其年十一月築壇於灞上，即帝位，年號昌武。至次年春二月，始改昌武爲真興。此云自稱尊號而號年曰真興元年，非是。”

[9]相國掾：官名。相國的屬吏，掌治一曹事。七品。

[10]宋臺通直郎：官名。即值守尚書郎。時劉裕受封東晉之宋國公，建臺（臺相當於朝廷）。

[11]太子庶子：官名。太子屬官，職侍從規諫。秩四百石。五品。

[12]隴右：地區名。泛指隴山以西地區，約當今甘肅隴山、六盤山以西和黃河以東地區。

[13]黃龍：地名。即黃龍城。在今遼寧朝陽市。此代指北燕爲前燕慕容皝所建，曾爲前、後、北燕都城。

[14]海東：即渤海灣東。亦即遼東。

　　太祖踐阼，便有志北略。七年三月，詔曰：“河南，中國多故，[1]湮没非所，遺黎荼炭，每用矜懷。今民和年豐，方隅無事，宜時經理，以固疆場。可簡甲卒五萬，給右將軍到彥之，[2]統安北將軍王仲德、兖州刺史竺靈秀舟師入河，[3]驍騎將軍段宏精騎八千，[4]直指虎牢，豫州刺史劉德武勁勇一萬，[5]以相掎角，後將軍長沙王義欣可權假節，[6]率見力三萬，監征討諸軍事。便速備辦，月内悉發。”先遣殿中將軍田奇銜命告燾：[7]“河南舊是宋土，中爲彼所侵，今當修復舊境，不關河北。”燾大怒，謂奇曰：“我生頭髮未燥，便聞河南是我家地，此豈可得河南。必進軍，今權當斂戍相避，須冬行地净，河冰合，自更取之。”

[1]河南：區域名。黃河以南。　中國：區域名。中原地區。

[2]右將軍：官名。四將軍之一。三品。　到彥之：人名。字道豫，彭城武原（今江蘇邳州市西北）人。宋時將軍。本書卷四六

原有傳，佚。《南史》卷二五有傳。

[3]安北將軍：官名。以方位爲號的名號將軍之一。三品。
王仲德：人名。本名懿，字仲德，名犯晋宣帝司馬懿諱，故以字
稱。宋初將領。本書卷四六有傳。然《通鑑考異》稱"本書仲德
傳缺"，約爲後人所補。　竺靈秀：人名。宋初將領，事迹散見本
書本卷及《王懿傳》、卷五〇《垣護之傳》等。　河：黄河。

[4]驃騎將軍：官名。名號將軍之一，掌宿衛。四品。　段宏：
人名。鮮卑人，原爲慕容超尚書左僕射，徐州刺史，劉裕伐南燕歸
降，文帝時任征虜將軍，青冀二州刺史，卒，追贈左將軍。

[5]劉德武：人名。原爲右軍司馬，升任豫州刺史，餘事不詳。

[6]長沙王：王爵名。王國在今湖南長沙市。　義欣：人名。
即劉義欣。武帝之侄。本書卷五一有附傳。　假節：官名。其時將
軍出鎮，重要者多授使持節、持節、假節等名號。假節者，軍事行
動中可自行處置屬下官員。

[7]田奇：人名。僅見本卷，餘事不詳。

後將軍長沙王義欣出鎮彭城，總統群帥，告司、兗
二州曰：

夫王者之兵，以義德相濟，非徒疆理土地，恢
廣經略，將以大庇蒼生，保全黎庶。是以蒙踐霜
雪，踰歷險難，匡國寧民，肅清四表。

昔我高祖武皇帝，誕膺明命，爰造區夏，内夷
篡逆，外寧寇亂，靈武紛紜，雷動風舉，響軼龍
堆，[1]聲浮雲、朔，[2]陵天振地，拔山蕩海。於是華
域肅清，謳歌允集，王綱帝典，焕哉惟文，太和烟
熅，流澤洋溢。中葉諒闇，委政冢宰，[3]黠虜乘釁，
侵侮上國。遂令司、兗良民，復蹈非所，周、鄭遺

黎，[4]重隔王化。

[1]龍堆：地名。即白龍堆。在今新疆羅布泊與甘肅敦煌市玉門關之間。

[2]雲、朔：地區名。雲中、朔方。泛指北方。

[3]中葉諒闇，委政冢宰：指宋文帝剛即位時，未能親政，而由徐羡之、傅亮主政。諒闇，亦作“諒陰”。指皇帝居喪時所住的房子。典出《禮記·喪服四制》：“《書》曰：‘高宗諒闇，三年不言。’”

[4]周、鄭：地區名。泛指關中、中原。

聖皇踐阼，重光開朗，明哲柔遠，以隆中興，遐夷慕義，雲騰波涌。方將蹈德履信，被藝襲文，增修業統，作規于後，勤施洽於三方，惠和雍於北狄。夫養魚者除其獱獺，育禽者去其豺狼，故智士研其慮，勇夫厲其節，嘉謀動蒼天，精氣貫辰緯。

莫府忝任，稟承廟算，翦爪明衣，誓不顧命，提吳、楚之勁卒，總八州之銳士，紅旗絳天，素甲奪日，虎步中原，龍超河渚。興雲散雨，慰大旱之思，弔民伐罪，積後己之情。[1]師以順動，何征而不克，況乎遵養耆昧、綏復境土而已哉。

[1]興雲散雨，慰大旱之思，弔民伐罪，積後己之情：典出《孟子·梁惠王下》。謂湯以仁義之師出征，故“天下信之，東面而征西夷怨，南面而征北狄怨，曰‘奚爲後我’？民望之，若大旱之望雲霓也……誅其君而弔其民，若時雨降，民大悅”。

　　昔淮、泗初開，[1]狡徒縱逸，王旅入關，群竪飆扇，襄邑之戰，[2]素旗授首，半城之役，[3]伏尸蔽野，支解體分，羽翼摧挫。加以搆難西虜，[4]結怨黄龍，[5]控弦熸滅，首尾逼畏，蜂屯蟻聚，假息旦夕，豈復能超蹈長河、以當堂堂之陳哉。夫順從貴速，歸德惡晚，賞襃先附，威加後服。是以秦、趙羈旅，[6]披榛委誠，施綏乘軒，剖符州郡。慕容、姚泓，[7]恃强作禍，提挈萬里，卒嬰鈇鉞。皆目前之誠驗，往世之所知也。聖上明發愛恤，以道懷二州士民，[8]若能審決安危，翻然革面，率其支黨歸投軍門者，當表言天臺，隨才叙用。如其迷心不悛，竄首巢穴，長圍既周，臨衝四至，雖欲壺漿厥筐，其可得乎。幸加三思，詳擇利害。

[1]淮、泗：淮河、泗水。

[2]襄邑之戰：指義熙十三年（417）劉裕北伐，遣檀道濟軍攻後秦軍於襄邑堡（今山西芮城縣西北），大獲全勝事。

[3]半城：地名。即畔城。據《魏書·地形志中》，平原郡聊城縣有畔城。在今山東聊城市西。義熙十三年，劉裕北伐後秦，北魏軍沿河截擊，被劉裕屬將朱超石戰敗於此。

[4]西虜：代指後秦。

[5]黄龍：此處代指北魏。

[6]秦、趙：約指今陝西、河北諸地。

[7]慕容：即慕容氏，建立南燕。　姚泓：人名。羌族首領，後秦君主。二者皆爲東晋所滅。

[8]以道懷二州士民：孫彪《考論》云：“懷下蓋脱遠字。”

　　彦之進軍，虜悉斂河南一戍歸河北。[1]太祖以前征虜司馬、南廣平太守尹沖爲督司雍并三州豫州之潁川兗州之陳留二郡諸軍事、奮威將軍、司州刺史，[2]戍虎牢。十一月，[3]虜大衆南渡河，彦之敗退，洛陽、滑臺、虎牢諸城並爲虜所没，尹沖及司馬滎陽太守崔模抗節不降，投塹死。[4]沖字子順，天水冀人也。[5]先爲姚興吏部郎，[6]與興子廣平公弼結黨，欲傾興太子泓，泓立，沖與弟弘俱逃叛南歸。至是追贈前將軍。太祖與江夏王義恭書曰：“尹沖誠節志概，繼蹤古烈，以爲傷惋，不能已已。”

　　上以滑臺戰守彌時，遂至陷没，乃作詩曰：

　　[1]虜悉斂河南一戍歸河北：孫彪《考論》云：“一當作諸。”按：“一”作“全部”解，與“悉”相呼應。　河北：黄河以北。

　　[2]南廣平：郡名。治所在今湖北襄陽市襄城區。

　　[3]十一月：丁福林《校議》云：“北魏軍渡黄河，到彦之敗退及洛陽、滑臺諸城陷没等事，本書《王懿傳》、《建康實錄》卷一二皆記在是年十月。”

　　[4]崔模抗節不降，投塹死：《通鑑考異》曰：“《宋書》云模抗節不降，投塹死。按《後魏書》，模仕魏，爲武城男，《宋書》誤也。”

　　[5]天水：郡名。治所在今甘肅天水市。　冀：縣名。治所在今甘肅甘谷縣。

　　[6]吏部郎：官名。尚書省吏部曹屬吏。六品。

　　逆虜亂疆場，邊將嬰寇仇。堅城效貞節，攻戰無暫休。覆滿不可拾，[1]離機難復收。勢謝歸塗單，

於焉見幽囚。烈烈制邑守，舍命蹈前修。忠臣表年
暮，貞柯見嚴秋。楚莊投袂起，終然報强讎。[2]去
病辭高館，[3]卒獲舒國憂。戎事諒未殄，民患焉得
瘳。撫劍懷感激，志氣若雲浮。願想凌扶搖，弭旆
拂中州。爪牙申威靈，帷幄騁良籌。華裔混殊風，
率土浹王猷。惆悵懼遷逝，北顧涕交流。

[1]覆潘不可拾：與"覆水不可收"意同。《左傳》哀公三年：
"無備而官辦者，猶拾潘也。"杜預注："潘，汁也。"

[2]楚莊投袂起，終然報强讎：典出《左傳》宣公十四年。楚
攻齊，派使臣借道於宋，宋殺楚使者。楚莊王聞之，投袂而起，發
兵圍宋，城中食盡，易子而食，宋終請和。

[3]去病：人名。即霍去病。西漢武帝時名將。武帝欲爲去病
置第，去病辭曰："匈奴未滅，何以家爲。"

其後燾又遣使通好，并求婚姻，太祖每依違之。十
七年，燾號太平真君元年。[1]十九年，虜鎮東將軍武昌
王宜勒庫莫提移書益、梁二州，[2]往伐仇池，[3]侵其附
屬，而移書越詣徐州曰：

[1]太平真君：北魏太武帝拓跋燾年號（440—451）。

[2]虜鎮東將軍武昌王宜勒庫莫提移書益、梁二州：中華本校
勘記云："'宜勒'當是'直勤'之訛。據《魏書》，時武昌王提爲
平原鎮都大將。"

[3]仇池：郡名。治所在今甘肅西和縣西，以仇池山得名。東
晉時仇池楊氏內附，置以爲郡。

　　我大魏之興，德配二儀，與造化並立。夏、殷以前，功業尚矣，周、秦以來，赫赫堂堂，垂耀先代。逮我烈祖，[1]重之聖明，應運龍飛，廓清燕、趙。聖朝承王業之資，奮神武之略。遠定三秦，[2]西及葱嶺，[3]東平遼碣，[4]海隅服從，北曁鍾山，萬國納貢，威風所扇，想彼朝野，備聞威德。往者劉、石、苻、姚，[5]遞據三郡，司馬琅邪，[6]保守揚、越，[7]綿綿連連，綿歷年紀。數窮運改，宋氏受終，仍晋之舊，遠通聘享。故我朝庭解甲，息心東南之略，是爲不欲違先故之大信也。而彼方君臣，苞藏禍心，屢爲邊寇。去庚午年，密結赫連，侵我牢、洛，[8]致師徒喪敗，舉軍囚俘。我朝庭仁弘，不窮人之非，不遂人之過，與彼交和，前好無改。昔南秦王楊玄識達天運，[9]於大化未及之前，度越赫連，遠歸忠款。玄既即世，弟難當忠節愈固，[10]上請納女，連婚宸極，任土貢珍，自比内郡，漢南白雉，登俎御羞，朝庭嘉之，授以專征之任。不圖彼朝計疆場之小疵，不相關移，竊興師旅，亡我賓屬。難當將其妻子，及其同義，告敗關下。聖朝憮然，顧謂群臣曰：“彼之違信背和，與牢、洛爲三，一之爲甚，其可再乎。是若可忍，孰不可忍。”是以分命吾等磬聲之臣，助難當報復。

[1]烈祖：中華本曰：“按此烈祖謂道武帝拓拔珪。”此説甚是。《魏書·禮志》曰：高祖太和十五年“四月，經始明堂，改營太廟。詔曰：‘……烈祖有創基之功，世祖有開拓之德，宜爲祖宗，

百世不遷。而遠祖平文，功未多於昭成，然廟號爲太祖；道武建業之勳，高於平文，廟號爲烈祖。比功校德，以爲未允。朕今奉尊道武爲太祖。'”以此則知道武帝拓拔珪原被奉爲烈祖，於孝文帝時，始改奉爲太祖。

[2]三秦：地區名。指今陝西關中一帶。

[3]葱嶺：地名。舊指帕米爾高原及昆侖山、喀喇昆侖山西部諸山。

[4]遼碣：地區名。遼東、碣石，舊指今河北、遼寧一帶。

[5]劉：匈奴首領劉淵。 石：羯族首領石勒。 苻：氐族首領苻堅。 姚：羌族首領姚興。

[6]司馬琅邪：晋琅邪王司馬睿，即東晋元帝。

[7]揚、越：指今長江以南地區。揚，揚州。越，南越。

[8]牢：虎牢。 洛：洛陽。

[9]南秦王楊玄：南北朝時西北仇池地區的氐族首領，遥受東晋封爵。宋建立後，雖稱藩於宋，但仍奉東晋義熙年號。元嘉四年（427）受北魏南秦王爵，六年卒。事見本書卷九八《略陽清水氐楊氏傳》、《魏書》卷一〇一《氐傳》。

[10]難當：人名。即楊難當。其兄玄死後領有其衆，元嘉中南侵蜀地，爲宋所敗，奔降北魏。事見本書《略陽清水氐楊氏傳》《魏書·氐傳》。

使持節、侍中、都督雍秦二州諸軍事、安西將軍、建興公吐奚愛弼，[1]率南秦王楊難當自祁山南出，直衝建安，令南秦自遣信臣，招集舊户。使持節侍中都督雍梁益四州諸軍事安西將軍開府儀同三司淮陰公皮豹子，[2]員外散騎常侍平南將軍南益州刺史建德公庫拔阿浴河引出斜谷，[3]阨白馬之險。[4]散騎常侍、安南將軍、雍州刺史、南平公娥後延出自駱谷，[5]直截漢水。冠軍將軍南蠻校尉荆州刺史建平公宗慤、使持節員外散騎常侍冠軍將軍梁州刺史順陽公劉買德、平遠將軍永安侯若干内亦千出自子午，[6]東襲梁、漢。[7]使持節侍中都督荆梁南雍三州諸軍事領護南蠻校尉征南大將軍開府儀同三司荆州刺史故晋譙王司馬文思、寧遠將軍荆州刺史襄陽公魯軌南趨荆州。[8]使持節、都督洛豫州及河内諸軍事、鎮南大將軍、開府儀同三司、淮南王直勤它大翰爲其後繼。[9]使持節、侍中、都督梁益寧三州諸軍事、領護西戎校尉、鎮西大將軍、開府儀同三司、揚州刺史晋琅邪王司馬楚之南趣壽春。使持節、侍中、都督揚豫兗徐四州諸軍事、征南將軍、徐兗二州刺史、東安公刁雍東趣廣陵，[10]南至京口。使持節、侍中、都督青兗徐三州諸軍事、征東將軍、青徐二州刺史、東海公故晋元顯子司馬天助直趣濟南。[11]十道並進，連營五千，步騎百萬，隱隱桓桓。以此屠城，何城不潰，以此奮擊，何堅不摧。邵陵、踐土，[12]區區齊、晋，尚能克勝强楚，以致一匡，況大魏以沙漠之突騎，兼咸夏之勁卒哉。[13]

[1]吐奚愛弼：人名。即古弼。北魏將領。《魏書·官氏志》：“吐奚氏後改爲古氏。”又《通鑑考異》：“古弼，宋《索虜傳》作‘吐奚愛弼’，《氐胡傳》作‘吐奚弼’，蓋其舊姓。今從《後魏書》。”

[2]督雍梁益四州諸軍事：中華本校勘記云：“四州數之祇三

州。孫彪《宋書考論》云：‘雍上當有秦字。’” 安西將軍：丁福林《校議》據《魏書》之《世祖紀》《皮豹子傳》《官氏志》《天象志》考證，皮豹子時任征西將軍，“此‘安西’，乃‘征西’之訛也”。 淮陰公：《魏書》作“淮陽公”，應從《魏書》。 皮豹子：人名。北魏將領，漁陽人。曾任尚書、内都大官，和平五年（464）卒，贈爵淮陽王。《魏書》卷五一有傳。

[3]庫拔阿浴河：人名。北魏將領。本書僅此一見，《魏書》失載。 斜谷：地名。在今陝西眉縣西南。

[4]白馬：地名。即陽平關。在今陝西勉縣，時爲南北必争之地。

[5]娥後延：人名。即娥青子娥延。事見《魏書》卷三〇《娥清傳》。 駱谷：地名。駱谷道，又名儻駱道。即今陝西周至縣經駱谷水、儻水河谷至今洋縣的通道，爲秦嶺南北交通要道。

[6]宗羉（hēi）：人名。本書僅此一見，《魏書》失載。羉即“黑”之本字。 子午：地名。子午道。即今陝西西安市長安區子午鎮南穿秦嶺達今安康市的通道，是古代關中南往的重要通道。

[7]梁：州名。即梁州。 漢：郡名。即漢中郡。

[8]司馬文思：人名。本東晉宗室，晉末隨其父司馬休之叛降後秦。劉裕滅後秦，復降於北魏，官至懷朔鎮將。事見《魏書》卷三七《司馬休之傳》。 魯軌：人名。北魏將領。本爲東晉竟陵太守，晉末與休之等叛降後秦，後秦亡，降於北魏。

[9]直勤：諸本並作“直勒”。中華本曰：直勤，“下文亦作‘直懃’，皆魏主子弟之稱”。因以據改。 它大翰：人名。“它大”疑即“託跋”之音異譯。拓跋燾子有名翰者，初封秦王，後改封東平王，疑史脱其淮南王之經歷。《魏書》卷一八有傳。

[10]刁雍：人名。北魏官員。本東晉名臣刁協之後，晉末，劉裕執政而誅刁氏，雍北投後秦，後秦亡，與司馬休之等投北魏。《魏書》卷三八有傳。

[11]司馬天助：人名。北魏將領。本東晉人，自稱晉宗室司馬

元顯之後，降魏後受魏將軍、刺史等號，屢攻南朝。《魏書》卷三七有傳。

[12]邵陵：春秋邑名。在今河南漯河市郾城區。此處指公元前656年齊桓公伐楚後結召陵之盟。　踐土：春秋邑名。在今河南原陽縣。此處指公元前632年晉敗楚於城濮，結踐土之盟。

[13]咸夏：指中原。中華本"咸夏"之間有頓號，誤。

　　若衆軍就臨，將令南海北汎，江湖南溢，高岸墊爲浦澤，深谷積爲丘陵，晉餘黎民，將雲集霧聚，仇池之師，筊山谷之中，何能自固。彼之所謂肆忿於目前之小得，以至於敗亡之大失也。昔信陵君濟窮鳩之危，[1]義士歸之，故我朝廷欲救難當投命之誠，爲此舉動。既而愛惜前好，猶復沈吟，多殺生生，在之一亡十，[2]仁者之所不爲。吾等別愛後自馳檄相譬書。[3]若攝兵還反，復南秦之國，則諸軍同罷，好穆如初。若距我義言，很愎遂往，敗國亡身，必成噬齊之悔。[4]望所列上彼朝，惠以報告。

[1]信陵君：封爵名。戰國魏公子無忌的封號。以"竊符救趙"聞名。《史記》卷七七有傳。　窮鳩：即窮鳥。無處投奔之鳥，此指無處投奔之人。

[2]在之一亡十：此句不通，當有舛誤，疑衍"之"字。

[3]吾等別愛後自馳檄相譬書：此句疑有脫誤，但無據可考。

[4]噬齊：自咬腹臍。語出《左傳》莊公六年："亡鄧國者，必此人也。若不早圖，後君噬齊。"此處以鄧國喻南秦。即勸宋恢復楊難當秦國之號，否則必自陷危亡。

徐州答移曰：

　　知以楊難當投命告敗，比之窮鳩，欲動衆以相存拯。救危恤難，有國者之所用心。雖然，移書之言，亦已過矣。何者？楊氏先世以來，受晋爵號，修職守藩，爲我西服。十載之中，再造逆亂，號年建義，[1]猖狂妄作，爲臣不忠，宜加誅討。又知難當稱臣彼國，宜是顧畏首尾，兩屬求全。果是純臣，服事於魏，何宜與人和親，而聽臣下縱逸。昔景平之末，[2]國祚中微，彼乘我内難，侵我司、兖，是以七年治兵，義在經略，三帥涉河，秋豪不犯，但崇此信誓，不負約言耳。彼伺我軍，仍相掩襲，俘我甲士，蒭我邊民，是彼有兩曲，我有二直也。司馬楚、文思亡命竄伏，魯軌、刁雍實爲蠆尾，而擁其逋逃，開其疆場。元顯無子，焉得天助，謬稱假託，何足以云。又譏竊興師旅，不相關移，若如來言，又非所受。黃龍國主受我正朔，[3]且渠茂虔父子歸款，[4]彼皆殘滅俘馘，豈有先言。況仇池奉晋十世，事宋三葉，九伐所加，何傷於彼。

　　僕聞師曲爲老，義作亂雄，言貴稱情，不在夸大。移書本詣梁、益，而謬來鄙府，大人不遠，幸無過談。

　　[1]建義：楊難當稱大秦王時所建年號，事在元嘉十三年（436）。
　　[2]景平：宋少帝劉義符年號（423—424）。

　[3]黃龍國主：指北燕國君主。

　[4]且渠茂虔：人名。盧水胡首領，北涼君主。事見本書卷九八《胡大且渠蒙遜傳》。

　　二十年，燾以國授其太子，下書曰：“朕承祖宗重光之緒，思闡洪基，恢隆萬世。自經營天下，平暴除逆，掃清不順，武功既昭，而文教未闡，非所以崇太平之治也。今者域内安逸，百姓富昌，軍國異容，宜定制度，爲萬世之法。夫陰陽有往復，四時有代序，授子任賢，安全相附，所以休息疲勞，式固長久，成其禄福，古今不易之典也。諸朕功臣，懃勞日久，皆當致仕歸第，雍容高爵，頤神養壽，朝請隨時，饗宴朕前，論道陳謀而已，不須復親有司苦劇之職。其令皇太子嗣理萬機，總統百揆，更舉賢良，以被列職，皆取後進明能，廣啓選才之路，擇人授任而黜陟之。故孔子曰：‘後生可畏，焉知來者之不如今。’[1]主者明爲科制，宣勑施行。”於是王公以下上書太子皆稱臣，首尾與表同，唯用白紙爲異。是歲，燾伐芮芮虜，[2]大敗而還，死者十六七。不聽死家發哀，犯者誅之。

　[1]後生可畏，焉知來者之不如今：見《論語·子罕》。
　[2]芮芮虜：對柔然的辱稱。《魏書》稱蠕蠕。

　　二十三年，虜安南平南府又移書兗州，以南國僑置州，不依城土，多濫北境名號，又欲遊獵具區。[1]兗州答移曰：

[1]具區：即太湖。《周禮》云：揚州“其澤藪曰具區”。

　　夫皇極肇建，實膺神明之符，生民初載，實稟沖和之氣。故司牧之功，宣於上代，仁義之道，興自諸華。在昔有晉，混一區宇，九譯承風，遐戎嚮附。永嘉失御，[1]天綱圮裂，石、容、苻、姚，[2]遞乘非據，或棲息趙、魏，[3]或保聚邠、岐。[4]我皇宋屬當歸曆，受終晉氏，北臨河、濟，[5]西盡咸、沂，[6]弔民伐罪，流澤五都。[7]魏爾時祇德悔禍，思用和輯，交通使命，以祈天衷，來移所謂分疆畫境，其志久定者也。俄而不恒其信，虞我國憂，侵牢及洛，至于清濟。[8]往歲入河，且欲綏理舊城，是以頓兵南滏，秋豪無犯。軍師不能奉遵廟算，保有成功，回斾之日，重失司、兗。

[1]永嘉：晉懷帝司馬熾年號（307—313）。

[2]石、容、苻、姚：石，後趙羯族石虎。容，慕容氏。指鮮卑慕容垂。苻，前秦氐族苻堅。姚，後秦羌族姚興。

[3]趙、魏：地區名。指中原河北、河南、山西諸省一帶。戰國時趙、魏之地。

[4]邠：一作“豳”。西周邑。　岐：岐山。均在今陝西境内。

[5]河、濟：黃河、濟水。

[6]咸：地名。咸陽。　沂：河名。沂水。均在今陝西境内。

[7]五都：此指曹魏所建立五都，即長安、譙、許昌、鄴、洛陽。

[8]清濟：二河名。清河、濟水。泛指今河北、河南、山東境域。

　　來移云"不因土立州，招引亡命"。夫古有分土，而無分民，德之休明，四方繩負。昔周道方隆，靈臺初構，[1]民之附化，八十萬家。彼不思弘善政，而恐人之棄己，縱威肆虐，老弱無遺。詳觀今古，略聽輿誦，未有窮凶以延期，安忍而懷衆者也。若必宜因土立州，則彼立徐、揚，豈有其地？

[1]靈臺：西周文王所建祭祀祖先的臺。

　　往年貴主獻書云："強者爲雄。"斯則棄德任力，逆行倒施，有一於此，何以能振。復加欲"游獵具區，觀化南國"。今治道方融，遠人必至，開館飾邸，則有司存。來歲元辰，[1]天人協慶，鸞旗省方，東巡稽嶺。[2]若欲邀恩，宜赴兹會，懷德貴蚤，無或後期。又稱："馳獵積年，野無飛伏。"此邦解網舍前，矜鯤育鷇，七澤八藪，禽獸豐碩，虞候蒐算，義非所吝。三代肆覲，其典雖缺，呼韓入漢，[3]厥儀猶全，饋餼之秩，[4]每存豐厚。

[1]元辰：即元旦。
[2]稽嶺：山名。即會稽山。在今浙江境内。
[3]呼韓：即呼韓邪。西漢時匈奴單于，宣帝時通好於漢。見《漢書》卷九四《匈奴傳》。
[4]饋餼：贈送祭祀用品。　　秩：諸本並作"秋"，中華本據《通鑑》改。

先是，虜中謠言：“滅虜者吳也。”燾甚惡之。二十三年，[1]北地盧水人蓋吳，[2]年二十九，於杏城天台舉兵反虜，[3]諸戎夷普並響應，有衆十餘萬。燾聞吳反，惡其名，累遣軍擊之，輒敗。吳上表歸順，曰：

[1]二十三年：即元嘉二十三年（446）。《魏書》作“太平真君六年（元嘉二十二年）”。

[2]盧水人：盧水胡人。盧水胡與北涼沮渠氏同爲匈奴的一支，因居於盧水，故稱爲盧水胡，後遷於杏城。　蓋吳：人名。起兵後稱天台王、秦地王。對北魏打擊甚大。

[3]杏城：古城名。一名杏城鎮。在今陝西黃陵縣西南。

自靈祚南遷，禍纏神土，二京失統，豹狼縱毒，蒼元蹈犬噬之悲，舊都哀荼蓼之痛。臣以庸鄙，杖義因機，乘寇虜天亡之期，藉二州思奮之憤，故創迹天台，爰暨咸、雍，義風一鼓，率土響同，威聲既張，士卒效勇，師不崇朝，群狡震裂，殄逆鱗於函關，[1]掃凶迹於秦土，非仰協宋靈，俯允群願，焉能若斯者哉。

[1]函關：地名。即函谷關。戰國時秦置，在今河南靈寶市，西漢移關於今河南新安縣境。

今平城遺虐，[1]連兵大壇，[2]東西狼顧，威形莫接，長安孤危，河、洛不戍，平陽二蘖，世連土宇，擁率部落，控弦五萬，東屯潼塞，[3]任質軍門。私署安西將軍常山白廣平練甲高平，進師汧、隴。

北漠護軍結駟連騎，提戈載驅。胡蘭洛生等部曲數千，擬擊僞鎮，闔境顒顒，仰望皇澤。伏願陛下給一旅之衆，北臨河、陝，賜臣威儀，兼給戎械，進可以厭捍凶寇，覆其巢窟，退可以宣國威武，鎮御舊京。使中都有鳴鸞之響，荒餘懷來蘇之德。謹遣使人趙縮馳表丹誠。

[1]平城：地名。在今山西大同市。時北魏都城。喻北魏統治者。

[2]大檀：下文曰：“芮芮一號大檀。”芮芮即柔然之異稱。

[3]潼塞：地名。潼關。在今陝西潼關縣北港口鎮。時關中的重要關塞。

燾遣軍屢敗，乃自率大衆攻之。吳又上表曰：

臣聞天無貳日，地無貳主。昔中都失統，九域分崩，群凶丘列於天邑，飛鴞鴟目於四海。先皇慈懷內發，愍及戎荒，翦僞羌於長安，[1]雪黎民之荼炭，政教既被，民始寧蘇。天未忘難，禍亂仍起，獫狁俶張，[2]侵暴中國，使長安爲豺狼之墟，鄠、洛爲蜂蛇之藪，縱毒生民，虐流兆庶，士女能言，莫不嘆憤。傾首東望，仰希拯接，咸同旱苗之待天澤，赤子之望慈親。

[1]翦僞羌於長安：指東晉義熙十三年（417）劉裕滅後秦（羌族政權）之事。

[2]獫狁：古族名。西周時北方少數民族。漢時代指匈奴，此指鮮卑。

　　臣仰恩天時，以義伐暴，輒東西結連，南北樹黨，五州同盟，迭相要契。仰馮威靈，千里雲集，冀廓除榛莽，以待王師，義夫始臻，莫不瓦解。虜主二月四日傾資倒庫，與臣連營，接刃交鋒，無日不戰，獲賊過半，伏屍蔽野。伏願特遣偏師，賜垂拯接。若天威既震，足使姦虜潰亡，遺民小大，咸蒙生造。

太祖詔曰：“北地蓋吳，起衆秦川，[1]華戎響附，奮其義勇，頻煩克捷，屢遣表疏，遠效忠款，志梟逆虜，以立勳績。宜加爵號，褒獎乃誠，可以爲使持節、都督關隴諸軍事、安西將軍、雍州刺史、北地郡公。使雍、梁遣軍界上，以相援接。”

　　[1]秦川：地區名。泛指今陝甘秦嶺以北的渭水平原即關中平原地區。

　　蓋吳攻吳大小數十戰，不能剋。太祖遣使送雍、秦二州所統郡及金紫以下諸將印合一百二十一紐與吳，[1]使隨宜假授。屠各反叛，[2]吳自攻之，爲流矢所中，死。[3]吳弟吾生率餘衆入木面山，[4]皆尋破散。[5]

　　[1]金紫以下：指郡守以下。時制郡守以上爲金印紫綬，縣令爲銅印墨綬。
　　[2]屠各：古族名。屠各胡。爲匈奴之一支。
　　[3]吳自攻之，爲流矢所中，死：《通鑑》據《魏書》：蓋吳二

叔被俘。魏將陸俟遣蓋吳二叔回營，以謀害蓋吳，“後數日，吳叔果以吳首來，傳詣平城”。

    [4]木面山：山名。或作“木門山”。在今甘肅天水市西南。

    [5]皆尋破散：《通鑑》作“尋皆破散”。

    其年，太原民顏白鹿私行入荒，爲虜所録，相州刺史欲殺之，[1]白鹿詐云“青州刺史杜驥使其歸誠”。[2]相州刺史送白鹿至桑乾，燾喜曰：“我外家也。”[3]使其司徒崔浩作書與驥，[4]使司徒祭酒王琦齎書隨白鹿南歸，[5]遣從弟高梁王以重軍延驥。[6]入太原界，攻冀州刺史申恬於歷城，[7]恬擊破之。杜驥遣其寧朔府司馬夏侯祖歡、中兵參軍吉淵馳往赴援。[8]虜破略太原，得四千餘口，牛六千餘頭。尋又寇兖、青、冀三州，[9]遂及清東，殺略甚衆。

    [1]相州：治所在今河北臨漳縣。

    [2]杜驥：人名。本書卷六五有傳。

    [3]外家：拓跋燾母姓杜氏，故曰外家。

    [4]崔浩：人名。字伯淵，清河人。北魏名臣，官至司徒，太平真君十一年（450），爲拓跋燾所殺。《魏書》卷三五有傳。

    [5]司徒祭酒：官名。司徒府屬吏，主閣内事。   王琦：人名。本書僅此一見，其事不詳。

    [6]高梁王：《魏書》作“高凉王”，即高凉王那。事見《魏書》卷一四《高凉王孤傳》。

    [7]冀州：宋元嘉九年僑置於濟南郡，治歷城縣（今山東濟南市歷城區）。   申恬：人名。宋將領，屢任邊職，孝建二年病卒。本書卷六五有傳。

[8]寧朔府司馬：官名。寧朔將軍的屬吏，掌軍政。　夏侯祖
歡：人名。諸本作“夏侯祖權”，據本書卷六八《武二王傳》改。
事見本書《武二王傳》。　中兵參軍：官名。此爲寧朔將軍府中兵
參軍，掌中兵曹。　吉淵：人名。本書僅此一見，其事不詳。

[9]尋又寇兗、青、冀三州：丁福林《校議》據本書卷五《文
帝紀》、《建康實録》卷一二考證，是時魏寇兗、豫、青、冀四州，
在侵寇冀州、破略太原後，“尋又當寇兗、青、豫三州也。此
‘冀’或爲‘豫’字之訛”。

太祖思弘經略，詔群臣曰：

吾少覽篇籍，頗愛文義，遊玄翫采，未能息
卷。自縈紼世務，情兼家國，徒存日昃，終有慚
德。而區宇未一，師饉代有，永言斯瘼，彌干其
慮。加疲疾稍增，志隨時往，屬思之功，與事而
廢。殘虐遊魂，齊民塗炭，乃眷北顧，無忘弘拯。
思總群謀，掃清逋逆，感慨之來，遂成短韻。卿等
體國情深，亦當義篤其懷也。詩曰：

季父鑒禍先，[1]辛生識機始。[2]崇替非無徵，興
廢要有以。自昔渝中畿，儵焉盈百祀。不覩南雲
陰，但見胡風起。亂極治必形，塗泰由積否。方欲
滌遺氛，剆乃穢邊鄙。眷言悼斯民，納隍良在己。
逝將振宏羅，一麾同文軌。時乎豈再來？河清難久
俟。駑駘安局步，騏驥志千里。梁傅畜義心，[3]伊
相抱深恥。[4]賞契將誰寄，要之二三子。無令齊晋
朝，取愧鄒魯士。

[1]季父鑒禍先：季札聘於魯，見魯叔孫穆子，言其好善不能

擇人，禍必及之。季父，春秋吳公子季札。

[2]辛生：辛有。西周大夫。平王東遷，有至伊川，見被髮而祭於野者，言不及百年，此其戎乎。其後秦晋遷陸渾戎於伊川。

[3]梁傅：即漢初梁太傅賈誼，爲諸王勢大而擔心，爲匈奴强大而憂慮，故上《治安策》。事見《漢書》卷四八《賈誼傳》。

[4]伊相：即伊尹。商之名相。曾佐商湯滅夏，後又佐太甲，建功立業，商政局得以穩定，諸侯歸服。事見《史記》卷三《殷本紀》。

時疆場之民，多相侵盜。二十五年，虜寧南將軍、豫州刺史北井侯若庫辰樹蘭移書豫州曰：[1]

[1]寧南將軍：官名。北魏領兵武將之官職。　豫州：北魏州名。治虎牢，在今河南滎陽市汜水鎮西。　北井侯：查《魏書》無此爵名。恐傳聞有失。　若庫辰樹蘭：人名。本書僅此一見，《魏書》無此人。恐譯音不同，難以對應。

僕以不德，荷國榮寵，受任邊州，經理民物，宣播政化，鷹揚萬里，雖盡節奉命，未能令上化下布，而下情上達也。比者以來，邊民擾動，互有反逆，無復爲害，自取誅夷。死亡之餘，雉菟逃竄，南入宋界，聚合逆黨，頻爲寇掠，殺害良民，略取資財，大爲民患。此之界局，與彼通連，兩民之居，烟火相接，來往不絕，情僞繁興。是以南姦北入，北姦南叛，以類推之，日月彌甚。姦宄之人，數得侵盜之利，雖加重法，不可禁止。僕常申令境局，料其姦源，而彼國牧守，縱不禁御，是以遂至

滋蔓，寇擾疆埸。譬猶蚤虱疥癬，雖爲小痾，令人
終歲不安。

當今上國和通，南北好合，唯邊境民庶，要約
不明。自古列國，封疆有畔，各自禁斷，無復相
侵，如是可以保之長久，垂之永世。故上表臺閣，
馳書明曉，自今以後，魏、宋二境，宜使人迹不
過。自非聘使行人，無得南北。邊境之民，烟火相
望，雞狗之聲相聞，至老死不相往來，不亦善乎。
又能此亡彼歸，彼亡此致，則自我國家所望於仁者
之邦也。

右將軍、豫州刺史南平王鑠答移曰：[1]

[1]南平王鑠：即劉鑠。字休玄，文帝第四子。本書卷七二
有傳。

知以邊氓擾動，多有叛逆，欲杜絕姦宄，兩息
民患；又欲迭送奔亡，禁其來往。申告嘉貺，實獲
厥心。但彼和好以來，矢言每缺，侵軼之弊，屢違
義舉，任情背畔，專肆暴略，豈唯竊犯王黎，乃害
及行使。頃誅討蠻髦，事止畿服，或有狐奔鼠竄，
逃首北境，而輒便苞納，待之若舊，資其糧仗，縱
爲寇賊。往歲擅興戎旅，禍加孩毫，罔顧善隣之
約，不惟疆域之限。來示所云，彼並行之，雖豐辭
盈觀，即事違實，興嫌長亂，實彼之由，反以爲
言，將違躬厚之義。

疆埸之民，有自來矣，且相期有素，本不介

懷。若於本欲消姦弭暴，永存匪石，[1]宜先謹封守，斥遣諸亡，驚蹄逸鏃，不妄入境，則邊城之下，外户不閉。王制嚴明，豈當獨負來信。若亡命奔越，侵盜彼民，斯固刑之所取，無勞遠及。自荷閫外，思闡皇猷，每申勅守宰，務敦義讓。往誠未布，能不愧怍，當重約示，以副至懷。

[1]匪石：非石，不像石頭那樣可以轉動，形容堅定不移。

　　二十七年，燾自率步騎十萬寇汝南。[1]初，燾欲爲邊寇，聲云獵於梁川。[2]太祖慮其侵犯淮、泗，迺敕邊戍：“小寇至，則堅守拒之；大衆來，則拔民户歸壽陽。”諸戍偵候不明，虜奄來入境，宣威將軍陳南頓二郡太守鄭琨、綏遠將軍汝陽潁川二郡太守郭道隱並棄城奔走。[3]虜掠抄淮西六郡，殺戮甚多。攻圍懸瓠城，[4]城內戰士不滿千人。先是，汝南、新蔡二郡太守徐遵之去郡，南平王鑠時鎮壽陽，遣右軍行參軍陳憲行郡事。[5]憲嬰城固守，燾盡銳以攻之，憲自登郭城督戰。起樓臨城，飛矢雨集，衝車攻破南城，憲於內更築扞城，立柵以補之。虜肉薄攻城，死者甚衆，憲將士死傷亦過半。燾唯恐壽陽有救兵，不以彭城爲慮。

[1]汝南：縣名。治所在今河南汝南縣。
[2]梁川：地名。在今内蒙古凉城縣、豐鎮市一帶平川，北魏太平真君十年，拓跋燾曾大獵於此。
[3]陳：郡名。治所在今河南淮陽縣。　南頓：郡名。治所在

今河南項城市。　　鄭琨：人名。滎陽開封人，世居壽陽，後官至高平太守。　　汝陽：郡名。諸本並作“汝南”，中華本據本書卷五《文帝紀》改。　　郭道隱：人名。本書二見，所記爲一事，餘事不詳。

[4]懸瓠城：城名。在今河南汝南縣。時爲汝南郡治，亦軍事重地，南北朝時許多大戰在此發生。

[5]遣右軍行參軍陳憲行郡事：“右軍”諸本並作“左軍”。中華本曰：“下文文帝詔稱‘右軍行參軍陳憲’，今據改。”按：當作“右軍行參軍”。南平王鑠時任右將軍已見上文。

燾遣從弟永昌王庫仁真步騎萬餘，[1]將所略六郡口，北屯汝陽。時世祖鎮彭城，太祖遣隊主吳香鑪乘驛救世祖，[2]遣千騎，齎三日糧襲之。世祖發百里內馬，得千五百匹。衆議舉別駕劉延孫爲元帥，[3]延孫辭不肯行，舉參軍劉泰之自代。[4]世祖以問司馬王玄謨、長史張暢，[5]暢等並贊成之。乃分爲五軍，以泰之爲元帥，與安北騎兵行參軍垣謙之、田曹行參軍臧肇之、集曹行參軍尹定、武陵國左常侍杜幼文五人，[6]各領其一。謙之領泰之軍副，殿中將軍程天祚督戰，[7]至譙城，[8]更簡閱人馬，得精騎千一百匹，直向汝陽。虜不意奇兵從北來，大營在汝陽北，去城三里許。泰之等至，虜都不覺，馳入襲之，殺三千餘人，燒其輜重。營內有數區氈屋，屋中皆有帳，器仗甚精，食具皆是金銀，帳內諸大主帥，悉殺之。諸亡口悉得東走，大呼云：“官軍痛與手。”[9]虜衆一時奔散，因追之，行已經日，人馬疲倦，引還汝南。城內有虜一幢，馬步可五百，登城望知泰之無後繼，又有別帥鉅鹿公餘嵩自虎牢至，[10]因引出擊泰之。泰之軍未食，旦戰已疲勞，結陣未及定，垣謙之先退，因是驚亂，棄仗奔走，行迷道趨潵水。[11]水深岸高，人馬悉走水爭渡，泰之獨不去，曰：“喪敗如此，何面復還。”下馬坐地，爲虜所殺。肇之溺水死，天祚爲虜所執，謙之、定、幼文及將士免者九百餘人，馬至者四百匹。世祖降安北之號爲鎮軍將軍，[12]玄謨、延孫免官，暢免所領沛郡，謙之伏誅，定、幼文付尚方。

[1]燾遣從弟永昌王庫仁真步騎萬餘：孫彪《考論》云：“據《魏書》，永昌王仁，燾從子，非弟也。”按：本書不錯。庫仁真，當是燾弟永昌王健。真、健音近，異譯。非仁。見《魏書》卷一七《永昌王健傳》。

[2]隊主：官名。軍事編制主將，兵力無定員，自數十人至數百人不等。常以雜號將軍充任。　吳香鑪：人名。本書僅此一見，其事不詳。

[3]劉延孫：人名。彭城呂人，宋時將領。官至車騎將軍、尚書左僕射。本書卷七八有傳。

[4]劉泰之：人名。《通鑑考異》云：“劉泰之，《後魏紀》作‘劉坦之’，今從《宋書》。”

[5]長史：官名。武陵王劉駿的軍府長史，幕僚長，處理府中政務。　張暢：人名。字少微，吳郡吳（今江蘇蘇州市）人。本書卷五九有傳，卷四六有附傳。

[6]騎兵行參軍：官名。掌騎兵曹。　垣謙之：人名。本書僅此一見，其事不詳。　田曹：官署名。掌屯田。　臧肇之：人名。本書僅此一見，其事不詳。　集曹：官署名。掌上計。　尹定：人名。本書僅此一見，其事不詳。　武陵國左常侍：官名。武陵王的屬吏，掌侍從諫議，位比侍中。六品。　杜幼文：人名。京兆杜陵

人，杜驥第五子。本書卷六五有附傳。

　　[7]謙之領泰之軍副：“副”，諸本作“嗣”。孫虨《考論》云：
“按文義，嗣字疑副字之誤。”中華本據改。　程天祚：人名。廣平
（今河南鄧州市東南）人，有武力，文帝時爲殿中將軍，助成彭城，
於汝陽被魏軍所俘，後逃歸。曾助孝武帝劉駿，反元凶劉劭，甚得
劉駿信任。

　　[8]譙城：縣名。治所在今安徽亳州市譙城區。

　　[9]與手：周一良《札記》云：“與手猶言毆打也。”

　　[10]鉅鹿公餘嵩：北魏將領。本書僅此一見，《魏書》不見
此人。

　　[11]潁水：河名。在今河南商水縣東。

　　[12]鎮軍將軍：官名。名號將軍之一。三品。

　　嵩初聞汝陽敗，又傳彭城有係軍，[1]大懼，謂其衆
曰：“但聞淮南遣軍，乃復有奇兵出。今年將墮人計
中。”即燒攻具，欲走。會泰之死問續至，乃停。壽陽
遣劉康祖救懸瓠，[2]嵩亦遣任城公拒康祖，[3]與戰破之，
斬任城。嵩攻城四十二日不拔，死者甚多，任城又死，
康祖救軍漸進，乃委罪大將，多所斬戮，倍道奔走。太
祖嘉憲固守，詔曰：“右軍行參軍、行汝南新蔡二郡軍
事陳憲，盡力捍禦，全城摧寇，忠敢之效，宜加顯擢，
可龍驤將軍、汝南新蔡二郡太守。”又以布萬匹委憲分
賜汝南城內文武吏民戰守勤勞者。

　　[1]係軍：後續部隊。

　　[2]劉康祖：人名。彭城呂（今江蘇銅山縣）人。本書卷五〇
有傳。

[3]任城公：公爵名。此北魏將領任城公名乞地真。《魏書》不見此人，其事不詳。

　　燾雖不剋懸瓠，而虜掠甚多，南師屢無功，爲燾所輕侮。與太祖書曰：

　　　彼前使間諜，詼略姦人，竊聞朱脩之、申謨，[1]近復得胡崇之，[2]敗軍之將，國有常刑，乃皆用爲方州，虞我之隙，以自慰慶。得我普鍾蔡一竪子，[3]何所損益，無異得我舉國之民，厚加奉養。禽我卑將衛拔，[4]非其身，各便鑠腰苦役以辱之。觀此所行，足知彼之大趣，辨校以來，非一朝一夕也。

[1]朱脩之：人名。字恭祖，義陽平氏（今河南桐柏縣）人。本書卷七六有傳。　申謨：人名。魏郡魏（今河北大名縣）人，申恬之兄。守滑臺，爲北魏所俘，後逃歸，文帝時官至竟陵太守。

[2]胡崇之：人名。歷官振武將軍、秦州刺史、冗從僕射，在對北魏戰爭中戰死。

[3]普鍾蔡：人名。北魏將領。本書僅此一見，《魏書》不見此人。

[4]衛拔：人名。本書僅此一見，《魏書》不見此人。

　　　頃關中蓋吳反逆，扇動隴右氐、羌，彼復使人就而誘勸之，丈夫遺以弓矢，婦人遺以環釧，是曹正欲譎詐取賂，豈有遠相順從。爲大丈夫之法，何不自來取之，而以貨詼引誘我邊民，募往者復除七年，是賞姦人也。我今來至此土，所得多少，孰與彼前後得我民户邪。彼今若欲保全社稷，存劉氏血食者，當割江以北輸之，攝守南度，如此釋江南使彼居之。不然，可善敕方鎮、刺史、守宰，嚴供張之具，來秋當往取揚州，大勢已至，終不相縱。頃者往索真珠璫，略不相與，今所鹹截髑髏，可當幾許珠璫也。

彼往日北通芮芮，西結赫連、蒙遜、吐谷渾，[1]東連馮弘、高麗。[2]凡此數國，我皆滅之。以此而觀，彼豈能獨立。芮芮吳提已死，[3]其子菟害真襲其凶迹，[4]以今年二月復死。我今北征，先除有足之寇。彼若不從命，來秋當復往取。以彼無足，故不先致討。諸方已定，不復相釋。

[1]赫連：赫連氏。匈奴之一支。赫連勃勃曾建國大夏，後爲吐谷渾所滅。　蒙遜：人名。即沮渠蒙遜。盧水胡首領。本書卷九八有傳。　吐谷渾：鮮卑之一支。本書卷九六有傳。

[2]馮弘：人名。漢族人，北燕君主，國爲北魏所滅，弘奔高麗，後爲高麗所殺。　高麗：國名。東晋以後其勢力由遼寧南部達到朝鮮半島北部，後爲唐高宗所滅。

[3]吳提：人名。柔然族首領，號敕連可汗。事見《魏書》卷一〇三《蠕蠕傳》。

[4]菟害真：人名。吳提之子，號處可汗。事見《魏書·蠕蠕傳》。《魏書》作“吐賀真”。

我往之日，彼作何方計，爲塹城自守，爲築垣以自鄣也。彼土小雨，水便迫掖，彼能水中射我也。我顯然往取揚州，不若彼翳行竊步也。[1]彼來偵諜，我已禽之放還，其人目所盡見，委曲善問之。彼前使裴方明取仇池，[2] 既得，疾其勇功，不能容。有臣如此，尚殺之，烏得與我校邪。彼非敵也。彼常願欲共我一過交戰，我亦不癡，復不是苻堅。何時與彼交戰，晝則遣騎圍繞，夜則離彼百里宿去，彼人民好，降我者驅來，不好者盡刺殺之。近有穀米，我都噉盡，彼軍復欲食噉何物，能過十日邪？彼吳人正有斫營伎，我亦知彼情，離彼百里止宿，雖彼軍三里安邏，使首尾相次，彼募人以來，[3] 裁五十里，天自明去，此募人頭何得不輸我也。彼謂我攻城日，當掘塹圍守，欲出來斫營，我亦不近城圍彼，止築隄引水，灌城取之。彼揚州城南北門有兩江水。此二水引用，自可如人意也。

[1]不若：諸本作“否”一字。中華本據《通鑑》改。

[2]裴方明：人名。河東人，曾任劉道濟振武中兵參軍，攻破仇池後坐贓私罪，下獄死。　仇池：地名。在今甘肅西和縣西，時爲氐族根據地。其首領楊難當欲擴充實力，進攻四川，爲龍驤將軍裴方明所敗，投奔北魏。事見本書卷九八《略陽清水氐楊氏傳》。

[3]彼募人以來：諸本脱“彼”及“以來”三字，中華本據《通鑑》補。

知彼公時舊臣，都已殺盡。彼臣若在，年幾雖老，猶有智策，今已殺盡，豈不天資我也。取彼亦不須我兵刃，[1] 此有能祝婆羅門，[2] 使鬼縛彼送來也。

[1]取彼亦不須我兵刃：諸本並脫“不”字，中華本據《通鑑》補。

[2]能祝婆羅門：即能念婆羅門咒語者。婆羅門，印度古代宗教名，形成於公元前七世紀。

此後復求通和，聞太祖有北伐意，又與書曰：“彼此和好，居民連接，爲日已久，而彼無厭，[1]誘我邊民，其有往者，復之七年。去春南巡，因省我民，即使驅還。自天地啓闢已來，爭天下者，非唯我二人而已。今聞彼自來，設能至中山及桑乾川，[2]隨意而行，來亦不迎，去亦不送。若厭其區宇者，可來平城居，我往揚州住，且可博其土地。僞人謂換易爲博。[3]彼年已五十，未嘗出戶，雖自力而來，如三歲嬰兒，復何知我鮮卑常馬背中領上生活。更無餘物可以相與，今送獵白鹿馬十二匹并氈藥等物。彼來馬力不足，可乘之。道里來遠，或不服水土，藥自可療。”

[1]而彼無厭：《通鑑》“彼”字之下有“志”字。

[2]中山：郡名。治所在今河北定州市。　桑乾川：地名。在今山西北部。桑乾水流經地，爲北魏要地。

[3]僞人謂換易爲博：孫彭《考論》曰此七字“非魏主書中語，蓋史臣注文。沈書往往有小注，而傳寫誤爲大字”。中華本據以改爲注文。

其年，大舉北討，下詔曰：

虜近雖摧挫，獸心靡革，驅逼遺氓，復規竊暴。比得河朔秦雍華戎表疏，[1]歸訴困棘，跂望綏拯，潛相糾結，以候王師。并陳芮芮此春因其來掠，掩襲巢窟，種落畜牧，所亡太半，連歲相持，于今未解。又猜虐互發，親黨誅殘，根本危斂，自相殘殄。芮芮間使適至，所説並符，遠輸誠款，誓爲犄角。遐邇注情，既宜赴獎，且水雨豐澍，舟檝流通，經略之會，實在兹日。

[1]比得：近得。　秦雍：泛指今西北地區。秦，州名。治所在今甘肅天水市。雍，州名。治所在今陝西西安市。　華戎：泛指時西北地區的漢、羌、氐、匈奴等族。華，華夏族。戎，戎族。

可遣寧朔將軍王玄謨率太子步兵校尉沈慶之、鎮軍諮議參軍申坦等，[1]戈船一萬，前驅入河。使持節、督青冀幽三州徐州之東安東莞二郡諸軍事、輔國將軍、青冀二州刺史霄城侯蕭斌，[2]推三齊之鋒，爲之統帥。持節、都督徐兗青冀幽五州豫州之梁郡諸軍事、鎮軍將軍、徐兗二州刺史武陵王駿，[3]總四州之衆，水陸並驅。太子左衛率始興縣五等侯臧質勒東宮禁兵，[4]統驍騎將軍安復縣開國侯王方回、建武將軍安蠻司馬新康縣開國男劉康祖、右軍參軍事梁坦步騎十萬，[5]逕造許、洛。使持節、督豫司雍秦并五州諸軍事、右將軍、豫州刺史、領安蠻校尉南平王鑠悉荆、河之師，[6]方軌繼進。東西齊舉，宜有董一，使持節、侍中、都督揚南徐二州諸軍事、太尉、領司徒、録尚書、太子太傅、國子祭酒江夏王義恭，[7]德望兼崇，風略遐被，即可三府文武，并被以中儀精卒，出次徐方，爲衆軍節度。別府司空府使所督諸鎮，[8]各遣虎旅，數道爭先。督梁南北秦三州諸軍事、綏遠將軍、西戎校尉、梁南北秦三州刺史秀之，[9]統輔國將軍楊文德、宣威將軍巴西梓潼二郡太守劉弘宗，[10]連旗深入，震盪沔、隴。護軍將軍、封陽縣開國侯蕭思話，[11]部龍驤將軍杜坦、寧遠將軍竟陵太守南城縣開國侯劉德願，[12]籍荊雍之勁，攬群師之銳，宜由武關，[13]稜威震澨。[14]指授之宜，委司空義宣議量。[15]

[1]太子步兵校尉：官名。太子的侍從武官。　沈慶之：人名。字弘先，吳興武康人。宋時將領，位至三公。本書卷七七有傳。鎮軍諮議參軍：官名。鎮軍將軍的屬吏，掌參謀事。　申坦：人名。魏郡魏人。本書卷六五有附傳。

[2]使持節：官名。漢時官員奉使，有時由皇帝授予節仗，以表明代表皇帝的身份。魏晉以後，重要將軍出鎮，由皇帝授節仗，使持節爲其中一種，可殺二千石以下官員。　幽：州名。治所在今北京市。　霄城侯：侯爵名。侯國在今湖北天門市東北。按：霄城，宋時爲宵城縣，南齊始改爲霄城縣。　蕭斌：人名。南蘭陵（今江蘇常州市武進區）人，外戚。本書卷七八有附傳。

[3]梁郡：治所在今安徽碭山縣。　武陵王駿：即後來的宋孝武帝劉駿。字休龍，小字道民，文帝第三子。元嘉十二年，立爲武陵王。本書卷六有紀。

[4]太子左衛率：官名。領禁兵宿衛太子的武官之一，亦任征伐。五品。　始興縣五等侯：侯爵名。侯國在今廣東韶關市曲江區。五等侯，公侯伯子男五等爵中之侯爵。周一良《札記》云：

"所謂五等乃特殊稱謂，非指公侯伯子男之五等級。"　臧質：人名。字含文，東莞莒（今山東莒縣）人。本書卷七四有傳。

[5]安復縣開國侯：侯爵名。侯國在今江西安福縣西。開國，初封之謂，與襲爵對應。　王方回：人名。太原祁人，王元德之子。事見本書卷四六《王懿傳》。　安蠻司馬：官名。安蠻校尉的屬吏，掌軍政。　新康縣開國男：男爵名。五等爵第五等。封邑在今湖南寧鄉縣西南。　梁坦：人名。曾任殿中將軍、安西司馬。孝武帝時任梁、南秦二州刺史。本書無傳，事迹散見於本書《孝武帝紀》、卷七八《蕭思話傳》。

[6]安蠻校尉：官名。爲豫州刺史的加銜，因轄內有蠻族。四品。　南平王：王爵名。王國在今湖南郴州市。

[7]侍中：官名。掌侍從諫議。　南徐：州名。治所在今江蘇鎮江市京口區。　太尉：官名。三公之一。一品。　司徒：官名。三公之一。一品。　録尚書：官名。實際宰相，事權最大的官職。掌尚書事，一般不專任，多爲重臣加銜。　太子太傅：官名。太子屬官，掌訓導太子。一品。　國子祭酒：官名。掌國子學。　江夏王：王爵名。王國在今湖北武漢市武昌區。　義恭：人名。即劉義恭。宋武帝第五子。本書卷六一有傳。

[8]司空：官名。三公之一，名譽宰相。一品。

[9]梁：州名。治所在今陝西漢中市。　南北秦：二州名。皆僑置，治所在今陝西漢中市東。　綏遠將軍：官名。名號將軍之一。四品。丁福林《校議》據本書卷八一《劉秀之傳》考證，"此'綏遠'，恐是'寧遠'之訛"。　西戎校尉：官名。鎮撫戎族，作爲刺史的加銜。四品。　秀之：人名。即劉秀之。字道寶，世居京口，宋初名臣劉穆之從兄子。本書卷八一有傳。

[10]楊文德：人名。氐族首領，宋封其爲仇池公、武都王。事見本書卷九八《略陽清水氐楊氏傳》。　宣威將軍巴西梓潼二郡太守劉弘宗：宣威，諸本作"宣武"。中華本據《魏書》改，曰"《百官志》，有宣威將軍，無宣武將軍"。此説是。按：宣威將軍，

官名。雜號將軍之一。巴西梓潼二郡，時同治今四川綿陽市。劉弘宗，人名。宋時將領。本書及《南史》無傳。

[11]護軍將軍：官名。名號將軍之一。三品。　封陽：縣名。治所在今廣西賀州市南信都。　蕭思話：人名。南蘭陵人，外戚，孝懿皇后弟子。本書卷七八有傳。

[12]竟陵：郡名。治所在今湖北鍾祥市。　南城：縣名。治所在今江西南城縣。　劉德願：人名。彭城人，劉懷慎之子。官至廷尉。本書卷四五有附傳。

[13]武關：地名。在今陝西商洛市丹江北岸。是扼守關中經秦嶺入中原的關隘。

[14]稜威震滲：殿本《考證》曰："滲字不見字書，疑是殄字之誤。"

[15]義宣：人名。即劉義宣。宋武帝第六子。本書卷六八有傳。

　　是歲軍旅大起，王公妃主及朝士牧守，各獻金帛等物，以助國用，下及富室小民，亦有獻私財至數十萬者。又以兵力不足，尚書左僕射何尚之參議發南兖州三五民丁，[1]父祖伯叔兄弟仕州居職從事、及仕北徐兖爲皇弟皇子從事、庶姓主簿、諸皇弟皇子府參軍督護國三令以上相府舍者，[2]不在發例，其餘悉倩暫行征。符到十日裝束，緣江五郡集廣陵，[3]緣淮三郡集盱眙。[4]又募天下弩手，不問所從，若有馬步衆藝武力之士應科者，皆加厚賞。有司又奏軍用不充，揚、南徐、兖、江四州富有之民，家資滿五十萬，僧尼滿二十萬者，並四分借一，[5]過此率計，[6]事息即還。

[1]尚書左僕射：官名。尚書省次官。三品。　何尚之：人名。字彥德，廬江人。本書卷六六有傳。　南兗州：時治所在今江蘇揚州市。　三五民丁：《通鑑》元嘉二十七年胡三省注："三五丁者，三丁發其一，五丁發其二。"

[2]仕州居職從事：即任州從事。刺史之屬吏，掌治一曹事。　爲皇弟皇子從事：皇帝之弟、皇帝之子所任州刺史的從事。　庶姓：此謂非皇族而任主簿者。　主簿：官名。州刺史屬吏，掌薄書。　諸皇弟皇子府參軍督護：在由皇弟、皇子所擔任的將軍府中任參軍、督護者。　國三令以上相府舍者：在皇弟、皇子的封國裏擔任典書、典祠、典衛三令以上及相府舍人者。

[3]緣江五郡：《通鑑》胡三省注曰："南東海、南蘭陵、南琅邪、南東莞、晋陵也。"　廣陵：郡名。治所在今江蘇揚州市。

[4]緣淮三郡：《通鑑》胡三省注："緣淮三郡，臨淮、淮陵、下邳也。"　盱眙：郡名。治所在今江蘇盱眙縣。

[5]家資滿五十萬、僧尼滿二十萬者，並四分借一："五十萬""二十萬"，諸本並作"五千萬""二千萬"，中華本據《通典·食貨典》《通鑑》改。按："四分借一"，諸本並作"四分換一"，《通鑑》作"四分借一"，據改。

[6]計：諸本作"討"，中華本據《通典》改。

　　歷城建武府司馬申元吉率馬步□餘人向礄磝，[1]取泗瀆口。[2]虜礄磝戍主、濟州刺史王買德憑城拒戰，[3]元吉破之，買德棄城走，獲奴婢一百四十口，馬二百餘匹，驢騾二百，牛羊各千餘頭，氈七百領，麄細車三百五十乘，[4]地倉四十二所，粟五十餘萬斛，城內居民私儲又二十萬斛，虜田五穀三百頃，鐵三萬斤，大小鐵器九千餘口，餘器仗雜物稱此。

[1]歷城建武府司馬：《通鑑》無“歷城”二字。　申元吉：人名。本書僅此一見，其事不詳。　磝磝：城名。在今山東茌平縣境内。

[2]泗濱口：津名。又稱四瀆津。在今山東茌平縣東南古黄河上。

[3]濟州：北魏置。治所在磝磝。　王買德：人名。本書僅此一見。《魏書》卷四下《世祖紀下》作“王買得”。

[4]麁細車：即粗細各種車輛。

　　玄謨攻滑臺不剋，燾自率大衆渡河，玄謨敗走。燾從弟永昌王庫仁真發關西兵趨汝、潁，從弟高梁王阿斗塈自青州道，[1]燾自磝磝，並南出。諸鎮悉斂民保城。其十一月至鄒山，[2]鄒山戍主、宣威將軍、魯陽平二郡太守崔耶利敗没。[3]燾登鄒山，見秦始皇刻石，使人排倒之。遣楚王樹洛真、南康侯杜道儁進軍清西，[4]至蕭城，[5]步尼公進軍清東，至留城。[6]世祖遣參軍馬文恭至蕭城，[7]江夏王義恭遣軍主嵇玄敬至留城，[8]並爲覘候。蕭城虜偃旗旌，文恭斥候不明，卒與相遇，乃捨汴趣南山，[9]東至山而虜圍合，文恭戰敗，僅以身免。玄敬亦與留城虜相值，幢主華欽繼其後，[10]虜望玄敬後有軍，引去，趨苞橋。[11]至，欲渡清西，[12]沛縣民燒苞橋，夜於林中擊鼓。虜謂官軍大至，爭渡苞水，水深，溺死殆半。

[1]高梁王：王爵名。王國在今山西臨汾市。　阿斗塈：人名。《魏書》作“高涼王那”。

[2]鄒山：山名。即鄒嶧山。在今山東鄒城市。

[3]魯陽平二郡：同治今山東鄒城市。　崔耶利：人名。《通鑑》作"崔邪利"，極是。本書卷五《文帝紀》元嘉二十七年："十一月戊子，索虜陷鄒山，魯、陽平二郡太守崔邪利没。"《南朝五史人名索引》誤爲二人，中華本失校。按："邪""耶"二字古可通用，但作爲人名不可通用。應以"崔邪利"爲是。

[4]楚王樹洛真：《魏書》作"楚王建"。　南康侯：侯爵名。北魏虚封，無治所。　杜道儁：人名。魏郡鄴（今河北臨漳縣）人，北魏將領。杜超三子，後進爵南康公。事見《魏書》卷八三上《杜超傳》。

[5]蕭城：地名。在今安徽蕭縣。

[6]留城：地名。在今江蘇沛縣。

[7]馬文恭：人名。宋方將領，時任劉駿的鎮軍將軍府參軍。本書卷四五有附傳。

[8]軍主：官名。一軍的主將，軍無定員，由數百人至萬人以上不等。　嵇玄敬：人名。本書三見，一爲曾任右衛將軍顏師伯長史，參與平定竟陵王誕之亂。其他二見均爲參加元嘉二十七年抗魏戰爭，餘事不詳。

[9]汴：縣名。在今山東泗水縣東南。　南山：山名。距泗水縣較近，今名不詳。

[10]幢主：官名。爲幢的主將，所領人數與隊主相近，主要用於儀衛，亦參戰。

[11]苞橋：橋名。苞水上的橋梁。苞，河名。又名豐水，自今山東單縣東南承獲水（廢黃河），東流經今江蘇豐、沛二縣之北，入於泗水。橋即在沛縣西古苞水上，苞水久堙。

[12]清西：地名。中華本校勘記云："弘治本、北監本、毛本、殿本、局本作'清河'，百衲本作'清西'，今從百衲本。"

先是，燾遣員外散騎侍郎王老壽乘驛就太祖乞黃甘，[1]太祖餉甘十薄、甘蔗千挺。并就求馬，曰："自頃歲成民阜，朝野無虞，春末當東巡吳、會，[2]以盡游豫。臨滄海，探禹穴，[3]陟姑蘇之臺，[4]搜長洲之苑，[5]舟檝雖盛，寡於良馴，想能惠以逸足，令及此行。"老壽反命，未出境，虜兵深入，乃録還。

[1]黃甘：甘橘之一種。《御覽》卷九六六引《風土記》曰："甘，橘之屬，滋味甜美特異者也。有黃者。"

[2]吳：郡名。治所在今江蘇蘇州市。　會：郡名。即會稽。治所在今浙江紹興市。

[3]禹穴：傳説禹死後所葬之處，在今浙江紹興市南。

[4]姑蘇之臺：春秋時吳王闔閭所建，在今江蘇蘇州市姑蘇山。

[5]長洲之苑：在今江蘇蘇州市西南。

虜又破尉武戍，[1]執戍主左軍長兼行參軍王羅漢。[2]先是，南平王鑠以三百人配羅漢出戍，而尉武東北有小壘，因據之。或曰："賊盛不足自固，南依卑林，寇至易以免。"羅漢以受命來此，不可輒去。是日虜攻之，矢盡力屈，遂没。虜法，獲生將，付其三郎大帥，[3]連鎖鎖頸後。羅漢夜斷三郎頭，抱鎖亡走，得入盱眙城。

[1]尉武：戍名。在今安徽壽縣北。

[2]左軍長兼行參軍：官名。左軍將軍府屬吏。長兼行參軍，即長期兼任行參軍事的職務，地位稍遜正員。長兼，官制用語。丁福林《校議》據本書卷五〇《劉康祖傳》考證，此"左軍"恐是"右軍"之訛。　王羅漢：人名。後成爲元凶劉劭的心腹，官至前軍將軍，與孝武帝劉駿對抗中戰敗，投降被殺。

[3]三郎大帥：官名。即三郎將。《通鑑》胡三省注曰："三郎將，蓋主內三郎。魏謂衛士曰三郎將。"

永昌王破劉康祖於尉武，引衆向壽陽，自青岡屯孫叔敖冢，[1]脅壽陽城，又焚掠馬頭、鍾離。[2]南平王鑠保城固守。

[1]青岡：地名。在今安徽鳳臺縣。　孫叔敖冢：在今安徽壽縣。孫叔敖，人名。春秋時楚國宰相。

[2]馬頭：城名。馬頭城，在今安徽壽縣西北。　鍾離：縣名。在今安徽鳳陽縣東北。

燾自彭城南出，十二月，於盱眙渡淮，破胡崇之等軍。留尚書韓元興數千人守盱眙，[1]自率大衆南向，中書郎魯秀出廣陵，[2]高梁王阿斗埿出山陽，永昌王於壽陽出橫江。[3]凡所經過，莫不殘害。燾至瓜步，壞民屋宇，及伐蒹葦，於滁口造筭筏，[4]聲欲渡江。太祖大具水軍，爲防禦之備。初，領軍將軍劉遵考率軍向彭城，至小澗，[5]虜已斷道，召還，與左軍將軍尹弘守橫江，[6]少府劉興祖守白下，[7]建威將軍、黃門侍郎蕭元邕守禈洲，[8]羽林左監孟宗嗣守新洲上，[9]建武將軍泰容守新洲下，[10]征北中兵參軍事向柳守貴洲，[11]司馬到元度守蒜山，[12]諮議參軍沈曇慶守北固，[13]尚書褚湛之先行京陵，[14]仍守西津，[15]徐州從事史蕭尚之守練壁，[16]征北參軍管法祖守譙山，[17]徐州從事武仲河守博落，[18]尚書左丞劉伯龍守採石，[19]尋遷建武將軍、淮南太守，仍總守事。遊邏上接于湖，[20]下至蔡洲，[21]陳艦列營，周亘江畔，自採石至于暨陽，[22]六七百里，船艦蓋江，旗甲星燭。皇太子出戍石頭城，[23]前將軍徐湛之守石頭倉城，[24]都水使者樂詢、尚書水部郎劉淵之並以裝治失旨，[25]付建康。[26]乘輿數幸石頭及莫府山，[27]觀望形勢。購能斬佛狸伐頭者，[28]封八千户開國縣公，賞布絹各萬匹，金銀各百斤；斬其子及弟、僞相、大軍主，封四百户開國縣侯，布絹各五千疋；自此以下各有差。又募人賷冶葛酒置空村中，[29]欲以毒虜，竟不能傷。

[1]韓元興：人名。北魏將領。《魏書》卷四下《世祖紀下》作"征南將軍、安定公韓元興"。

[2]魯秀：人名。小字天念，扶風人。其父魯軌，晋末降北，秀此役歸宋，孝建二年以參與劉義宣之亂被殺。本書卷七四有附傳。

[3]橫江：水名。在今安徽和縣、馬鞍山之間的一段長江。

[4]滁口：地名。在今安徽滁州市境内。

[5]小澗：地名。在今安徽蒙城縣境内。

[6]尹弘：人名。天水人，官至丹陽尹，以黨同劉劭被處死。事見本書卷九九《劉劭傳》。

[7]少府：官署名。九卿之一，掌宫廷御用品製造等。卿秩中二千石。三品。　劉興祖：人名。彭城人，官至青州刺史。本書無傳。　白下：地名。即白下城。在今江蘇南京市北金川門外，幕府山南，北臨大江，爲重要軍事陣地。

[8]黄門侍郎：官名。門下省次官，職侍從諫議。五品。　蕭元邕：人名。本書僅此一見，其事不詳。　褌洲：長江中沙洲。今地不詳。

［9］羽林左監：官名。掌宿衛。　　孟宗嗣：人名。平昌安丘（今山東安丘市）人，孟懷玉孫，官至竟陵太守、中大夫。事見本書卷四七《孟懷玉傳》。　　新洲：在今江蘇南京市北長江中。

［10］泰容：人名。本書僅此一見，其事不詳。

［11］征北中兵參軍：官名。征北將軍府中兵參軍事，掌本府中兵曹事務，兼備參謀咨詢。　　向柳：人名。字玄季，河内山陽（今河南焦作市）人，向靖二子。本書卷四五有附傳。　　貴洲：在今江蘇鎮江市西北大江中。

［12］到元度：人名。彭城武原（今江蘇邳州市）人，到彥之長子，歷官新安太守、義興太守、益州刺史。　　蒜山：山名。一作"筭山"。在今江蘇鎮江市西北。

［13］諮議參軍：官名。職掌不定，地位甚尊，在列曹參軍之上，州所置常帶大郡太守，且有越次行府、州事者。　　沈曇慶：人名。吳興武康人。本書卷五四有傳。　　北固：山名。在今江蘇鎮江市區北長江南岸。

［14］褚湛之：人名。字休玄，河南陽翟（今河南禹州市）人，褚淵之父。本書卷五二有附傳。　　京陵：一名興寧陵。在今江蘇南京市雞鳴山。

［15］西津：津名。京陵附近的渡口，今地不詳。

［16］徐州從事史：官名。州屬吏，位次主簿，分署屬事。　　蕭尚之：人名。字茂先，南蘭陵人，蕭衍族弟。此支蕭氏在梁很得勢，在宋官位不顯。　　練壁：山名。可能是練山。在今江蘇南京市六合區北。

［17］管法祖：人名。本書僅此一見，其事不詳。　　譙山：山名。即今江蘇鎮江市東北長江中焦山。

［18］武仲河：人名。本書僅此一見，其事不詳。　　博落：地名。今地不詳。

［19］尚書左丞：官名。尚書佐官，位次尚書，與右丞共掌尚書庶務，並督察百官，號曰"監司"。六品。　　劉伯龍：人名。曾任

盱眙太守，頗有政績。本書卷五一、《南史》卷一七均作“劉伯
寵”。　採石：地名。也作“采石”。在今安徽當塗縣。爲江防
重地。

[20]于湖：縣名。治所在今安徽當塗縣。

[21]蔡洲：洲名。在今江蘇南京市西南。原爲長江中沙洲，現
已成陸地。

[22]暨陽：地名。在今江蘇江陰市東南。

[23]皇太子：宋文帝長子劉劭。　石頭城：地名。在今江蘇南
京市西清涼山。控扼江險，爲軍事要地。

[24]前將軍：官名。丁福林《校議》據本書《徐湛之傳》考
證，“前將軍”爲“前軍將軍”之誤。　徐湛之：人名。外戚，後
爲劉劭所殺。本書卷七一有傳。

[25]都水使者：官名。都水臺長官，掌管河渠陂池灌溉。四
品。　樂詢：人名。孝武帝時任兼散騎常侍，餘事不詳。　尚書水
部郎：官名。尚書省水部曹長官，掌水道工程、舟輯橋梁等事。六
品。　劉淵之：人名。本書僅此一見，其事不詳。

[26]付建康：收付建康詔獄。建康，縣名。治所在今江蘇南京
市。爲京畿所在，置詔獄，以收治京師罪案。

[27]莫府山：山名。即幕府山。在今江蘇南京市北。

[28]佛狸伐：謂魏太武帝拓跋燾。佛狸伐，疑爲拓跋之譯音。

[29]冶葛酒：《通鑑》作“野葛酒”。胡三省注曰：“野葛有
毒，食之殺人。”

　　燾鑿瓜步山爲盤道，[1]於其頂設氈屋。燾不飲河南
水，以駱駝負河北水自隨，一駱駝負三十斗。遣使餉太
祖駱駝名馬，求和請婚。上遣奉朝請田奇餉以珍羞異
味。[2]燾得黃甘，即噉之，并大進酈酒。[3]左右有耳語
者，疑食中有毒，燾不答，以手指天，而以孫兒示奇

曰："至此非唯欲爲功名，實是貪結姻援，若能酬酢，自今不復相犯秋毫。"又求嫁女與世祖。二十八年正月朔，[4]燾會於山上，并及土人。會竟，掠民户，燒邑屋而去。虜初緣江舉烽火，尹弘曰："六夷如此必走。"正月二日，果退。

[1]瓜步山：山名。在今江蘇南京市六合區東南。南臨長江，爲軍事要地。

[2]奉朝請：官名。本不爲官，以朝會請召而已。晋宋以駙馬都尉爲奉朝請。六品。

[3]酃酒：《通鑑》注引《荆州記》曰："長沙郡酃縣有酃湖，周迴二里；取湖水爲酒，酒極甘美。"又注："杜佑曰：衡州衡陽縣，漢酃縣地。孟康曰：酃音零。"

[4]二十八年：即元嘉二十八年。

　　初，太祖聞虜寇逆，焚燒廣陵城府船乘，使廣陵、南沛二郡太守劉懷之率人民一時渡江。[1]虜以海陵多陂澤，不敢往。山陽太守蕭僧珍亦斂居民及流奔百姓，[2]悉入城。臺送糧仗給盱眙，賊逼，分留山陽。又有數萬人攻具，當往滑臺，亦留付郡。城内垂萬家，戰士五千餘人。有白米陂，去郡數里，僧珍逆下諸處水，注令滿，須賊至，決以灌之。虜既至，不敢停，引去。自廣陵還。因攻盱眙，盡銳攻城，三十日不能剋，乃燒攻具退走。燾凡破南兗、徐、兗、豫、青、冀六州，殺略不可稱計，而其士馬死傷過半，國人並尤之。

[1]南沛：郡名。治所在今江蘇揚州市。　劉懷之：人名。沛

郡蕭（今安徽蕭縣）人，劉粹庶長子，文帝時任山陽太守，後任臨川內史。因與臧質起兵反孝武帝劉駿，兵敗被誅。

　　[2]山陽：郡名。治所在今江蘇淮安市楚州區。　　蕭僧珍：人名。本書僅此一見，《梁書》卷二六《蕭琛傳》言其爲琛之祖父，在宋官至廷尉卿。

　　是歲，燾病死，[1]謚爲太武皇帝。初，燾有六子，長子晃字天真，[2]爲太子。次曰晋王。[3]燾所住屠蘇爲疾雷擊，[4]屠蘇倒，見壓殆死，左右皆號泣，晋王不悲，燾怒賜死。[5]次曰秦王烏弈肝，[6]與晃對掌國事，晃疾之，愬其貪暴，燾鞭之二百，遣鎮枹罕。[7]次曰燕王。[8]次曰吳王，名可博真。[9]次曰楚王，名樹洛真。[10]燾至汝南、瓜步，晃私遣取諸營鹵獲甚衆。燾歸聞知，大加搜檢。晃懼，謀殺燾，燾乃詐死，使其近習召晃迎喪，於道執之。及國，罩以鐵籠，尋殺之。以烏弈肝有武用，以爲太子。會燾死，使嬖人宗愛立博真爲後。[11]宗愛、博真恐爲弈肝所危，矯殺之而自立，號年承平。博真懦弱，不爲國人所附，晃子濬字烏雷直懃，[12]素爲燾所愛，燕王謂國人曰：“博真非正，不宜立，直懃嫡孫，應立耳。”乃殺博真及宗愛，而立濬爲主，號年爲正平。[13]

　　[1]是歲，燾病死：據《魏書》卷四下《世祖紀下》、《北史》卷二《魏本紀》記載，燾死於魏正平二年（452），即宋元嘉二十九年，故此“是歲”指元嘉二十九年。又據《魏書》卷九四《宗愛傳》、《北史》卷九二《宗愛傳》、《通鑑》卷一二六記載，拓跋燾是爲宗愛所弑，非病死。

[2]長子晃：正平元年（451）爲燾所殺。其子（文成帝）即位後，追謚其爲景穆皇帝，廟號恭宗。《魏書》卷四下有紀。

[3]晋王：北魏王爵名。名伏羅。《魏書》卷一八有傳。

[4]屠蘇：平房，茅屋。

[5]賜死：《魏書》卷一八伏羅本傳未言死因，而《北史》言病死。

[6]烏弈肝：人名。見《魏書》卷一八《東平王翰傳》。《魏書》作“翰”。蓋音譯而異。

[7]枹罕：縣名。在今甘肅臨夏市西南枹罕鎮。

[8]燕王：北魏王爵名。名譚。太平真君三年封燕王，後改封臨淮王。《魏書》卷一八有傳。

[9]可博真：人名。真君三年封吳王，後改封南安王。《魏書》卷一八有傳。《魏書》作“余”。

[10]樹洛真：人名。真君三年封楚王，後改封廣陽王。《魏書》卷一八有傳。《魏書》作“建”。

[11]宗愛：人名。北魏幸臣，出身閹人，後官至中常侍，封秦郡公。先害死太子晃，又謀殺拓跋燾，而立吳王余（可博真）爲帝，不久又害之。文成帝立，乃誅愛。《魏書》卷九四有傳。

[12]晃子濬：即拓跋晃之子拓跋濬。北魏文成皇帝。《魏書》卷五有紀。

[13]號年爲正平：此處有誤。按：據《魏書·高宗紀》，正平仍爲拓跋燾年號。濬於正平二年十月即位，改年爲“興安”。

先是，虜寧南將軍魯爽兄弟率衆歸順。[1]二十九年，太祖更遣張永、王玄謨及爽等北伐，[2]青州刺史劉興祖建議伐河北，曰：“河南阻飢，野無所掠，脱意外固守，非旬月可拔，稽留大衆，轉輸方勞。伐罪弔民，事存急速，今僞帥始死，兼逼暑時，國內猜擾，不暇遠赴，關內之衆，裁足自守。愚謂宜長驅中山，[3]據其關要。冀州已北，民人尚豐，兼麥已向熟，資因爲易。[4]向義之徒，必應響赴，若中州震動，黃河以南，自當消潰。臣城守之外，可有二千人，今更發三千兵，假別駕崔勳之振威將軍，[5]領所發隊，并二州望族，[6]從蓋柳津直衝中山。[7]申坦率歷城之衆，可有二千，駱驛俱進。較略二軍，可七千許人，既入其心腹，調租發車，以充軍用。若前驅乘勝，張永及河南衆軍，便宜一時濟河，使聲實兼舉。愚計謬允，宜並建司牧，撫柔初附。定州刺史取大嶺，[8]冀州刺史向井陘，[9]并州刺史屯雁門，[10]幽州刺史塞軍都，[11]相州刺史備大行，[12]因事指麾，隨宜加授。畏威欣寵，人百其懷，濟河之日，請大統版假。[13]常忿將率憚於深遠，勳之等慷慨之誠，誓必死效。若能成功，清一可待；若不克捷，不爲大傷。並催促裝束，伏聽敕旨。”上意止存河南，不納。玄謨攻碻磝，不克退還。

[1]魯爽：人名。小名女生，扶風人。其父魯軌，本東晋將領，叛降北魏。魯爽南歸後，歷任將率，後參與宋宗室之亂被殺。本書卷七四有傳。

[2]張永：人名。字景雲，吳郡人。宋時將領。本書卷五三有附傳。

[3]中山：地名。在今河北定州市。

[4]資因爲易：《通鑑》作“因資爲易”。

[5]別駕：官名。州屬吏，主管吏員選舉，多以六品充任。此指青州別駕。　崔勳之：人名。後任劉永的輔國司馬。在討元凶戰爭中立有戰功，孝武帝時在討臧質戰爭中戰死。

　　[6]二州望族：指青冀二州的豪强地主武裝。

　　[7]蓋柳津：津名。今地不詳。

　　[8]定州：治所在今河北定州市。　大嶺：嶺名。今地不詳。

　　[9]井陘：地名。即井陘關。在今河北井陘縣西北。扼太行通華北平原之隘。

　　[10]雁門：地名。即雁門關。在今山西代縣。

　　[11]軍都：山名。即軍都山。一名居庸山。在今北京昌平區西北。形勢顯要，爲太行八陘之一。

　　[12]大行：山名。即太行山。

　　[13]大統：總統、統一。　版：官制用語。其時任命官吏用特製的版詔爲委任狀，故稱任官爲版授。　假：官制用語。暫署代理之意。

　　世祖即位，索虜求互市，江夏王義恭、竟陵王誕、建平王宏、何尚之、何偃以爲宜許；[1]柳元景、王玄謨、顏竣、謝莊、檀和之、褚湛之以爲不宜許。[2]時遂通之。大明二年，虜寇青州，爲刺史顏師伯所破，[3]退走。

　　[1]竟陵王：王爵名。王國在今湖北鍾祥市。　誕：人名。即劉誕。字休文，文帝第六子。本書卷七九有傳。　建平王：王爵名。王國在今重慶巫山縣。　宏：人名。即劉宏。字休度，文帝第七子。本書卷七二有傳。　何偃：人名。字仲弘，何尚之之子。本書卷五九有傳。

　　[2]顏竣：人名。字士遜，琅邪臨沂（今山東費縣）人。本書卷七五有傳。各本並作“顧竣”，據中華本改正。　謝莊：人名。字希逸，陳郡陽夏人。本書卷八五有傳。　檀和之：人名。高平金鄉（今山東嘉祥縣）人。歷官州刺史。事見本書卷九九《劉劭傳》。

[3]顏師伯：人名。字長淵，琅邪臨沂人。本書卷七七有傳。

前廢帝永光元年，濱死，謚文成皇帝。[1]子弘之字第豆胤代立。[2]

[1]前廢帝永光元年：公元465年。北魏文成帝和平六年。文成皇帝：廟號高宗。

[2]弘：人名。謚曰獻文帝，廟號顯祖。《魏書》卷六有紀。

景和中，[1]北討徐州刺史義陽王昶，[2]昶單騎奔虜。太宗泰始初，[3]江州刺史晉安王子勛爲逆，[4]四方反，徐州刺史薛安都、青州刺史沈文秀、冀州刺史歷城鎮主崔道固等，[5]亦各舉兵。虜謀欲納昶，下書曰：

[1]景和：宋前廢帝劉子業年號（465）。

[2]義陽王：王爵名。王國在今河南信陽市南。 昶：人名。即劉昶。字休道，文帝第九子。景和元年，前廢帝即位，誅殺大臣、宗王，昶在徐州，欲起兵相抗。所統諸郡皆不受命，昶叛降北魏。本書卷七二、《魏書》卷五九有傳。

[3]太宗：宋明帝劉彧廟號。 泰始：宋明帝劉彧年號（465—471）。

[4]江州：治所在今湖北黃梅縣。 晉安王：王爵名。王國在今福建福州市。 子勛：人名。即劉子勛。字孝德，孝武帝第三子。景和元年，明帝廢前廢帝自立，子勛在江州，其年十歲，受衆將擁戴稱帝與明帝相爭，兵敗被殺。本書卷八〇有傳。

[5]薛安都：人名。河東汾陰（今山西萬榮縣）人。本書卷八八有傳。 沈文秀：人名。字仲遠，吳興武康人。本書卷八八有傳。 崔道固：人名。清河人，後爲北魏所俘，死於桑乾川。本書

卷八八有傳。

　　《易》稱“利用行師”。[1]《書》云“龔行天
罰”。[2]必觀時而後施，因機而後舉。故夏伐有
扈，[3]四海以平，晉定吳會，[4]萬方以壹。今宋室衰
微，凶難洊起，國有殺君之逆，邦罹崩離之難，起
自蕭牆，釁流合境。僞使持節、散騎常侍、都督徐
南北兗青冀幽七州豫州之梁郡諸軍事、征北將軍、
儀同三司、徐州刺史義陽王昶，[5]踵微子之蹤，[6]蹈
項伯之迹，[7]知機體運，歸款闕庭，朕錫以顯爵，
班同親舊。昶弟湘東王進不能扶危定傾，[8]退不能
降身高謝，阻兵安忍，篡位自立，既無闃闓静亂之
功，[9]而有無知悖禮之變，[10]怠棄三正，[11]慢易天
常，覆敗之徵既兆，危亡之應已著。僞江州刺史晉
安王復稱大號，自立一隅，荆郢二州刺史安陸臨海
王劉子綏子頊大擅威令，[12]不相祇伏。徐州刺史彭
城鎮主薛安都、青州刺史沈文秀、冀州刺史歷城鎮
主崔道固等，皆彼之要藩，懼及禍難，擁衆獨據，
各無定主。仰觀天象，俯察人謀，六軍燮伐之期，
率土同軌之日。

[1]利用行師：語出《易·謙卦》：“利用行師，征邑國。”
[2]龔行天罰：語出《尚書·甘誓》。啓伐有扈氏，作《甘誓》
曰“今予恭行天之罰”。龔，同“恭”。
[3]夏伐有扈：夏啓繼承禹位，有扈氏在西北起兵作叛，爲啓
所平。事見《史記》卷二《夏本紀》。

[4]晉定吳會：指公元 280 年西晉滅吳。事見《晉書》卷三《武帝紀》。

[5]都督徐南北兗青冀幽七州：丁福林《校議》云："七州數之僅六州，缺一州。考之本書《文九王傳》，義陽王昶北奔前官都督徐兗南兗青冀幽六州豫州之梁郡諸軍事，不云都督七州。此'七州'，恐爲'六州'之訛。"

[6]微子：人名。商末貴族，反對殷紂殘暴統治，投歸周朝。事見《史記》卷三八《宋微子世家》。

[7]項伯：人名。秦漢之際楚臣，項羽之族人，後離楚歸漢。事見《史記》卷七《項羽本紀》。

[8]湘東王：王爵名。王國在今湖南衡陽市。此處指宋明帝劉彧。文帝第十一子，昶弟。元嘉二十九年封湘東王。本書卷八有紀。

[9]闔閭：人名。春秋吳王。指闔閭弒王僚，並平定公子燭庸、蓋餘之叛亂。事見《史記》卷三一《吳太伯世家》。

[10]無知：人名。春秋齊國公子。齊襄公之從弟，弒襄公而自立，後爲雍廩所殺。事見《左傳》莊公八年、莊公九年。

[11]怠棄三正：語出《尚書·甘誓》。三正，天、地、人之正道。

[12]安陸：王爵名。即安陸王。王國在今湖北安陸市。　臨海王：王爵名。王國在今浙江臨海市。　劉子綏：人名。孝武帝第四子。景和元年明帝廢立，子綏起兵反對，兵敗被殺。本書卷六一有附傳。　子頊：人名。即劉子頊。字孝列，孝武帝第七子，亦爲明帝所殺。本書卷八〇有傳。

　　朕承休烈，屬當泰運，思播靈武，廓寧九服，豈可得臨萬乘之機，遘時來之遇，而不討其醜逆、振其艱患哉？今可分命諸軍，以行九伐。使持節征東大將軍安定王直懃伐伏玄、侍中尚書左僕射安西大將軍平北公直懃美晨、散騎常侍殿中尚書平北將軍山陽公呂羅漢，[1]領隴右之衆五萬，沿漢而東，直指襄陽。[2]使持節征南大將軍勃海王直懃天賜、侍中尚書令安東大將軍始平王直懃渴言侯、散騎常侍殿中尚書令安西將軍西陽王直懃蓋户千，[3]領幽、冀之衆七萬，濱海而南，直指東陽。[4]使持節征南將軍京兆王直懃子推、侍中司徒安南大將軍新建王獨孤侯尼須、散騎常侍西平公韓道人，[5]領江、雍之衆八萬，出洛陽，直至壽陽。使持節征南大將軍宜陽王直懃新成、侍中太尉征東大將軍直懃駕頭拔、羽直征東將軍北平公拔敦及義陽王劉昶，[6]領定、相之衆十萬，出濟、兗，直造彭城，與諸軍剋期同到，會于秣陵。[7]納昶反國，定其社稷，使荆、揚沾德義之風，[8]江、漢被來蘇之惠。邊疆將吏，不得因宋衰亂，有所侵損，以傷我國家存救之義。主者明宣所部，咸使聞知，稱朕意焉。

[1]安定王直懃伐伏玄：即《魏書》之安定王休。直懃，北魏皇子的稱謂，也是特殊值班任務的專稱。　平北公直懃美晨：美晨，人名。《魏書》作“目晨”。又目晨初封“南平公”，而本書作“平北公”者，蓋反語之意。《魏書》卷一四有傳。　呂羅漢：人名。東平壽張（今山東東平縣西南）人。北魏將領。《魏書》卷五一有傳。

[2]襄陽：郡名。治所在今湖北襄陽市。

[3]勃海王直懃天賜：天賜之爵，《魏書》作“汝陰王”。《魏

書》卷一九上有傳。　始平王直懃渴言侯：本書僅此一見，《魏
書》不見此人。　西陽王直懃蓋户千：本書僅此一見，《魏書》不
見此人。

[4]東陽：縣名。治所在今江蘇盱眙縣東南東陽城。

[5]京兆王直懃子推：北魏景穆帝之子。《魏書》卷一九上有
傳。諸本並脱“推”字，中華本據《魏書》補。　獨孤侯尼須：
疑即北魏大臣劉尼。《魏書》卷三〇《劉尼傳》曰：“劉尼，代人
也。本姓獨孤氏。”北魏高宗時，“加侍中，進封爲王。出爲征南將
軍、定州刺史……高宗末，遷司徒。顯祖即位，以尼有大功於先
朝，彌加尊重”。與獨孤侯尼須事迹合。　韓道人：南陽赭陽（今
河南方城縣東）人，韓延之之子，位至殿中尚書。《魏書》卷三八
《韓延之傳》作“道仁”。

[6]宜陽王直懃新成：《魏書》卷一九上新成本傳作太安三年
封“陽平王”。　太尉征東大將軍直懃駕頭拔：據《魏書》卷六
《顯祖紀》，此時太尉爲源賀。駕頭拔，疑爲賀頭拔之誤。賀頭拔，
即頭拔賀，亦即源賀。據《魏書》卷四一《源賀傳》，源賀本姓
“秃髮”，拓跋燾“謂賀曰：‘卿與朕源同，因事分姓，今可爲源
氏。’”秃髮、頭拔、拓跋，皆同音異譯。蓋鮮卑俗以名在前，姓在
後。今存史籍以漢語習慣譯鮮卑姓名，而此篇屬原始書文，翻譯中
留下原遺迹。　拔敦：人名。即長孫敦。事見《魏書》卷二五
《長孫嵩傳》。

[7]秣陵：縣名。時治所在京師，即今江蘇南京市。

[8]揚：諸本並作“陽”，中華本據張元濟《校勘記》改。按：
所改爲是。

既而晋安王子勛事平，太宗遣張永、沈攸之北討，薛安
都大懼，遣使引虜。虜遣萬騎救之，永、攸之敗退，虜
攻青、冀二州，並剋，執沈文秀、崔道固。又下書：

朕承天序，臨御兆民，思闡皇風，以隆治道。而荆吳僭傲，跨時一方，天降其殃，以罰有罪，篡弒發於蕭牆，毒害嬰於群庶。徐州刺史薛安都、司州刺史常珍奇，[1]深體逆順，歸誠獻款。遭難已久，飢饉荐臻，或以糊口之功，私力竊盜，或不識王命，藏竄山藪，或爲囚徒，先被執繫，元元之命，[2]甚可哀愍。其曲赦淮北三州之民，自天安二年正月三十日壬寅昧爽以前，[3]諸犯死罪以下，繫囚見徒，一切原遣。唯子殺父母，孫殺祖父母，弟殺兄，妻殺夫，奴殺主，不從赦例。若亡命山澤，百日不首，復其初罪。

[1]司州：僑置，治所在今河南汝南縣。　常珍奇：人名。宋時將領，後叛降北魏。

[2]元元：百姓之謂。

[3]天安：北魏獻文帝拓跋弘年號（466—467）。　昧爽：拂曉。

今陽春之初，東作方興，三州之民，[1]各安其業，以就農桑。有饑窮不自存，通其市糶之路，[2]鎮統之主，懃加慰納，遵用輕典，以莅新化。若綏導失中，令民逃亡，加罪無縱。其普宣下，咸使聞知朕意焉。

[1]三州：指青、徐、司三州。

[2]市糶：出售糧食。此指官方售糧以解百姓饑困。

　　此後虜復和親，信餉歲至，朝庭亦厚相報答。泰豫元年，[1]虜狹石鎮主白虎公、安陽鎮主莫索公、貞陽鎮主鵝落生、襄陽王桓天生等，[2]引山蠻馬步二萬餘人，攻圍義陽縣義陽戍。[3]司州刺史王贍遣從弟司空行參軍思遠、撫軍行參軍王叔瑜擊大破之，[4]虜退走。

　　[1]泰豫：宋明帝劉彧年號（472）。
　　[2]狹石：地名。今地不詳。　鎮主：防守地方的軍事長官，地位相當於刺史，在北魏亦爲鎮將的別稱。　白虎公：人名。北魏有韓秀者，字白虎，疑爲此人。《魏書》卷四二有傳。　安陽：地名。治所在今甘肅秦安縣東北。　莫索公：人名。本書僅此一見，《魏書》不見此人。　貞陽：地名。今地不詳。　鵝落生：人名。本書僅此一見，《魏書》不見此人。　桓天生：人名。名誕，字天生，北魏將領。本東晋大臣桓玄之子，玄敗亡之後流寓北方，爲大陽蠻酋，降於北魏，受封襄陽王。事見《魏書》卷一〇一《蠻傳》。
　　[3]義陽：縣名。治所在今河南信陽市。
　　[4]王贍：人名。字明遠，太原祁人，王玄謨子。在宋歷官黃門郎，入齊官冠軍將軍、永嘉太守，因有輕謾太子蕭賾言論，以“入闕跪拜不如儀”下獄死。《南齊書》卷二七有附傳。　思遠：人名。即王思遠。本書僅此一見。張忱石《南朝五史人名索引》把他與《南齊書》卷四三之王思遠誤爲一人。《南齊書》之王思遠爲琅邪臨沂人，其事迹與此王思遠不合。　王叔瑜：人名。本書僅此一見，其事不詳。

　　自索虜破慕容，據有中國，[1]而芮芮虜有其故地，蓋漢世匈奴之北庭也。芮芮一號大檀，[2]又號檀檀，亦匈奴別種。自西路通京師，三萬餘里。僭稱大號，部衆殷强，歲時遣使詣京師，與中國亢禮，西域諸國焉耆、鄯善、龜兹、姑墨東道諸國，[3]並役屬之。無城郭，逐水草畜牧，以氈帳爲居，隨所遷徙，其土地深山則當夏積雪，平地則極望數千里，野無青草。地氣寒凉，馬牛齕枯噉雪，自然肥健。國政疏簡，不識文書，刻木以記事，其後漸知書契，至今頗有學者。去北海千餘里，[4]與丁零相接。[5]常南擊索虜，世爲仇讎，故朝庭每羈縻之。

[1]自索虜破慕容，據有中國：諸本在“慕容”下皆衍“蠻馬二萬餘人攻圍義陽”。中華本校勘記云：“係上文重出，今删去。”所删爲是。

[2]芮芮：即柔然。北魏稱其爲蠕蠕。芮芮乃宋據蠕蠕音譯之名。　大檀：人名。柔然族首領，號牟汗紇升蓋可汗。事見《魏書》卷一〇三《蠕蠕傳》。

[3]焉耆：地名。治所在今新疆焉耆縣西南。　鄯善：地名。治所在今新疆鄯善縣。　龜兹：地名。治所在今新疆庫車縣東郊。姑墨：地名。治所在今新疆阿克蘇地區。

[4]北海：湖名。指今俄羅斯境内之貝加爾湖。

[5]丁零：北方古族名。游牧於北海（貝加爾湖）一帶，時一部分南遷阿爾泰和塔城一帶，常與鮮卑發生戰争。

其東有槃槃國、趙昌國，[1]渡流沙萬里，又有粟特國。[2]太祖世，並奉表貢獻。粟特大明中遣使獻生師子、火浣布、汗血馬，[3]道中遇寇，失之。

[1]槃槃國：古國名。故地約在今中亞一帶。　趙昌國：古國

名。即高昌。在今新疆吐魯番盆地東部。

　　[2]粟特國：古國名。在阿姆河、錫爾河之間，都城在今撒馬爾罕。在中世紀的東西方貿易中，特別是中國與西方的絲路貿易中擔當了非常重要的角色。

　　[3]師子：即獅子。　火浣布：石棉布。　汗血馬：西域所產名馬，通體紅色，出汗似血，故曰汗血馬。

　　史臣曰：久矣，匈奴之與中國並也。自漢氏以前，綿跨年世，紛梗外區，驚震中宇。周無上算，漢收下策。魏代分離，種落遷散，數十年間，外郡無風塵之警，邊城早開晚閉，胡馬不敢南臨。至于晋始，姦黠漸著，密邇畿封，窺候疆埸，俘民略畜者，無歲月而闕焉。元康以後，[1]《風》《雅》雕喪，[2]五胡遞襲，[3]翦覆諸華。及涉珪以鐵馬長驅，[4]席卷趙、魏，負其眾力，遂與上國爭衡矣。高祖宏圖盛略，欲以苞括宇宙爲念，逮于懸旗清洛，飲馬長涇，北狄屻銳挫鋒，閉重巘而自固。于時戎車外動，王命相屬，裳冕委蛇，輶軒繼路，舊老懷思古之情，行人或爲之殞涕，自是關、河響動，表裏寧壹。宮車甫晏，戎心外駭，覆我牢、滑，翦我伊、瀍，[5]是以太祖忿之，開定司、兗，而兵無勝略，棄師隕眾，委甲橫原，捐州亘水，[6]荊、吳銳卒，逸氣未攄，偏城孤將，銜冤就虜，遂蹙境延寇，僅保清東。[7]自是兵摧勢弱，邊隙稍廣，壯騎陵突，鳴鏑日至，芻牧年傷，禾麥歲犯，小則囚虜吏民，大則俘執長守，羽書繼塗，[8]奔命相屬，青、徐、兗、冀之間蕭然矣。而自木末以來，[9]並有賢才狡算，妙識兵權，深通戰術，

屬鞭凌厲，氣冠百夫，故能威服華甸，志雄群虜。至於
狸伐篡僞，[10] 彌煽凶威，英圖武略，事駕前古，雖冒頓
之鷙勇，[11] 檀石之驍強，[12] 不能及也。遂西吞河右，[13]
東舉龍碣，[14] 總括戎荒，地兼萬里。雖裂土分區，不及
魏、晋，而華氓戎落，衆力兼倍。至乃連騎百萬，南向
而斥神華，胡旆映江，穹帳遵渚，京邑荷檐，士女喧
惶。天子內鎮群心，外御群寇，役竭民徭，費殫府實，
舉天下以攘之，而力猶未足也。既而虜縱歸師，殲累邦
邑，剪我淮州，俘我江縣，[15] 喋喋黔首，跼高天，蹐厚
地，而無所控告。強者爲轉屍，弱者爲繫虜，自江、淮
至于清、濟，戶口數十萬，自免湖澤者，百不一焉。村
井空荒，無復鳴雞吠犬。時歲惟暮春，桑麥始茂，故老
遺氓，還號舊落，桓山之響，未足稱哀。[16] 六州蕩
然，[17] 無復餘蔓殘搆，至於乳鷰赴時，銜泥靡託，一枝
之間，連窠十數，春雨裁至，增巢已傾。雖事舛吳
宮，[18] 而殲亡匪異，甚矣哉，覆敗之至於此也。太祖懲
禍未深，復興外略，頓兵堅城，棄甲河上，是我有再
敗，敵有三勝也。自此以後，通互市，納和親，而侵疆
軼戍，于歲連屬。逮泰始搆紛，[19] 邊將外叛，致夷引
寇，亡我四州。高祖劬勞日昃，思一區宇，旌旗卷舒，
僅而後克。後主守文，刑德不樹，一舉而棄司、兗，再
舉而喪徐方，華服蕭條，鞠爲茂草，豈直天時，抑由人
事。夫地勢有便習，用兵有短長，胡負駿足，而平原悉
車騎之地，南習水鬭，江湖固舟檝之鄉，代馬胡駒，出
自冀北，梗柟豫章，植乎中土，蓋天地所以分區域也。

若謂氈裘之民，可以決勝於荊、越，必不可矣；而曰樓船之夫，可以爭鋒於燕、冀，豈或可乎。虞詡所謂"走不逐飛"，[20]蓋以我徒而彼騎也。因此而推勝負，殆可以一言蔽之。

[1]元康：晋惠帝司馬衷年號（291—299）。

[2]《風》《雅》雕喪：王道不振，教化淪喪。《風》《雅》本指《詩經》的《國風》和大小《雅》，此處引申爲教化規範。《文選》王謐《三都賦序》："至於戰國，王道凌遲，《風》《雅》浸頓。"與此意正合。雕喪，即凋喪。

[3]五胡遞襲：五胡相繼建立政權。五胡，匈奴、鮮卑、羯、氐、羌。

[4]涉珪：人名。也作"什翼圭""什圭"，即北魏道武帝拓跋珪。《魏書》卷二有紀。

[5]翦我伊、瀍：占領我洛陽。翦，同"踐"。伊、瀍，水名。即伊水、瀍水。洛陽的兩條河水，此處代指洛陽。

[6]捐州亘水：張森楷《校勘記》曰："州當舟。"所校極是。捐州，即棄舟。此指王玄謨元嘉二十八年北伐，滑臺棄舟敗退時的情形。

[7]清東：清水以東。清水，古濟水下游之別稱，故地起今山東梁山縣，東北經東阿、歷城、濟陽、博興入海。

[8]羽書：徵召、曉喻、聲討一類的軍事文書。

[9]木末：人名。即北魏明元帝拓跋嗣。《魏書》卷三有紀。

[10]狸伐：人名。也作"狸佛""佛狸伐"。即北魏太武帝拓跋燾。《魏書》卷四有紀。

[11]冒頓：即西漢時匈奴領袖冒頓單于。事見《漢書》卷九四《匈奴傳》。

[12]檀石：即東漢時鮮卑族領袖檀石槐。統一鮮卑各部落。事

見《後漢書》卷九〇《烏桓鮮卑列傳》。

[13]西吞河右：指公元439年北魏滅北涼沮渠蒙遜事。北涼占有河西（秦、涼二州）。河西又稱河右。

[14]東舉龍碣：指公元436年北魏滅北燕馮跋。龍，即和龍。在今遼寧朝陽市，北燕首都。碣，即碣石。在今遼寧綏中縣東南海中姜女墳。

[15]剪我淮州，俘我江縣：踐踏我江淮地區，俘虜江淮人民。本書《州郡志》，宋既未設淮州，也未置江縣，此處淮州與江縣對文，乃泛指江淮地區。

[16]桓山之響，未足稱哀：典出《孔子家語·顏回》："回聞桓山之鳥，生四子焉，羽翼既成，將分于四海，其母悲鳴而送之，哀聲有似于此，謂其往而不返也。"後世遂以桓山之泣、桓山之悲喻離別的痛苦。桓山之響即桓山之悲。此句話意爲北魏軍所造成的人民的悲苦超過了桓山之鳥的哀痛。

[17]六州蕩然：六州遭到徹底破壞，蕩然無存。六州，南兗、徐、兗、豫、青、冀。

[18]事殊吳宮：事情雖與吳宮之燕遭遇不同。典出《越絕書·外傳記吳地傳》：春秋時吳有東宮、西宮，"西宮在長秋，周一里二十六步。秦始皇帝十一年，守宮者照燕，失火，燒之"。後世遂以吳宮燕喻無辜受害者。

[19]泰始搆紛：指公元465年至466年宋明帝劉彧即位，晋安王劉子勛在薛安都支持下起兵反劉彧。後劉子勛兵敗被殺，薛安都等降魏，宋失徐州、冀州、兗州、青州淮北四州及豫州淮西之地。

[20]虞詡：人名。字升卿，陳國武平（今河南鹿邑縣西北）人，歷官司隸校尉、尚書僕射、尚書令。《後漢書》卷五八有傳。

走不逐飛：意爲步兵趕不上騎兵。此語不見《後漢書·虞詡傳》，亦不見《全後漢文》，沈約當別有所據。

宋書　卷九六

列傳第五十六

鮮卑吐谷渾

　　阿柴虜吐谷渾，[1]遼東鮮卑也。[2]父弈洛韓，[3]有二子，長曰吐谷渾，少曰若洛廆。[4]若洛廆別爲慕容氏。渾庶長，廆正嫡。父在時，分七百户與渾，[5]渾與廆二部俱牧馬，馬鬭相傷，廆怒，遣信謂渾曰："先公處分，與兄異部，牧馬何不相遠，而致鬭爭相傷?"渾曰："馬是畜生，食草飲水，春氣發動，所以致鬭。鬭在於馬，而怒及人邪。乖別甚易，今當去汝萬里。"於是擁馬西行，日移一頓，頓八十里，經數頓，廆悔悟，深自咎責，遣舊父老及長史乙那樓追渾令還。[6]渾曰："我乃祖以來，樹德遼右，又卜筮之言，先公有二子，福祚並流子孫。我是卑庶，理無並大，今以馬致別，殆天所啓。諸君試擁馬令東，馬若還東，我當相隨去。"樓喜拜曰："處可寒。"[7]虜言"處可寒"，宋言爾官家也。即使所從二千騎共遮馬令回，不盈三百步，欻然悲鳴突走，聲若頹山。如是者十餘輩，一向一遠。樓力屈。又跪曰：
“可寒，此非復人事。”渾謂其部落曰：“我兄弟子孫，
並應昌盛，廆當傳子及曾孫玄孫，其間可百餘年，我乃
玄孫間始當顯耳。”於是遂西附陰山。[8]遭晉亂，遂得上
隴。[9]後廆追思渾，作《阿干之歌》。鮮卑呼兄爲“阿
干”。廆子孫竊號，以此歌爲輦後大曲。

[1]阿柴虜：人名。解見下文。疑阿柴即阿犲。東晉末宋初的
吐谷渾族首領。

[2]遼東：郡名。治所在今遼寧遼陽市。

[3]弈洛韓：人名。中華本校勘記云：“《御覽》一二一引《十
六國春秋·前燕録》《晋書》《通典》作‘涉珪’。”又《魏書》
曰：名涉歸，“涉歸一名弈洛韓”。

[4]若洛廆：人名。即慕容廆。鮮卑慕容部的首領。《前燕録》
作“弈洛瓌”。

[5]分七百户與渾：《魏書》同，《晋書》卷九七《吐谷渾傳》
曰一千七百户。

[6]乙那樓：《晋書》作“那樓馮”。中華本曰：“按《魏書·
官氏志》，一那蔞氏後改爲蔞氏。乙那樓蓋一那樓之異譯。《宋書》
但稱其姓，《晋書》則著其名曰馮。下云‘樓喜拜曰’，沈約蓋誤
以乙那爲姓，樓爲其名。”

[7]可寒：即可汗。爲鮮卑、柔然、突厥、回紇、蒙古等族最
高領袖的稱號。

[8]陰山：山名。即今内蒙古陰山山脉。

[9]隴：山名。指隴山。在今陝西隴縣、寶雞市與甘肅清水縣、
張家川縣之間，北入沙漠，南臨渭河。

渾既上隴，出罕开、西零。西零，今之西平郡，[1]

罕开，今枹罕縣。[2]自枹罕以東千餘里，暨甘松，[3]西至河南，[4]南界昂城、龍涸。[5]自洮水西南，[6]極白蘭，[7]數千里中，逐水草，廬帳居，以肉酪爲糧。西北諸雜種謂之爲阿柴虜。

[1]西平：郡名。治所在今青海西寧市。

[2]枹罕：縣名。治所在今甘肅臨夏縣。

[3]甘松：地名。在今甘肅迭部縣一帶。

[4]河南：黃河之南，此指青海、甘肅境內之一段。

[5]昂城：地名。約在今四川毛兒蓋地區。丁福林《校議》曰：“《魏書》、《北史》之《吐谷渾傳》皆作‘昂城’。” 龍涸：地名。約當今四川松潘縣地區。

[6]洮水：河名。即今甘肅境內黃河支流洮河。

[7]白蘭：地區名。約當今青海中部、格爾木市西。

渾年七十二死，有子六十人，長吐延嗣。吐延身長七尺八寸，勇力過人，性刻暴，爲昂城羌酋姜聰所刺，[1]劍猶在體，呼子葉延，語其大將絕拔渥曰：[2]“吾氣絕，棺斂訖，便遠去保白蘭。白蘭地既嶮遠，又土俗懦弱，易爲控御。葉延小，意乃欲授與餘人，恐倉卒終不能相制。今以葉延付汝，汝竭股肱之力以輔之，孺子得立，吾無恨矣。”抽劍而死。嗣位十三年，年三十五。有子十二人。

[1]姜聰：人名。《宋書》《晉書》《魏書》均一見，所記基本相同。

[2]絕拔渥：人名。中華本校勘記云：“《魏書》作‘紇拔渥’，

《晋書》作‘紇拔泥’。”

葉延少而勇果，年十歲，縛草爲人，號曰姜聰，每旦輒射之，射中則喜，不中則號叫泣涕。其母曰：“讎賊諸將已屠膾之，汝年小，何煩朝朝自苦如此。”葉延嗚咽不自勝，答母曰：“誠知無益，然葉延罔極之心，不勝其痛耳。”性至孝，母病，三日不能食，葉延亦不食。頗視書傳，自謂曾祖弈洛韓始封昌黎公，[1]曰：“吾爲公孫之子。案禮，公孫之子，得氏王父字。”命姓爲吐谷渾氏。嗣立二十三年，年三十三。[2]有子四人。

[1]弈洛韓始封昌黎公：《晋書》曰：“弈洛瓖，昌黎棘城鮮卑人也。”又曰：“涉歸（即弈洛韓），以全柳城之功，進拜鮮卑單于。”昌黎，郡名。治所在今遼寧義縣。

[2]三十三：諸本並作“四十三”，中華本校改。按：上文初言年十歲嗣位，又曰在位二十三年，當作“三十三”。又《晋書》亦作“三十三”。

長子碎奚立。[1]碎奚性純謹，三弟專權，碎奚不能制，諸大將共誅之。碎奚憂哀不復攝事，遂立子視連爲世子，委之事，號曰“莫賀郎”。“莫賀”，宋言父也。碎奚遂以憂死。在位二十五年，年四十二。有子六人。子視連以父憂卒，不遊娛，不酣宴。在位十五年，年四十二。有子二人，長曰視羆，次烏紇提。[2]視羆嗣立十一年，年四十二。子樹洛干等並小，弟烏紇提立。紇提立八年，年三十五。視羆子樹洛干立，自稱車騎將軍，義熙初也。[3]

[1]碎奚：人名。《晋書》作"辟奚"。

[2]烏紇提：人名。《晋書》作"烏紇堤"。又《魏書》曰視
羆、烏紇提二人爲視連之弟。按：上文曰視連卒年四十二，下文曰
視羆嗣位十一年，亦年四十二卒，則視羆僅比視連小十一歲。以年
齡之差度之，作"弟"當是。

[3]車騎將軍：官名。屬重號將軍。二品。　義熙：晋安帝司
馬德宗年號（405—418）。

　　樹洛干死，弟阿犲自稱驃騎將軍。[1]譙縱亂蜀，[2]阿
犲遣其從子西彊公吐谷渾敕來泥拓土至龍涸、平康。[3]
少帝景平中，[4]阿犲遣使上表獻方物。詔曰："吐谷渾阿
犲介在遐表，慕義可嘉，宜有寵任。今酬其來款，可督
塞表諸軍事、安西將軍、沙州刺史、澆河公。"[5]未及拜
受，太祖元嘉三年，又詔加除命。未至而阿犲死，弟慕
璝立。[6]六年，表曰："大宋應運，四海宅心，臣亡兄阿
犲慕義天朝，款情素著。去年七月五日，謁者董湛
至，[7]宣傳明詔，顯授榮爵，而臣私門不幸，亡兄見背。
臣以懦弱，負荷後任，然天恩所報，本在臣門，若更反
覆，懼停信命。輒拜受寵任，奉遵上旨，伏願詳處，更
授章策。"七年，詔曰："吐谷渾慕璝兄弟慕義，至誠可
嘉，宜授策爵，以甄忠款。可督塞表諸軍事、征西將
軍、沙州刺史、隴西公。"[8]

[1]驃騎將軍：官名。重號將軍之一。二品。

[2]譙縱：人名。巴西南充人，東晉將領。東晉末受氐人擁戴而叛，自號刺史、成都王。《晉書》卷一〇〇有傳。

[3]平康：縣名。治所在今四川黑水縣東北。

[4]少帝：即劉裕之子劉義符。　景平：宋少帝劉義符年號（423—424）。

[5]沙州：宋置。在今青海貴德、貴南縣一帶。　澆河公：公爵名。公國在今青海貴德縣南。

[6]弟慕璝立：中華本校勘記云：“據《魏書·吐谷渾傳》慕璝爲阿豺兄子，非其弟。《宋書》載慕璝表云‘臣亡兄阿豺慕義天朝’，則沈書稱慕璝爲阿豺之弟，或有所據。”

[7]謁者：官名。謁者署屬官，掌賓禮司儀，傳宣詔命，奉命出使。七品。　董湛：人名。本書僅此一見，其事不詳。

[8]隴西公：公爵名。公國在今甘肅隴西縣。

先是晉末，金城東允街縣胡人乞伏乾歸擁部衆據洮河、罕开，[1]自號隴西公。乾歸死，子熾磐立，[2]遣使詣晉朝歸順，以爲使持節、都督河西諸軍事、平西將軍，公如故。高祖即位，進號安西大將軍。熾磐死，子茂蔓立。[3]慕璝前後屢遣軍擊，茂蔓率部落東奔隴右，慕璝據有其地。是歲，赫連定於長安爲索虜拓跋燾所攻，[4]擁秦户口十餘萬西次罕开，欲向涼州，慕璝距擊，大破之，生擒定。燾遣使求，慕璝以定與之。九年，慕璝遣司馬趙叙奉貢獻，[5]并言二萬人捷。太祖加其使持節、散騎常侍、都督西秦河沙三州諸軍事、征西大將軍、西秦河二州刺史、領護羌校尉，進爵隴西王。弟慕延爲平東將軍，慕璝兄樹洛干子拾寅爲平北將軍，[6]阿豺子煒代鎮軍將軍。詔慕璝，南國將士昔没在佛佛者，並悉致。[7]慕璝遣送朱昕之等五十五户,[8]一百五十四人。

[1]金城:郡名。治所在今甘肅蘭州市西。　允街:縣名。治所在今甘肅永登縣南。　乞伏乾歸:人名。鮮卑乞伏部首領,乞伏國仁之弟,自稱秦王,史稱西秦,後被其侄所殺。《晋書》卷一二五有載記。

[2]熾磐:人名。即乞伏熾磐。鮮卑乞伏部首領。《晋書》卷一二五有載記。

[3]茂蔓:人名。《晋書》《魏書》均作“暮末”。

[4]赫連定:人名。匈奴族首領,大夏國君主。　索虜:即北魏,以其頭上有辮髮,故辱稱之。

[5]司馬:官名。軍府、王國、州郡屬官,掌參贊軍務,管理府内武職。　趙叙:人名。本書僅此一見,其事不詳。

[6]拾寅爲平北將軍:丁福林據本書卷五《文帝紀》考證,認爲“此‘拾寅’恐爲‘拾虔’之訛也”。

[7]“詔慕璝”至“並悉致”:中華本斷句爲:“詔慕璝南國將士,昔没在佛佛者,並悉致。”今改正。佛佛,即匈奴大夏部。

[8]朱昕之:人名。本書僅此一見,其事不詳。

慕璝死,弟慕延立,[1]遣使奉表。十五年,除慕延使持節、散騎常侍、都督西秦河沙三州諸軍事、鎮西大將軍、領護羌校尉、西秦河二州刺史、隴西王。十六年,改封河南王。其年,以拾虔弟拾寅爲平西將軍,慕延庶長子繁曥爲撫軍將軍,慕延嫡子焕爲左將軍、河南王世子。十九年,追贈阿豺本號安西、秦沙三州諸軍事、沙州刺史、領護羌校尉、隴西王。[2]索虜拓跋燾遣軍擊慕延,大破之。慕延率部落西奔白蘭,攻破于闐國。[3]慮虜復至，二十七年，遣使上表云："若不自固者，欲率部曲入龍涸越巂門。"[4]并求牽車，[5]獻烏丸帽、女國金酒器、胡王金釧等物。[6]太祖賜以牽車，若虜至不自立，聽入越巂。虜竟不至也。

[1]慕延：人名。中華本校勘記云：《十六國春秋》作"末利延"，《魏書》作"慕利延"。

[2]安西、秦沙三州諸軍事：秦沙三州，數之祇有二州，且在"秦沙"之前佚"都督"二字。丁福林《校議》據本卷上文考證，應作"都督西秦河沙三州諸軍事"。"秦"前補一"西"字，"秦"後補一"河"字。

[3]于闐國：古國名。治所在今新疆和田市境內。

[4]龍涸：城名。又名龍鶴城。在今四川松潘縣。 越巂：郡名。治所在今四川西昌市。

[5]牽車：即羊車。古代以羊駕的車。《南齊書·輿服志》云："漆畫牽車，御及皇太子所乘，即古之羊車也。"

[6]烏丸：族名。鮮卑人之一支，亦稱烏桓。 女國：古國名。即蘇毗。最初中心在襄曲河流城，在今青海玉樹及四川西北一帶（參見楊正剛《蘇毗初探》，《中國藏學》1989 年第 4 期）。

慕延死，拾寅自立。二十九年，以拾寅爲使持節、督西秦河沙三州諸軍事、安西將軍、領護羌校尉、西秦河二州刺史、河南王。拾寅東破索虜，加開府儀同三司。[1]世祖大明五年，拾寅遣使獻善舞馬，[2]四角羊。皇太子、王公以下上《舞馬歌》者二十七首。太宗泰始三年，[3]進號征西大將軍。五年，拾寅奉表獻方物，以弟拾皮爲平西將軍、金城公。前廢帝又進號車騎大將軍。[4]

[1]開府儀同三司：官名。意爲可設府置吏，禮遇同於三公。多用於大臣加銜，爲不是三公但可享受三公待遇的大臣而設。

[2]舞馬：指經過訓練，可聽從口令而行止起臥的馬。

[3]太宗：宋明帝劉彧廟號。

[4]前廢帝：丁福林《校議》考證，“此‘前廢帝’者，乃‘後廢帝’之訛也”。　車騎大將軍：官名。重號將軍。

其國西有黃沙，南北一百二十里，東西七十里，不生草木，沙州因此爲號。屈真川有鹽池，[1]甘谷嶺北有雀鼠同穴，[2]或在山嶺，或在平地，雀色白，鼠色黃，地生黃紫花草，便有雀鼠穴。白蘭土出黃金、銅、鐵。其國雖隨水草，大抵治慕賀川。[3]

[1]屈真川：地名。在今寧夏鹽池縣一帶。

[2]甘谷嶺：地名。在今甘肅通渭縣。

[3]慕賀川：地名。諸本並作“慕賀州”。中華本曰：“《北史·吐谷渾傳》作‘伏羅川’。《通典·邊防典》亦作‘伏羅川’。‘伏羅川’即‘慕賀川’之異譯。‘州’則爲‘川’字之訛，今改正。”

史臣曰：吐谷渾逐草依泉，擅强塞表，毛衣肉食，取資佃畜，而錦組繒紝，見珍殊俗，徒以商譯往來，故禮同北面。自昔哲王，雖存柔遠，要荒迴隔，禮文弗被，大不過子，義著《春秋》。晉、宋垂典，不修古則，遂爵班上等，秩擬台光。[1]辮髮稱賀，非尚簪冕，言語不通，寧敷袞職。雖復苞篚歲臻，事惟賈道，金罽氈耗，非用斯急，送迓煩擾，獲不如亡。若令肅慎年朝，越裳歲饗，[2]固不容以異見書，取高前策。聖人謂之荒服，此言蓋有以也。

[1]台光：三台之星光，喻宰輔之位。

[2]越裳：古國名。魏源《聖武記》卷七云"老撾即古越裳氏"。

宋書　卷九七

列傳第五十七

夷蠻

南夷、西南夷，大抵在交州之南及西南，[1]居大海中洲上，相去或三五千里，遠者二三萬里，乘舶舉帆，道里不可詳知。外國諸夷雖言里數，非定實也。

[1]交州：治所在今越南北寧省仙遊縣東。

南夷林邑國，[1]高祖永初二年，[2]林邑王范陽邁遣使貢獻，即加除授。太祖元嘉初，[3]侵暴日南、九德諸郡，[4]交州刺史杜弘文建牙聚衆欲討之，[5]聞有代，乃止。七年，陽邁遣使自陳與交州不睦，求蒙恕宥。八年，又遣樓船百餘寇九德，入四會浦口，[6]交州刺史阮彌之遣隊主相道生三千人赴討，[7]攻區粟城不尅，[8]引還。林邑欲伐交州，借兵於扶南王，[9]扶南不從。十年，陽邁遣使上表獻方物，求領交州，詔答以道遠，不許。

十二、十五、十六、十八年頻遣貢獻，而寇盜不已，所貢亦陋薄。

[1]林邑國：古國名。在今越南南部。

[2]高祖：宋武帝劉裕廟號。　永初：宋武帝劉裕年號（420—422）。

[3]太祖：宋文帝劉義隆廟號。　元嘉：宋文帝劉義隆年號（424—453）。

[4]日南：郡名。治所在今越南廣治省，轄今越南中部。　九德：郡名。治所在今越南榮市。轄境當今越南河靜省及義安省大部。

[5]杜弘文：人名。杜慧度之子，襲父爵龍編侯、刺史。元嘉四年奉調回京，於廣州病卒。本書卷九二有附傳。

[6]四會浦口：即今越南廣治省廣治河口。

[7]阮彌之、相道生：皆人名。本書、《梁書》、《南史》均一見，所記基本相同，餘事不詳。

[8]區粟城：今地有兩說。一說在今越南承天順化南香江南岸，一說在今越南廣平靈江南岸下村。

[9]扶南：古國名。在今柬埔寨。

太祖忿其違慢，二十三年，使龍驤將軍、交州刺史檀和之伐之，[1]遣太尉府振武將軍宗愨受和之節度。[2]和之遣府司馬蕭景憲爲前鋒，[3]愨仍領景憲軍副。陽邁聞將見討，遣使上表，求還所略日南民戶，奉獻國珍。太祖詔和之："陽邁果有款誠，許其歸順。"其年二月，軍至朱梧戍，[4]遣府戶曹參軍日南太守姜仲基、前部賊曹參軍蟜弘民隨傳詔畢願、高精奴等宣揚恩旨。[5]陽邁執仲基、精奴等二十八人，遣弘民反命，外言歸款，猜防愈嚴。景憲等乃進軍向區粟城，陽邁遣大帥范扶龍大戍區粟，^[6]又遣水步軍徑至。景憲破其外救，盡銳攻城。五月，尅之，斬扶龍大首，獲金銀雜物不可勝計。乘勝追討，即尅林邑，陽邁父子並挺身奔逃，所獲珍異，皆是未名之寶。上嘉將帥之功，詔曰："林邑介恃逴險，久稽王誅。龍驤將軍、交州刺史檀和之忠果到列，思略經濟，稟命攻討，萬里推鋒，法命肅齊，文武畢力，潔己奉公，以身率下，故能立勳海外，震服殊俗。宜加褒飾，參管近侍，可黃門侍郎，^[7]領越騎校尉、行建武將軍。^[8]龍驤司馬蕭景憲協贊軍首，勤捷顯著，總勒前驅，尅殄巢穴，必能威服荒夷，撫懷民庶。可持節、督交州廣州之鬱林寧浦二郡諸軍事、建威將軍、交州刺史。"^[9]龍驤司馬童林之、九真太守傅蔚祖戰死，並贈給事中。^[10]

[1]龍驤將軍：官名。名號將軍之一。三品。　檀和之：人名。其事主要在本卷。

[2]太尉府振武將軍：疑太尉府與振武將軍之間有誤。本書卷七六《宗愨傳》稱義恭舉愨有勇力，乃除振武將軍，不言太尉府事。振武將軍，官名。五武將軍之一，不屬太尉府。　宗愨：人名。字元幹，南陽人。本書卷七六有傳。

[3]府：龍驤將軍府。　司馬：官名。此爲龍驤將軍府司馬，掌軍事。　蕭景憲：人名。宋時將領，官至交州刺史。

[4]朱梧：地名。在今越南廣平省。

[5]戶曹參軍：官名。掌戶曹民政事務。　姜仲基：人名。本書僅此一見，其事不詳。　前部賊曹參軍：官名。掌賊曹，即治安

事。 蟜弘民：人名。本書僅此一見。 傳詔：官名。傳達皇帝詔命，宣召大臣。 畢願、高精奴：皆人名。本書均一見。

[6]范扶龍大：人名。林邑將領，餘事不詳。《梁書》《南史》作"范扶龍"。

[7]黃門侍郎：官名。門下省次官，職侍從諫議。五品。

[8]越騎校尉：官名。宿衛武官之一。 建武將軍：官名。五武將軍之一。四品。

[9]鬱林、寧浦：二郡名。分別治今廣西桂平市西南古城及廣西橫縣西南。 建威將軍：官名。五威將軍之一。四品。

[10]給事中：官名。門下省屬官，職同黃門侍郎。五品。

　　世祖孝建二年，[1]林邑又遣長史范龍跋奉使貢獻，[2]除龍跋揚武將軍。[3]大明二年，林邑王范神成又遣長史范流奉表獻金銀器及香布諸物。[4]太宗泰豫元年，[5]又遣使獻方物。

[1]世祖：宋孝武帝劉駿廟號。 孝建：宋孝武帝劉駿年號（454—456）。

[2]范龍跋：人名。本書及《南齊書》《南史》均一見，所記相同，餘事不詳。

[3]揚武將軍：官名。五武將軍之一。四品。

[4]范神成：人名。本書及《梁書》《南史》均一見，所記相同，餘事不詳。 范流：人名。本書及《南史》各一見，其事不詳。

[5]太宗：宋明帝劉彧廟號。 泰豫：宋明帝劉彧年號（472）。

　　初，檀和之被徵至豫章，[1]值豫章民胡誕世等反，[2]

因討平之，并論林邑功，封雲杜縣子，[3]食邑四百户。

和之，高平金鄉人，[4]檀憑子也。[5]太祖元嘉二十七年，自太子左衛率爲世祖鎮軍司馬、輔國將軍、彭城太守。[6]元凶弑立，[7]以爲西中郎將、雍州刺史。[8]世祖入討，加輔國將軍，統豫州戍事，[9]因出南奔。世祖即位，以爲右衛將軍。[10]孝建二年，除輔國將軍、豫州刺史，不行，復爲右衛，加散騎常侍。[11]三年，[12]出爲南兗州刺史，[13]坐酗飲黷貨，迎獄中女子入内，免官禁錮。其年卒，追贈左將軍，[14]謚曰襄子。[15]

[1]豫章：郡名。治所在今江西南昌市。

[2]胡誕世：人名。豫章南昌人，胡藩第十六子。此次舉兵欲奉彭城王義康爲帝，被檀和之討平。事見本書卷五〇《胡藩傳》。

[3]雲杜縣子：子爵名。封邑在今湖北京山縣。

[4]高平：郡名。治所在今山東微山縣西北。　金鄉：縣名。治所在今山東嘉祥縣南。

[5]檀憑：人名。東晉末將領，與劉裕同起兵反桓玄，戰敗被殺。事見本書卷一《武帝紀上》。《武帝紀上》作“檀憑之”。

[6]太子左衛率：官名。太子官屬，掌領兵宿衛太子。五品。鎮軍司馬：官名。鎮軍將軍的屬吏，掌軍事。　輔國將軍：官名。名號將軍之一。三品。　彭城：郡名。治所在今江蘇徐州市。

[7]元凶：宋文帝太子劉劭。本書卷九九有傳。

[8]西中郎將：官名。四中郎將之一，常爲出鎮將領名號。四品。　雍州：治所在今湖北襄陽市襄城區。雍，諸本並作“雅”，中華本據張森楷《校勘記》、孫彪《考論》校改，今從之。

[9]豫州：治所在今安徽壽縣。

[10]右衛將軍：官名。禁軍將領之一。三品。

[11]散騎常侍：官名。職侍從諫議。三品。

[12]三年：丁福林《校議》云："本書《孝武帝紀》云孝建二年八月甲申，'以右衛將軍檀和之爲南兗州刺史'，此'三年'，恐是'二年'之訛。"

[13]南兗州：治所在今江蘇揚州市西北。

[14]左將軍：官名。武官名號，地位高於雜號將軍，不典禁兵，不與朝政。三品。

[15]謚曰襄子：按《謚法》："甲胄有勞曰襄。"

　　廣州諸山並俚、獠，[1]種類繁熾，前後屢爲侵暴，歷世患苦之。世祖大明中，[2]合浦大帥陳檀歸順，[3]拜龍驤將軍。四年，檀表乞官軍征討未附，乃以檀爲高興太守，[4]將軍如故。遣前朱提太守費沈、龍驤將軍武期率衆南伐，[5]并通朱崖道。[6]並無功，輒殺檀而反，沈下獄死。

[1]廣州：治所在今廣東廣州市。　俚：南方古民族，百越之一支。約分布於當今兩廣及湖南地區，是今黎族及西南部分民族的族源之一。　獠：南方古民族，亦百越之一支。分布於兩廣及雲貴川地區，是今壯族及西南部分民族的族源之一。

[2]大明：宋孝武帝劉駿年號（457—464）。

[3]合浦：郡名。治所在今廣西合浦縣。　陳檀：人名。時俚族首領。

[4]高興：郡名。治所在今廣東陽江市西。

[5]朱提：郡名。治所在今雲南昭通市。　費沈：人名。曾任撫軍司馬，晋升爲梁南秦州刺史。　武期：人名。本書僅此一見，其事不詳。

[6]朱崖：郡名。時治徐聞縣，在今廣東徐聞縣南。　道：通

朱崖的道路。

　　扶南國，太祖元嘉十一、十二、十五年，國王持黎跋摩遣使奉獻。

　　西南夷訶羅陁國，[1]元嘉七年，遣使奉表曰：

　　　伏承聖主，信重三寶，[2]興立塔寺，周滿國界。城郭莊嚴，清净無穢，四衢交通，廣博平坦。臺殿羅列，狀若衆山，莊嚴微妙，猶如天宮。聖王出時，四兵具足，導從無數，以爲守衛。都人士女，麗服光飾，市廛豐富，珍賄無量，王法清整，無相侵奪。學徒遊集，三乘競進，[3]敷演正法，雲布雨潤。四海流通，萬國交會，長江眇漫，清净深廣，有生咸資，莫能銷穢，陰陽調和，災厲不行。誰有斯美，大宋揚都，聖王無倫，臨覆上國。有大慈悲，子育萬物，平等忍辱，怨親無二，濟乏周窮，無所藏積，靡不照達，如日之明，無不受樂，猶如净月。宰輔賢良，群臣貞潔，盡忠奉主，心無異想。

　　[1]訶羅陁國：一譯訶曼陁，在今印度尼西亞境内。見岑仲勉《中外史地叢考》。

　　[2]三寶：佛教以佛、法、僧爲三寶。

　　[3]三乘：佛教用語。即指小乘（聲聞乘）、中乘（緣覺乘）、大乘（菩薩乘）。即對不同的對象，用深淺不同的道理解説佛法。《魏書》卷一一四《釋老志》：“初根人爲小乘，行四諦法。中根人爲中乘，受十二因緣。上根人爲大乘，則修六度。雖階三乘，而要由修進萬行，拯度億流，彌歷長遠，乃可登佛境矣。”

　　伏惟皇帝，是我真主。臣是訶羅陁國王名曰堅鎧，今敬稽首聖王足下，惟願大王知我此心久矣，非適今也。山海阻遠，無緣自達，今故遣使，表此丹誠。所遣二人，一名毗紉，一名婆田，令到天子足下。堅鎧微蔑，誰能知者，是故今遣二人，表此微心，此情既果，雖死猶生。仰惟大國，藩守曠遠，我即邊方藩守之一。上國臣民，普蒙慈澤，願垂恩逮，等彼僕臣。臣國先時人衆殷盛，不爲諸國所見陵迫，今轉衰弱，鄰國競侵。伏願聖王，遠垂覆護，并市易往反，不爲禁閉。若見哀念，願時遣還，令此諸國，不見輕侮，亦令大王名聲普聞，扶危救弱，正是今日。今遣二人，是臣同心，有所宣啓，誠實可信。願勅廣州時遣舶還，不令所在有所陵奪。願自今以後，賜年年奉使。今奉微物，願垂哀納。

呵羅單國治闍婆州。[1]元嘉七年，遣使獻金剛指鐶、赤鸚鵡鳥、天竺國白㲲古貝、葉波國古貝等物。[2]十年，呵羅單國王毗沙跋摩奉表曰：

　　[1]呵羅單：古國名。在今印度尼西亞之蘇門答臘島。　闍婆州：印度尼西亞之爪哇島與蘇門答臘島之古稱。

　　[2]金剛指鐶：即今俗稱之“金戒指”。六朝時代的廣東墓葬中多有隨葬。見陳長琦《六朝廣東發展的考古觀察》（《廣東社會科學》1992年第3期）。　天竺：古國名。即今印度。　白㲲古貝：即白棉布。古貝，蓋爲“吉貝”之訛。　葉波：古國名。耶波

之異譯，在今印度尼西亞之爪哇島。

　　常勝天子陛下：諸佛世尊，常樂安隱，三達六通，[1]爲世間道，是名如來，[2]應供正覺，[3]遺形舍利，[4]造諸塔像，莊嚴國土，如須彌山，[5]村邑聚落，次第羅匝，城郭館宇，如忉利天宮，[6]宮殿高廣，樓閣莊嚴，四兵具足，能伏怨敵，國土豐樂，無諸患難。奉承先王，正法治化，人民良善，慶無不利，處雪山陰，雪水流注，百川洋溢，八味清净，周匝屈曲，順趣大海，一切衆生，咸得受用。於諸國土，殊勝第一，是名震旦，[7]大宋揚都，承嗣常勝大王之業，德合天心，仁蔭四海，聖智周備，化無不順，雖人是天，護世降生，功德寶藏，大悲救世，爲我尊主常勝天子。是故至誠五體敬禮。呵羅單國王毗沙跋摩稽首問訊。

其後爲子所篡奪。十三年，又上表曰：

　　[1]三達：佛教用語。佛教謂能知宿世爲宿命明，知未來爲天眼明，斷盡煩惱爲漏盡明，徹底通達三明，謂之三達。　六通：佛教講的六種神通力。即神境智證通（神足通）、天眼智證通（天眼通）、天耳智證通（天耳通）、他心智證通（他心通）、宿住隨念智證通（宿命通）、漏盡智證通（漏盡通）。三達六通是佛教修行的最高境界。

　　[2]如來：佛祖釋迦牟尼的別稱。

　　[3]正覺：梵語稱三菩提，謂一切諸法之真正覺智，故修煉成佛曰成正覺。

　　[4]舍利：爲梵語音譯，意譯爲身骨。也泛指佛僧火化後的遺

骸。《魏書》卷一一四《釋老志》："佛既謝世，香木焚尸，靈骨分碎，大小如粒，擊之不壞，焚亦不燋，或有光明神驗，胡言謂之'舍利'。弟子收奉，置之寶瓶，竭香花，致敬慕，建宮宇，謂爲'塔'。"

[5]須彌山：梵語音譯。是古印度神話傳説中的山名。後爲佛教所采用，山頂爲帝釋天所居住。

[6]忉利天宫：佛教謂須彌山四方各有八大城，合中央帝釋所居之天城，共爲三十三處，稱爲忉利天，其宫即爲忉利天宫，即一般所説的天堂。

[7]震旦：古代印度對中國的稱謂。

　　大吉天子足下：離淫怒癡，哀愍群生，想好具足，[1]天龍神等，[2]恭敬供養，世尊威德，身光明照，如水中月，如日初出，眉間白豪，[3]普照十方，其白如雪，亦如月光，清净如華，顔色照曜，威儀殊勝，諸天龍神之所恭敬，以正法寶，梵行衆僧，莊嚴國土，人民熾盛，安隱快樂。城閣高峻，如乾他山，[4]衆多勇士，守護此城，樓閣莊嚴，道巷平正，著種種衣，猶如天服，於一切國，爲最殊勝吉。揚州城無憂天主，愍念群生，安樂民人，律儀清净，慈心深廣，正法治化，共養三寶，名稱遠至，一切並聞。民人樂見，如月初生，譬如梵王，[5]世界之主，一切人天，恭敬作禮。呵羅單跋摩以頂禮足，猶如現前，以體布地，如殿陛道，供養恭敬，如奉世尊，以頂著地，曲躬問訊。

[1]具足：佛教用語。指具足戒，意爲戒條圓滿充足。

[2]天龍神等：指諸天與龍神，即佛教中的天龍八部。文繁不録。

[3]如日初出，眉間白豪：諸本並脱"出眉"二字。"白豪"二字，諸本作"自蒙"。孫彪《考論》曰："天竺表有云'如日初出'，此闕處疑亦是'出'字。又按《梁書》狼牙修國奉表有云，'眉間白豪，其白如雪'。'自蒙'即'白豪'之誤，闕處更當有一'眉'字。"中華本據改。

[4]乾他山：山名。疑即乾陀山之異譯。又意譯爲雙持山，因山峰有二隴道而得名。爲佛教七金山中的第一山。

[5]梵王：佛教所指的色界初禪天的大梵天王，亦泛指此界的諸天之王。

忝承先業，嘉慶無量，忽爲惡子所見爭奪，遂失本國。今唯一心歸誠天子，以自存命。今遣毗紉問訊大家，[1]意欲自往，歸誠宣訴，復畏大海，風波不達。今命得存，亦由毗紉此人忠志，其恩難報。此是大家國，今爲惡子所奪，而見驅擯，意頗忿惋，規欲雪復。伏願大家聽毗紉買諸鎧仗袍襖及馬，願爲料理毗紉使得時還。前遣闍邪仙婆羅訶，蒙大家厚賜，悉惡子奪去，啓大家使知。今奉薄獻，願垂納受。

[1]大家：對宋皇帝的尊稱。蔡邕《獨斷》："親近侍從官稱（天子）曰大家。"

此後又遣使。二十六年，太祖詔曰："訶羅單、媻皇、媻達三國，頻越遐海，款化納貢，遠誠宜甄，可並加除授。”乃遣使策命之曰：“惟爾慕義款化，效誠荒遐，恩之所洽，殊遠必甄，用敷典章，顯茲策授。爾其欽奉凝命，永固厥職，可不慎歟。”二十九年，又遣長史竷和沙彌獻方物。

婆皇國，[1]元嘉二十六年，國王舍利婆羅跋摩遣使獻方物四十一種，太祖策命之爲婆皇國王曰：“惟爾仰政邊城，率貢來庭，皇澤凱被，無幽不洽。宜班典策，授茲嘉命。爾其祇順禮度，式保厥終，可不慎歟。”二十八年，復貢獻。世祖孝建三年，又遣長史竺那婆智奉表獻方物。以那婆智爲振威將軍。大明三年，獻赤白鸚鵡。大明八年、太宗泰始二年，又遣使貢獻。太宗以其長史竺須羅達、前長史振威將軍竺那婆智並爲龍驤將軍。

[1]婆皇：古國名。在今馬來半島。

婆達國，[1]元嘉二十六年，國王舍利不陵伽跋摩遣使獻方物。太祖策命之爲婆達國王曰：“惟爾仰化懷誠，馳慕聲教，皇風遐暨，荒服來款，是用加茲顯策，式甄義順。爾其祇順憲典，永終休福，可不慎歟。”二十六年、二十八年，復遣使獻方物。

[1]婆達：古國名。在今印度尼西亞境内。

闍婆婆達國，[1]元嘉十二年，國王師黎婆達陁阿羅跋摩遣使奉表曰：[2]

[1]闍婆婆達:《南史》作"闍婆達"。一說即槃達。見岑仲勉
《中外史地叢考》。

[2]師黎婆達陁阿羅跋摩:《南史》作"師黎婆達呵陁羅
跋摩。"

　　宋國大主大吉天子足下:敬禮一切種智安隱,
天人師降伏四魔,[1]成等正覺,轉尊法輪,[2]度脱衆
生,教化已周,入于涅槃,[3]舍利流布,起无量塔,
衆寶莊嚴,如須彌山,經法流布,如日照明,無量
净僧,猶如列宿。國界廣大,民人衆多,宮殿城
郭,如忉利天宮。名大宋揚州大國大吉天子,安處
其中,紹繼先聖,王有四海,閻浮提内,[4]莫不來
服。悉以兹水,普飲一切,我雖在遠,亦霑靈潤,
是以雖隔巨海,常遥臣屬,願照至誠,垂哀納受。
若蒙聽許,當年遣信,若有所須,惟命是獻,伏願
信受,不生異想。今遣使主佛大陁婆、副使葛抵奉
宣微誠,稽首敬禮大吉天子足下,陁婆所啓,願見
信受,諸有所請,唯願賜聽。今奉微物,以表
微心。

　　[1]天人師:如來佛十號之一,因謂釋迦能爲天與人的教師,
故稱天人師。　四魔:佛教中所傳的四種魔羅。一曰煩惱魔,二曰
陰魔,三曰死魔,四曰自在天魔。這四魔能令人煩惱、苦惱,能斷
人之命根,能害人之善事。

　　[2]轉尊法輪:宣傳尊重佛之教法。《法華文句五》曰:"轉佛
心中化他之法,度入他心,名轉法輪。"

[3]涅槃：佛教語。梵語音譯，意譯爲“滅”“滅度”“圓寂”，是佛教修煉所要達到的最高境界，即達到熄滅生死輪回的境界。

[4]閻浮提：梵語音譯，意譯爲南贍部洲，詩文多代指人世間。

師子國，[1]元嘉五年，[2]國王刹利摩訶南奉表曰：

[1]師子：古國名。今斯里蘭卡。

[2]元嘉五年：本書卷五《文帝紀》元嘉七年有師子國朝貢事。

　　謹白大宋明主，雖山海殊隔，而音信時通。伏承皇帝道德高遠，覆載同於天地，明照齊乎日月，四海之外，無往不伏，方國諸王，莫不遣信奉獻，以表歸德之誠，或泛海三年，陸行千日，畏威懷德，無遠不至。我先王以來，唯以修德爲正，不嚴而治，奉事三寶，道濟天下，欣人爲善，慶若在己，欲與天子共弘正法，以度難化。故託四道人遣二白衣送牙臺像以爲信誓，信還，願垂音告。

至十二年，又復遣使奉獻。

天竺迦毗黎國，[1]元嘉五年，國王月愛遣使奉表曰：

[1]天竺迦毗黎：古國名。季羨林等《大唐西域記校注》認爲其地在印度北方邦巴斯底縣的比普拉瓦。迦毗黎，《佛國記》作“嘉毗羅衛”，《大唐西域記》作“劫比羅伐窣堵國”。

　　伏聞彼國，據江傍海，山川周固，衆妙悉備，莊嚴清净，猶如化城，[1]宮殿莊嚴，街巷平坦，人

民充滿，歡娛安樂。聖王出遊，四海隨從，聖明仁
愛，不害衆生，萬邦歸仰，國富如海。國中衆生，
奉順正法，大王仁聖，化之以道，慈施群生，無所
遺惜。帝修净戒，[2]軌道不及，無上法船，[3]濟諸沈
溺，群僚百官，受樂無怨，諸天擁護，萬神侍衞，
天魔降伏，莫不歸化。王身端嚴，如日初出，仁澤
普潤，猶如大雲，聖賢承業，如日月天，於彼真
丹，[4]最爲殊勝。

[1]化城：佛爲普渡衆生而幻化的城郭。其寓意一切衆生爲成
佛必須到實所，而到此實所路途遙遠險惡，故恐行人疲倦退卻，於
途中變作一城郭，使之止息，於此蓄養精力，遂得以到實所。

[2]净戒：佛教用語。即清净之戒行。《法華經序品》曰："精
進持净戒，尤如護明珠。"

[3]無上法船：佛使人渡生死海，到涅槃之彼岸，故以法船
爲喻。

[4]真丹：古印度對中國的稱謂，與"震旦""神丹"皆同音
異譯。

臣之所住，名迦毗河，東際于海，其城四邊，
悉紫紺石，首羅天護，[1]令國安隱。國王相承，未
嘗斷絕，國中人民，率皆修善，諸國來集，共遵道
法，諸寺舍子，皆七寶形像，衆妙供具，如先王
法。臣自修檢，不犯道禁，臣名月愛，棄世
王種。[2]

[1]首羅天護：頭上有小髻護頂。按佛教的規定，初出家的佛

教徒稱沙彌，頭上留有三五小髻稱首羅（周羅）或首羅髮，得道後再剃除首羅。這句話的含意是説該國人民從小普信佛教，與下文"國中人民，率皆修善"相對應。首羅，梵語，譯爲小髻。天，即顛，頭頂。

[2]棄世王種：釋迦牟尼的後代。棄世王指迦毗羅衛國王太子喬答摩·悉達多（釋迦）。

惟願大王聖體和善，群臣百官，悉自安隱。今以此國群臣吏民，山川珍寶，一切歸屬，五體歸誠大王足下。山海遐隔，無由朝覲，宗仰之至，遣使下承。使主父名天魔悉達，使主名尼陁達，此人由來良善忠信，是故今遣奉使表誠。大王若有所須，珍奇異物，悉當奉送，此之境土，便是王國，王之法令，治國善道，悉當承用。願二國信使往來不絕，此反使還，願賜一使，具宣聖命，備勑所宜。款至之誠，望不空反，所白如是，願加哀愍。奉獻金剛指環、摩勒金環諸寶物，赤白鸚鵡各一頭。太宗泰始二年，又遣使貢獻，以其使主竺扶大、竺阿彌並爲建威將軍。[1]

[1]竺阿彌：《南史》卷七八《夷貊傳上》作"竺阿珍"。

元嘉十八年，蘇摩黎國王那隣那羅跋摩遣使獻方物。[1]世祖孝建二年，斤陁利國王釋婆羅那隣陁遣長史竺留陁及多獻金銀寶器。[2]後廢帝元徽元年，[3]婆黎國遣使貢獻。[4]凡此諸國，皆事佛道。

[1]蘇摩黎：古國名。據季羨林等《大唐西域記校注》考證，其地望在印度西孟加拉邦米德納浦爾縣的塔姆戮克。《佛國記》作"多摩黎帝"，《大唐西域記》作"耽摩栗底"。

[2]斤陁利：古國名。其地望在今阿富汗之喀布爾、坎大哈以東及巴基斯坦的白沙瓦，是古代亞洲大國。《佛國記》作"乾陀衞"，《大唐西域記》作"健馱羅"。

[3]後廢帝：即劉昱。即帝位不久被廢爲蒼梧王。本書卷九有紀。　元徽：宋後廢帝劉昱年號（473—477）。

[4]婆黎：古國名。古印度十六大國之一。據季羨林等《大唐西域記校注》考證，其地望在阿拉哈巴德下游八十英里，位於恒河左岸。《佛國記》作"波羅奈"，《大唐西域記》作"婆羅泥斯"。

佛道自後漢明帝，[1]法始東流。[2]自此以來，其教稍廣，自帝王至于民庶，莫不歸心，經誥充積，訓義深遠，別爲一家之學焉。元嘉十二年，丹陽尹蕭摹之奏曰："佛化被于中國，已歷四代，[3]形像塔寺，所在千數，進可以繫心，[4]退足以招勸。而自頃以來，情敬浮末，不以精誠爲至，更以奢競爲重。舊宇頹弛，曾莫之修，而各務造新，以相姱尚。甲第顯宅，於茲殆盡，材竹銅綵，糜損無極，無關神祇，有累人事。建中越制，宜加裁檢，不爲之防，流遁未息。[5]請自今以後，有欲鑄銅像者，悉詣臺自聞；興造塔寺精舍，皆先詣在所二千石通辭，[6]郡依事列言本州；須許報，然後就功。其有輒造寺舍者，皆依不承用詔書律，銅宅林苑，悉没入官。"詔可。又沙汰沙門，[7]罷道者數百人。

[1]後漢明帝：即劉莊。漢光武帝劉秀子。公元58年至75年

在位。《後漢書》卷二有紀。

[2]法始東流：據《後漢書》卷四二《楚王英傳》，楚王英崇尚浮屠，中國始見崇佛記載。永平十年明帝派蔡愔去西方取經回國，並於洛陽建立白馬寺，從此佛教在中國廣泛流傳。

[3]已歷四代：據《通鑑》胡三省注，四代指漢、魏、晋、宋。

[4]進可以繫心："繫"，諸本作"擊"。中華本據《元龜》卷六八九改。

[5]流遁未息："遁"，諸本作"道"，《通鑑》宋文帝元嘉十二年作"遁"，中華本據改。

[6]二千石：指郡守。自漢以來郡守秩二千石，故習慣以二千石代指郡守。

[7]沙門：亦作"桑門""娑門"。原爲古印度反婆羅門教出家者的通稱，後專指僧侶。

世祖大明二年，有曇標道人與羌人高闍謀反，[1]上因是下詔曰："佛法訛替，沙門混雜，未足扶濟鴻教，而專成逋藪。加姦心頻發，凶狀屢聞，敗亂風俗，人神交怨。可付所在，精加沙汰，後有違犯，嚴加誅坐。"於是設諸條禁，自非戒行精苦，並使還俗。而諸寺尼出入宮掖，交關妃后，此制竟不能行。

[1]曇標道人與羌人高闍謀反：二人於大明二年七月起兵，兵敗被殺。本書卷七五《王僧達傳》記其事。曇標，人名。一作"釋曇標"，宋時僧人。高闍，人名。彭城人，一作南彭城人。

先是晋世庾冰始創議，[1]欲使沙門敬王者，後桓玄復述其義，[2]並不果行。大明六年，世祖使有司奏曰：

"臣聞邃宇崇居，非期宏峻，拳跪槃伏，非止敬恭，將以施張四維，[3]締制八宇。[4]故雖儒法枝派，名墨條分，[5]至於崇親嚴上，厥繇靡爽。唯浮圖爲教，[6]邈自龍堆，[7]反經提傳，訓遐事遠，練生瑩識，恒俗稱難，宗旨緬謝，微言淪隔，拘文蔽道，在末彌扇。遂乃陵越典度，偃倨尊戚，失隨方之眇迹，迷製化之淵義。夫佛法以謙儉自牧，忠虔爲道，不輕比丘，[8]遭人斯拜，[9]目連桑門，[10]遇長則禮，寧有屈膝四輩，[11]而簡禮二親，[12]稽顙耆臘，[13]而直體萬乘者哉。[14]故咸康創議，[15]元興載述，[16]而事屈偏黨，道挫餘分。今鴻源遥洗，群流仰鏡，九仙賨寶，百神聳職，而畿輦之内，舍弗臣之氓，陛席之間，延抗禮之客，懼非所以澄一風範，詳示景則者也。臣等參議，以爲沙門接見，比當盡虔禮敬之容，依其本俗，則朝徽有序，乘方兼遂矣。"詔可。前廢帝初，復舊。

[1]庾冰：人名。晋明帝皇后庾氏之兄，庾亮之弟。《晋書》卷七三有附傳。　創議：指庾冰使沙門敬王者的創議。

[2]桓玄：人名。桓溫之少子，後自立爲帝，兵敗被殺。《晋書》卷九九有傳。　復述：指桓玄與慧遠議沙門敬王者之論。

[3]四維：指東南、西南、東北、西北四隅。此四維非指禮、義、廉、耻治國之四綱。

[4]締制八宇：指八方之地。

[5]儒法：儒家和法家。　名墨：名家與墨家。春秋戰國間形成的學術派别。

[6]浮圖：梵語音譯，即佛教。

[7]邈自龍堆：遠自龍堆。龍堆，即白龍堆，在今新疆羅布泊

與甘肅敦煌市玉門關之間。此是虛指，説明當時人祇知佛教來自西域，尚不知具體地域。

[8]不輕比丘：不卑視向人乞食的和尚。比丘，梵語音譯，意譯爲"乞士"。意爲上從諸佛乞法，下從俗人乞食，爲佛教出家五衆之一。指已受具足戒的男性，俗稱和尚。

[9]遭人斯拜：遇人就拜。諸本"人"上有"道"字，中華本據《高僧傳》删。

[10]目連桑門：目連沙門。目連，亦作目蓮，摩訶目健連的略稱，釋迦牟尼十大弟子之一，神通廣大。目連救母，傳説廣布，在民間頗有影響。桑門，沙門的異譯，即僧侶。

[11]四輩：佛教用語。有兩解：一指比丘、比丘尼、優婆塞、優婆夷；二指人、天、龍、鬼。此處指前者。

[12]簡禮二親："禮"，諸本作"體"，中華本據《通鑑》改。

[13]耆臘：對高齡僧人的稱謂，僧人不序齒而序臘。序臘以出家爲僧時算起，如説僧臘若干，就是説爲僧多少年。臘，佛教用語。比丘受戒後，每年夏季三個月安居一處，修習教義，稱一臘。

[14]直體萬乘：對君主直立而不跪拜。萬乘，代指皇帝。

[15]咸康：晋成帝司馬衍年號（335—342）。

[16]元興：晋安帝司馬德宗年號（402—404）。

世祖寵姬殷貴妃薨，[1]爲之立寺，貴妃子子鸞封新安王，[2]故以新安爲寺號。前廢帝殺子鸞，乃毀廢新安寺，驅斥僧徒，尋又毀中興、天寶諸寺。太宗定亂，下令曰："先帝建中興及新安諸寺，所以長世垂範，弘宣盛化。頃遇昏虐，法像殘毀，師徒奔迸，甚以矜懷。妙訓淵謨，有扶名教。可招集舊僧，普各還本，並使材官，[3]隨宜修復。"

[1]殷貴妃：一説本爲宋宗室南郡王劉義宣之女，劉義宣被殺後爲孝武帝密收入宫，假姓殷氏。一説爲殷琰家人而入劉義宣家，義宣敗而爲孝武帝所收。事見《南史》卷一一《后妃傳》。

[2]子鸞：人名。即劉子鸞，字孝羽，孝武帝第八子。生於孝建三年（456），年五歲封襄陽王，後改封新安王。前廢帝即位後被殺，年十歲。臨死曰："願身不復生王家。"本書卷八○有傳。

[3]材官：官署名。掌土木工程建築。

　　宋世名僧有道生。[1]道生，彭城人也。[2]父爲廣戚令。[3]生出家爲沙門法大弟子。[4]幼而聰悟，年十五，便能講經。及長有異解，立頓悟義，時人推服之。元嘉十一年，卒於廬山。[5]沙門慧琳爲之誄。

[1]道生：人名。一作"竺道生"。本姓魏。釋慧皎《高僧傳》卷七有傳。

[2]彭城人：《高僧傳》卷七作"鉅鹿人，寓居彭城"。

[3]廣戚：諸本作"廣武"。據《高僧傳》改。

[4]法大：《高僧傳》作"法汰"。

[5]廬山：山名。即今江西廬山。

　　慧琳者，秦郡秦縣人，[1]姓劉氏。少出家，住冶城寺，有才章，兼外内之學，[2]爲廬陵王義真所知。嘗著《均善論》，其詞曰：

[1]秦郡秦縣：治所均在今江蘇南京市六合區北。

[2]外内之學：時以儒學爲外學，佛學爲内學。

有白學先生，[1]以爲中國聖人，經綸百世，其德弘矣。智周萬變，天人之理盡矣，道無隱旨，教罔遺筌，[2]聰叡迪哲，何負於殊論哉。[3]有黑學道士陋之，[4]謂不照幽冥之途，[5]弗及來生之化，雖尚虛心，未能虛事，不逮西域之深也。[6]於是白學訪其所以不逮云爾。

[1]白學先生：虛擬的人物，儒學之代表，也兼爲道家學説作辯護。

[2]教罔遺筌：儒教對根本問題没有遺漏。遺筌，語出《莊子·外物》：“筌者所以在魚，得魚而忘筌。”筌，同“荃”。捕魚工具。後世遂以“遺筌”表示丟失根本。

[3]殊論：異端邪説，此指佛教學説。

[4]黑學道士：虛擬人物，此代指佛教僧侣。

[5]幽冥之途：佛教用語。指六道輪回中的地獄。此處代指陰間。

[6]不逮西域之深也：不及佛學深奧。西域，代指佛學。

白曰：“釋氏所論之空，[1]與老氏所言之空，[2]無同異乎？”黑曰：“異。釋氏即物爲空，空物爲一。老氏有、無兩行，空、有爲異。安得同乎。”白曰：“釋氏空物，物信空邪？”黑曰：“然。空又空，不翅於空矣。”白曰：“三儀靈長於宇宙，[3]萬品盈生於天地，[4]孰是空哉？”黑曰：“空其自性之有，不害因假之體也。今構群材以成大廈，罔專寢之實，積一豪以致合抱，無檀木之體，有生莫俄頃之留，[5]泰山蔑累息之固，[6]興滅無常，因緣無主，

所空在於性理，所難據於事用，吾以爲悮矣。”白
曰：“所言實相，空者其如是乎？”黑曰：“然。”白
曰：“浮變之理，交於目前，視聽者之所同了邪？
解之以登道場，[7]重之以輕異學，誠未見其淵深。”
黑曰：“斯理若近，求之實遠。夫情之所重者虛，
事之可重者實。今虛其真實，離其浮僞，愛欲之
惑，不得不去。愛去而道場不登者，吾不知所以相
曉也。”白曰：“今析豪空樹，無□垂蔭之茂，離材
虛室，不損輪奐之美，明無常增其惕蔭之情，陳若
偏篤其競辰之慮。貝錦以繁采發輝，[8]和羹以鹽梅
致旨，[9]齊侯追爽鳩之樂，[10]燕王無延年之術，[11]恐
和合之辯，危脆之教，正足戀其嗜好之欲，無以傾
其愛競之惑也。”黑曰：“斯固理絕於諸華，墳素莫
之及也。”[12]白曰：“山高累卑之辭，[13]川樹積小之
詠，[14]舟壑火傳之談，[15]堅白唐肆之論，[16]蓋盈於
中國矣，非理之奧，故不舉以爲教本耳。子固以遺
情遺累，虛心爲道，而據事剖析者，更由指掌之間
乎。”黑曰：“周、孔爲教，[17]正及一世，不見來生
無窮之緣，積善不過子孫之慶，累惡不過餘殃之
罰，報效止於榮禄，誅責極於窮賤，視聽之外，冥
然不知，良可悲矣。釋迦闢無窮之業，拔重關之
險，陶方寸之慮，宇宙不足盈其明，設一慈之救，
群生不足勝其化，叙地獄則民懼其罪，敷天堂則物
歡其福，指泥洹以長歸，[18]乘法身以遐覽，[19]神變
無不周，靈澤靡不覃，先覺翻翔於上世，後悟騰翥

而不紹，坎井之局，何以識大方之家乎？"[20]白曰：
"固能大其言矣，今效神光無徑寸之明，驗靈變罔
纖介之異，勤誠者不覩善救之貌，篤學者弗剋陵虛
之實，徒稱無量之壽，孰見期頤之叟，咨嗟金剛之
固，安覬不朽之質。苟於事不符，宜尋立言之指，
遺其所寄之説也。且要天堂以就善，曷若服義而蹈
道，懼地獄以敕身，孰與從理以端心。禮拜以求免
罪，不由祇肅之意，施一以徼百倍，弗乘無吝之
情。美泥洹之樂，生耽逸之慮，贊法身之妙，肇好
奇之心，近欲未弭，遠利又興，雖言菩薩無欲，群
生固以有欲矣。甫救交敝之氓，永開利競之俗，澄
神反道，其可得乎？"黑曰："不然。若不示以來生
之欲，何以權其當生之滯。物情不能頓至，故積漸
以誘之。奪此俄頃，要彼無窮，若弗勤春稼，秋穡
何期。端坐井底，而息意庶慮者，長淪於九泉之下
矣。"白曰："異哉！何所務之乖也。道在無欲，而
以有欲要之，北行求郢，[21]西征索越，[22]方長迷於
幽都，[23]永謬滯於昧谷。[24]遼遼閩、楚，[25]其可見
乎？所謂積漸者，日損之謂也。當先遺其所輕，然
後忘其所重，使利欲日去，淳白自生耳。豈得以少
要多，以粗易妙，俯仰之間，非利不動，利之所
蕩，其有極哉。乃丹青眩媚綵之目，土木夸好壯之
心，興糜費之道，單九服之財，[26]樹無用之事，割
群生之急，致營造之計，成私樹之權，務勸化之
業，結師黨之勢，苦節以要屬精之譽，護法以展陵

競之情，悲矣。夫道其安寄乎？是以周、孔敦俗，弗關視聽之外；老、莊陶風，謹守性分而已。”黑曰：“三遊本於仁義，[27]盜跖資於五善，[28]聖跡之敝，豈有内外？且黃、老之家，[29]符章之僞，[30]水祝之誣，[31]不可勝論。子安於彼，駭於此，玩於濁水，違於清淵耳。”白曰：“有跡不能不敝，有術不能無僞，此乃聖人所以桎梏也。今所惜在作法於貪，遂以成俗，不正其敝，反以爲高耳。至若淫妄之徒，世自近鄙，源流蔑然，固不足論。”黑曰：“釋氏之教，專救夷俗，便無取於諸華邪？”白曰：“曷爲其然。爲則開端，宜懷屬緒，愛物去殺，尚施周人，息心遺榮華之願，大士布兼濟之念，仁義玄一者，何以尚之。惜乎幽旨不亮，末流爲累耳。”黑曰：“子之論善殆同矣，便事盡於生乎？”白曰：“幽冥之理，固不極於人事矣。周、孔疑而不辨，釋迦辨而不實，將宜廢其顯晦之跡，存其所要之旨。請嘗言之。夫道之以仁義者，服理以從化，帥之以勸戒者，循利而遷善。故甘辭興於有欲，而滅於悟理，淡説行於天解，[32]而息於貪僞。是以示來生者，蔽虧於道、釋不得已，杜幽闇者，冥符於姬、孔閟其兑。由斯論之，言之者未必遠，知之者未必得，不知者未必失，但知六度與五教並行，[33]信順與慈悲齊立耳。殊塗而同歸者，不得守其發輪之轍也。”

[1]釋氏：即釋迦牟尼。佛教創始人。

[2]老氏：即老子。道家學派的創始人。

[3]三儀靈長：天、地、人廣遠綿長。

[4]萬品盈生：萬物旺盛生長。

[5]莫俄頃之留：漠視片刻的停留。

[6]蔑累息之固：蔑視用息壤累起來的牢固。息，息壤。傳説中能自生自長而不耗減的土壤。

[7]道場：佛教徒禮經拜佛和作法事的場所。

[8]貝錦：像貝的紋采一樣美麗的織錦。

[9]和羹：用不同調料製成羹湯。　致旨：成爲美味。旨，美味。

[10]齊侯追爽鳩之樂：典出《左傳》昭公二十年。齊莊公飲酒樂，公曰：“古而無死，其樂若何?”晏子對曰：“古而無死，則古之樂也，君何得焉。昔爽鳩氏始居此地，季萴因之，有逢伯陵因之，蒲姑氏因之，而後大公因之。古者無死，爽鳩氏之樂，非君所願也。”意爲爽鳩氏如不死，也就沒有齊莊公之樂了。

[11]燕王無延年之術：據王嘉《拾遺記》卷四《燕昭王》記載，燕昭王召其臣甘需曰：“寡人志於仙道，欲學長生久視之法。可得遂乎?”此句即指此。按：燕昭王求仙延年之事，不見正史。

[12]墳素：泛指古代典籍。

[13]山高累卑之辭：語出《莊子·則陽》：“是故丘山積卑而爲高。”

[14]川樹積小：出處待考。積小，從細微處積累。

[15]舟壑：語出《莊子·大宗師》：“藏舟於壑，藏山於澤，謂之固矣。然而夜半有力者負之而走，昧者不知也。”　火傳：語出《莊子·養生主》：“指窮於爲薪，火傳也，不知其盡也。”注：“前火非後火，故爲薪而火傳。”

[16]堅白：戰國名家學派的一個命題。《莊子·齊物論》：“非所明而明之，故以堅白之昧終。”　唐肆：空蕩的市場。語出《莊子·田子方》：“彼已盡矣，而女求之以爲有，是求馬於唐肆也。”

［17］周、孔爲教：周公、孔子所傳之教化。

［18］泥洹：即涅槃。

［19］法身：佛教用語。也稱爲佛身。謂證得清净自性，成就一切功德之身，不生不滅，無形而隨處現形。

［20］坎井之局，何以識大方之家乎：淺井的小局面，怎麼會成爲見多識廣的人呢？典出《莊子·秋水》。坎井，亦作"埳井"，"坎井之蛙"的省稱，一般喻爲見識短淺。大方之家，喻爲見多識廣、明曉大道之人。

［21］北行求郢：郢爲春秋楚國都城，在今湖北荆州市荆州區西北紀南城，位於建康（今江蘇南京市）之西。因而北行求郢，祇會越走越遠。

［22］西征索越：與北行求郢道理相同。越，指閩越，都城在今福建福州市，此處泛指南方之地。

［23］幽都：此處泛指北方。

［24］昧谷：此處泛指西方。

［25］閩：指閩越。　楚：指楚郢。

［26］單：同"殫"。竭盡。　九服：原指王畿以外的九等地區，此處泛指全國各地。

［27］三遊：游俠、游説、游行。

［28］盜跖：傳説爲春秋時人，見《莊子·盜跖》。　五善：《莊子·胠篋》："夫妄意室中之藏，聖也；入先，勇也；出後，義也；知可否，知也；分均，仁也。五者不備而能成大盜者，天下未之有也。"聖、勇、義、智、仁就是盜跖的五善。

［29］黃、老之家：即黃、老學派。黃，黃帝。老，老子。從下文可推斷此指黃老道，即太平道、五斗米道。

［30］符章：符書、符録。

［31］水祝：符水咒説。以符章、水祝迷信方法傳道，是太平道、五斗米道的共同手段。

［32］天解：悟解天意。

[33]六度：佛教用語。即六波羅密，六種達到彼岸（涅槃彼岸，度出生死之海）之行法：一布施、二持戒、三忍辱、四精進、五禪定、六智慧。　五教：儒家五常之教。指父義、母慈、兄友、弟恭、子孝五種倫理道德的教育。

論行於世。舊僧謂其貶黜釋氏，欲加擯斥。太祖見論賞之，元嘉中，遂參權要，朝廷大事，皆與議焉。賓客輻湊，門車常有數十兩，四方贈賂相係，勢傾一時。注《孝經》及《莊子·逍遥篇》、文論，[1]傳於世。

[1]注《孝經》及《莊子·逍遥篇》、文論：《全宋文》卷六三《釋慧琳》："《孝經注》一卷，《莊子·逍遥遊篇注》一卷，《集》九卷。"

又有慧嚴、慧議道人，[1]並住東安寺，學行精整，爲道俗所推。時鬪場寺多禪僧，[2]京師爲之語曰："鬪場禪師窟，東安談義林。"

[1]慧嚴：人名。姓范，豫州人。宋時與皇帝關係密切的名僧。釋慧皎《高僧傳》卷七有傳。　慧議：人名。宋時名僧。其事僅見本卷，餘事不詳。
[2]禪僧：佛教禪宗僧人，以坐禪、静慮爲主要修行方式。

世祖大明四年，於中興寺設齋。有一異僧，衆莫之識，問其名，答言名明慧，[1]從天安寺來，忽然不見。天下無此寺名，乃改中興曰天安寺。大明中，外國沙門摩訶衍苦節有精理，[2]於京都多出新經，《勝鬘經》尤見重内學。[3]

[1]明慧：本爲佛教用語"三明三慧"之意，此處化作僧名，恐是假托或虛構，以宣傳佛法的威力。

[2]摩訶衍：佛教用語。意譯爲大乘。

[3]《勝鬘經》：佛教經籍，又名《師子吼經》《勝鬘夫人師子吼經》。最早譯本爲北凉曇無讖譯。屬大乘經典，共十五章，講勝鬘夫人從信佛到涅槃的全部内容。有關教義内容，文繁不録。

東夷高句驪國，[1]今治漢之遼東郡。[2]高句驪王高璉，晋安帝義熙九年，[3]遣長史高翼奉表獻赭白馬。以璉爲使持節、都督營州諸軍事、征東將軍、高句驪王、樂浪公。[4]高祖踐阼，詔曰："使持節、都督營州諸軍事、征東將軍、高句驪王、樂浪公璉，使持節、督百濟諸軍事、鎮東將軍、百濟王映，[5]並執義海外，遠修貢職。惟新告始，宜荷國休，璉可征東大將軍，映可鎮東大將軍。持節、都督、王、公如故。"三年，加璉散騎常侍，增督平州諸軍事。[6]少帝景平二年，璉遣長史馬婁等詣闕獻方物，遣使慰勞之，曰："皇帝問使持節、散騎常侍、都督營平二州諸軍事、征東大將軍、高句驪王、樂浪公，纂戎東服，庸績繼軌，厥惠既彰，款誠亦著，踰遼越海，納貢本朝。朕以不德，忝承鴻緒，永懷先蹤，思覃遺澤。今遣謁者朱邵伯、副謁者王邵子等，[7]宣旨慰勞。其茂康惠政，永隆厥功，式昭往命，稱朕意焉。"

[1]高句驪：古國名。原是東北地區的少數民族，東漢末逐漸興起，東晉時已占有今遼寧南部、朝鮮北部地區，後爲唐高宗所滅。其國王高姓，傳二十八世，七百零五年。

[2]遼東：漢郡名。治所在今遼寧遼陽市。

[3]義熙：晉安帝司馬德宗年號（405—418）。

[4]樂浪：郡名。治所在今遼寧義縣。

[5]營州：治所在今遼寧朝陽市。　督百濟諸軍事：丁福林《校議》認爲扶餘映前已封爲“都督”，此不應反降爲“督”，“此‘督’前恐佚‘都’一字”。百濟，古國名。在朝鮮半島西南，屬馬韓的一部，興起於西漢，其祖扶餘溫祚出自高麗，國王以扶餘爲姓，全盛時，與高麗、新羅在朝鮮半島鼎足而立，後爲唐高宗所滅。　映：人名。即百濟王餘映，全稱扶餘映。

[6]平州：治所在今遼寧義縣。

[7]朱邵伯、王邵子：皆人名。本書均一見，事皆不詳。

先是，鮮卑慕容寶治中山，[1]爲索虜所破，[2]東走黃龍。[3]義熙初，寶弟熙爲其下馮跋所殺，[4]跋自立爲主，自號燕王，以其治黃龍城，故謂之黃龍國。跋死，子弘立，[5]屢爲索虜所攻，不能下。太祖世，每歲遣使獻方物。元嘉十二年，賜加除授。十五年，復爲索虜所攻，弘敗走，奔高驪北豐城，[6]表求迎接。太祖遣使王白駒、趙次興迎之，[7]并令高驪料理資遣。璉不欲使弘南，乃遣將孫漱、高仇等襲殺之。白駒等率所領七千餘人掩討漱等，生禽漱，殺高仇等二人。璉以白駒等專殺，遣使執送之。上以遠國，不欲違其意，白駒等下獄，見原。

[1]慕容寶：人名。後燕慕容垂四子。垂死寶即位，後爲北魏

所敗。《晋書》卷一二四有載記。

　　[2]索虜：南朝對北魏的蔑稱。以其頭上有辮髮故稱索虜。

　　[3]黃龍：後燕的都城。治所在今遼寧朝陽市雙塔區。

　　[4]馮跋：人名。十六國時北燕的創立者。《晋書》卷一二五有載記。

　　[5]弘：人名。即馮弘。馮跋之弟，非其子。事見《晋書·馮跋載記》。

　　[6]北豐城：城名。在今遼寧瓦房店市一帶。

　　[7]王白駒、趙次興：皆人名。本書均一見，事皆不詳。

　　璉每歲遣使。十六年，太祖欲北討，詔璉送馬，璉獻馬八百匹。世祖孝建二年，璉遣長史董騰奉表慰國哀再周，并獻方物。大明三年，又獻肅慎氏楛矢石砮。[1]七年，詔曰："使持節、散騎常侍、督平營二州諸軍事、征東大將軍、高句驪王、樂浪公璉，[2]世事忠義，作藩海外，誠係本朝，志剪殘險，通譯沙表，克宣王猷。宜加褒進，以旌純節。可車騎大將軍、開府儀同三司，持節、常侍、都督、王、公如故。"太宗泰始、後廢帝元徽中貢獻不絕。

　　[1]肅慎氏：東北地區古民族。

　　[2]督平營二州諸軍事：據上下文考證，璉前已被封"都督"，此時不應反降爲"督"，此於"督"前佚一"都"字。

　　百濟國，本與高驪俱在遼東之東千餘里，其後高驪略有遼東，百濟略有遼西。[1]百濟所治，謂之晋平郡晋平縣。[2]

[1]遼西：郡名。治所在今河北遷安市。

[2]晉平郡：治所在今福建福州市。　晉平縣：治所在今福建福州市。

　　義熙十二年，以百濟王餘映爲使持節、都督百濟諸軍事、鎮東將軍、百濟王。[1]高祖踐阼，進號鎮東大將軍。少帝景平二年，映遣長史張威詣闕貢獻。元嘉二年，太祖詔之曰：“皇帝問使持節、都督百濟諸軍事、鎮東大將軍、百濟王。累葉忠順，越海效誠，遠王纂戎，聿修先業，慕義既彰，厥懷赤款，浮桴驪水，[2]獻賝執贄，故嗣位方任，以藩東服，勉勗所蒞，無墜前蹤。今遣兼謁者閭丘恩子、兼副謁者丁敬子等宣旨慰勞稱朕意。”[3]其後每歲遣使奉表，獻方物。七年，百濟王餘毗復修貢職，以映爵號授之。二十七年，毗上書獻方物，私假臺使馮野夫西河太守，[4]表求《易林》《式占》、腰弩，[5]太祖並與之。毗死，子慶代立。世祖大明元年，遣使求除授，詔許。二年，慶遣使上表曰：“臣國累葉，偏受殊恩，文武良輔，世蒙朝爵。行冠軍將軍右賢王餘紀等十一人，[6]忠勤宜在顯進，伏願垂愍，並聽賜除。”仍以行冠軍將軍右賢王餘紀爲冠軍將軍。以行征虜將軍左賢王餘昆、行征虜將軍餘暈並爲征虜將軍。以行輔國將軍餘都、餘乂並爲輔國將軍。以行龍驤將軍沐衿、餘爵並爲龍驤將軍。以行寧朔將軍餘流、麋貴並爲寧朔將軍。以行建武將軍于西、餘婁並爲建武將軍。太宗泰始七年，又遣使貢獻。

[1]餘映：《通典·邊防典》作扶“餘暎”。

[2]驪水：今地待考。

[3]謁者：官名。謁者臺屬官，掌賓禮司儀，傳宣詔命，奉命出使。七品。　閭丘恩子、丁敬子：皆人名。本書均一見，事皆不詳。

[4]私假：未經朝廷正式批准而任命的代理職務。　臺使：官名。朝廷使臣。　馮野夫：人名。本書僅此一見，其事不詳。　西河：郡名。治所在今山西吕梁市離石區。

[5]《易林》：書名。漢焦延壽撰，十六卷。其書以一卦演六十四卦，各繫以繇辭，文句古奥，開《易經》流爲術數之先河。《式占》：書名。推算曆術和占卜一類的書。已佚。

[6]行：官制用語。官缺未補，暫由他官兼攝其事。　冠軍將軍：官名。將軍名號。三品。

倭國在高驪東南大海中，[1]世修貢職。高祖永初二年，詔曰：“倭讚萬里修貢，[2]遠誠宜甄，可賜除授。”太祖元嘉二年，讚又遣司馬曹達奉表獻方物。讚死，弟珍立，[3]遣使貢獻。自稱使持節、都督倭百濟新羅任那秦韓慕韓六國諸軍事、安東大將軍、倭國王。[4]表求除正，詔除安東將軍、倭國王。珍又求除正倭隋等十三人平西、征虜、冠軍、輔國將軍號，[5]詔並聽。二十年，倭國王濟遣使奉獻，[6]復以爲安東將軍、倭國王。二十八年，加使持節、都督倭新羅任那加羅秦韓慕韓六國諸軍事，[7]安東將軍如故。并除所上二十三人軍、郡。濟死，世子興遣使貢獻。[8]世祖大明六年，詔曰：“倭王世子興，奕世載忠，作藩外海，禀化寧境，恭修貢職。新嗣邊業，宜授爵號，可安東將軍、倭國王。”興死，弟武立，[9]自稱使持節、都督倭百濟新羅任那加羅秦韓慕韓七國諸軍事、安東大將軍、倭國王。

[1]倭國：中國古史對古代日本國的稱謂。

[2]讚：倭國王名。

[3]珍：倭國王名。

[4]都督倭百濟新羅任那秦韓慕韓六國諸軍事：《歷代各族傳記會編》云：“（丁謙）最可異者，其王自稱其爲使持節都督六國諸軍事。夫倭王都督其本國諸國諸軍事宜也，若百濟、新羅、任那、秦韓、慕韓五國，其地均在今朝鮮南境，疆界不相接，民族不相同，遠隔重洋，各君其土，既非彼之郡邑，亦非彼之屬邦，何能都督其軍事？”

[5]倭隋：《南史》卷七九《夷貊傳下》作“倭洧”。

[6]倭國王濟：沈仁安認爲濟就是日本雄略、安康兩天皇之父允恭天皇。參見沈仁安《倭五王遣使除授考》（《日本研究》1990年第4期）。

[7]任那加羅：《歷代各族傳記會編》云：“（丁謙）認爲，加羅即任那，叠架重床聊飾觀聽以取盈六國之數。”

[8]興：據沈仁安考證，興即日本安康天皇，名穴穗。

[9]武：據沈仁安考證，武即日本雄略天皇，名大泊瀨幼武，中國古史用其名的最後一字“武”。

順帝昇明二年，[1]遣使上表曰：“封國偏遠，作藩于外，自昔祖禰，躬擐甲胄，跋涉山川，不遑寧處。東征毛人五十五國，西服衆夷六十六國，渡平海北九十五國，[2]王道融泰，廓土遐畿，累葉朝宗，不愆于歲。臣雖下愚，忝胤先緒，驅率所統，歸崇天極，道逕百

濟，[3]裝治船舫，而句驪無道，圖欲見吞，掠抄邊隸，
虔劉不已，[4]每致稽滯，以失良風。雖曰進路，或通或
不。臣亡考濟實忿寇讎，壅塞天路，控弦百萬，義聲感
激，方欲大舉，奄喪父兄，使垂成之功，不獲一簣。居
在諒闇，不動兵甲，是以偃息未捷。至今欲練甲治兵，
申父兄之志，義士虎賁，文武效功，白刃交前，亦所不
顧。若以帝德覆載，摧此强敵，克靖方難，無替前功。
竊自假開府儀同三司，其餘咸各假授，[5]以勸忠節。”詔
除武使持節、都督倭新羅任那加羅秦韓慕韓六國諸軍
事、安東大將軍、倭王。[6]

[1]昇明：宋順帝劉準年號（477—479）。

[2]東征毛人五十五國，西服衆夷六十六國，渡平海北九十五
國：《歷代各族傳記會編》云：“（丁證）毛人即暇夷，本彼國土著，
自倭人徙入，暇人境地日蹙，今惟北海道尚有其種。西境六十六
國，即《三國志》所載諸邦，當在今西海、山陽、山陰等道地。北
境九十五國，當在今東海、東山、畿內、北陸等道地。以倭人初
起，在海南之四國島也。”

[3]道逕百濟：“逕”各本並作“遥”，中華本據《南史》改。

[4]虔劉：劫掠、殺掠。

[5]咸各假授：各本並脱“各”字，中華本據《南史》補。

[6]詔除武使持節、都督倭新羅任那加羅秦韓慕韓六國諸軍事：
倭王武自稱都督七國諸軍事，此處刪除百濟，説明宋對百濟比較重
視，不肯輕意賜人，而對倭以外其他五國實際並不了解，故慷慨
賜人。

荆、雍州蠻，[1]槃瓠之後也。[2]分建種落，布在諸郡

縣。荆州置南蠻，雍州置寧蠻校尉以領之。^[3]世祖初，罷南蠻併大府，而寧蠻如故。蠻民順附者，一户輸穀數斛，其餘無雜調，^[4]而宋民賦役嚴苦，貧者不復堪命，多逃亡入蠻。蠻無徭役，强者又不供官税，結黨連群，動有數百千人。州郡力弱，則起爲盜賊，種類稍多，户口不可知也。所在多深險，居武陵者有雄谿、樠谿、辰谿、酉谿、舞谿，^[5]謂之五谿蠻。而宜都、天門、巴東、建平、江北諸郡蠻，^[6]所居皆深山重阻，人跡罕至焉。前世以來，屢爲民患。

[1]荆：州名。治所在今湖北荆州市荆州區。

[2]槃瓠：傳説中的神犬，蠻族的始祖。見《後漢書》卷八六《南蠻西南夷列傳》。

[3]置南蠻：即置南蠻校尉，掌荆州、江州少數民族事務。四品。　寧蠻校尉：官名。掌雍州少數民族事務。四品。

[4]雜調：當時國家所收雜税。

[5]武陵：縣名。治所在今湖北竹山縣西北。　舞谿：《南史》作“武谿”。

[6]宜都：郡名。治所在今湖北宜都市。　天門：郡名。治所在今湖南石門縣。　巴東：郡名。治所在今重慶奉節縣東。　建平：郡名。治所在今重慶巫山縣。

少帝景平二年，^[1]宜都蠻帥石寧等一百二十三人詣闕上獻。太祖元嘉六年，建平蠻張雍之等五十人，^[2]七年，宜都蠻田生等一百一十三人，並詣闕獻見。其後沔中蠻大動，^[3]行旅殆絶。天門漊中令宗矯之傜賦過重，^[4]蠻不堪命。十八年，蠻田向求等爲寇，破漊中，虜略百姓。荆州刺史衡陽王義季遣行參軍曹孫念討破之，[5] 獲生口五百餘人，免矯之官。二十四年，南郡臨沮當陽蠻反，[6] 縛臨沮令傅僧驥。荆州刺史南譙王義宣遣中兵參軍王諶討破之。[7]

[1]景平：宋少帝劉義符年號（423—424）。

[2]張雍之：人名。《南史》卷七九《夷貊傳下》作"張維之"。

[3]沔中：沔水中游地區。時稱漢水爲沔水。今湖北襄陽市爲中心的漢水中游地區被泛稱爲沔中。

[4]漊中：縣名。治所在今湖南慈利縣西。　宗矯之：人名。《南史·夷貊傳下》作"宋矯之"。

[5]衡陽王：王爵名。王國在今湖南株洲縣西南。　義季：人名。即劉義季。宋武帝幼子。本書卷六一有傳。　曹孫念：人名。《南史·夷貊傳下》、《通鑑》卷一二三作"曾孫念"。

[6]南郡：治所在今湖北荆州市荆州區。　臨沮：縣名。治所在今湖北當陽市西北。

[7]義宣：人名。即劉義宣。宋武帝子，後爲孝武帝所殺。本書卷六八有傳。

先是，雍州刺史劉道産善撫，[1] 諸蠻前後不附官者，莫不順服，皆引出平土，多緣沔爲居。及道産亡，蠻又反叛。及世祖出爲雍州，群蠻斷道，擊大破之。臺遣軍主沈慶之連年討蠻，[2] 所向皆平殄，事在《慶之傳》。二十八年正月，龍山雉水蠻寇抄涅陽縣，[3] 南陽太守朱曇韶遣軍討之，[4] 失利，殺傷三百餘人。曇韶又遣二千人係之，蠻乃散走。是歲，漳水諸蠻因險爲寇，[5] 雍州刺史隨王誕遣使説之曰：[6]“頃威懷所被，覃自遐遠，順化者寵禄，逆命者無遺，此亦爾所知也。聖朝今普天肆眚，許以自新，便宜各還舊居，安堵復業，改過革心，於是乎始。”先是，蠻帥魯奴子擄龍山，[7]屢爲邊患。魯軌在長社，[8]奴子歸之，軌言於虜主，以爲四山王。軌子爽歸國，奴子亦求内附，隨王誕又遣軍討沔北諸蠻，襲濁山、如口、蜀松三柴，剋之，又圍升錢、柏義諸柴，[9]蠻悉力距戰。軍以具裝馬夾射，大破之，斬首二百級，獲生蠻千口，牛馬八十頭。

[1]劉道産：人名。彭城（今江蘇徐州市）人。宋文帝時任雍州刺史、襄陽太守，政績卓著。本書卷六五有傳。

[2]臺：朝廷。　沈慶之：人名。本書卷七七有傳。

[3]龍山：地名。在今河南陝縣東南。　雉水：地名。在今河南南召縣境内。　涅陽：縣名。治所在今河南鄧州市。

[4]南陽：郡名。治所在河南南陽市。　朱曇韶：人名。後曾隨孝武帝劉駿討南郡王劉義宣有功，餘事不詳。

[5]溠水：古水名。即今河南魯山縣、葉縣境内之沙河。見《水經·溠水注》。

[6]隨王：王爵名。王國在今湖北隨州市。　誕：人名。即劉誕。字休文，文帝第六子。本書卷七九有傳。

[7]魯奴子：人名。其事盡在本卷。

[8]魯軌：人名。一名象齒，魯爽之父，扶風郿（今陝西眉縣）人。後叛降北魏。　長社：縣名。治所在今河南長葛市。

[9]濁山、如口、蜀松、升錢、柏義諸柴：皆古地名。大略在今湖北襄陽市及河南南陽市境内。升錢，《南史》作“斗錢”。柴，同“寨”。即營寨。

世祖大明中，建平蠻向光侯寇暴峽川，[1]巴東太守王濟、荊州刺史朱脩之遣軍討之，[2]光侯走清江。[3]清江去巴東千餘里。時巴東、建平、宜都、天門四郡蠻爲寇，諸郡民戶流散，百不存一，太宗、順帝世尤甚，雖遣攻伐，終不能禁，荊州爲之虛敝。

[1]向光侯：人名。本書僅此一見，其事不詳。　峽川：古地名。指今重慶、湖北交界的三峽地區。

[2]王濟：人名。本書僅此一見，其事不詳。　朱脩之：人名。字恭祖，義陽平氏（今河南桐柏縣）人。本書卷七六有傳。

[3]清江：縣名。本名沙渠縣，在今湖北恩施市境內。

大明中，桂陽蠻反，[1]殺荔令晏珍之；[2]臨賀蠻反，[3]殺開建令邢伯兒。[4]振武將軍蕭沖之討之，[5]獲少費多，抵罪。

[1]桂陽：郡名。治所在今湖南郴州市。

[2]荔：地望不詳，本書《州郡志》桂陽郡下無荔縣。　晏珍之：人名。本書僅此一見，其事不詳。

[3]臨賀：郡名。治所在今廣西賀州市八步區東南。

[4]開建：縣名。治所在今廣東封開縣。諸本作“關鍵”，中華本據本書《州郡志》改。　邢伯兒：人名。本書僅此一見，其事不詳。

[5]蕭沖之：人名。本書僅此一見，其事不詳。

豫州蠻，廩君後也。[1]盤瓠及廩君事，並具前史。西陽有巴水、蘄水、希水、赤亭水、西歸水，謂之五水蠻，[2]所在並深岨，種落熾盛，歷世爲盜賊。北接淮、汝，[3]南極江、漢，[4]地方數千里。

[1]廩君：傳說中巴郡、南郡蠻的君長。見《後漢書》卷八六《南蠻傳》。

[2]西陽：郡名。治所在今湖北黃岡市黃州區。　巴水：即湖北東部長江支流巴河。　蘄水：發源於湖北蘄春縣東北四流山，西南流入長江。　希水：在今湖北浠水縣境。　赤亭水：即今湖北東部長江北岸支流舉水。　西歸水：即今湖北東部長江北岸支流倒水。

[3]淮、汝：淮河、汝河。

[4]江、漢：長江、漢水。

元嘉二十八年，西陽蠻殺南川令劉臺，[1]并其家口。二十九年，新蔡蠻二千餘人破大雷戍，[2]略公私船舫，悉引入湖。有亡命司馬黑石在蠻中，[3]共爲寇盜。太祖遣太子步兵校尉沈慶之率江、荊、雍、豫諸州軍討之。世祖大明四年，又遣慶之討西陽蠻，大剋獲而反。司馬黑石徒黨三人，其一人名智，黑石號曰“太公”，以爲謀主；一人名安陽，號譙王；一人名續之，號梁王。蠻文小羅等討禽續之，[4]爲蠻世財所篡，[5]小羅等相率斬世財父子六人。豫州刺史王玄謨遣殿中將軍郭元封慰勞諸蠻，[6]使縛送亡命。蠻乃執智黑石、安陽二人送詣玄謨，[7]世祖使於壽陽斬之。[8]

[1]南川：縣名。宋文帝元嘉二十五年，以豫州蠻民所立十八縣之一。治所在今湖北浠水縣。見本書《州郡志三》。　劉臺：人

名。本書僅此一見，其事不詳。

［2］新蔡：郡名。治所在今河南新蔡縣。　大雷戍：古地名。在今安徽望江縣。

［3］亡命：脱離户籍而逃亡的人。此亡命應指亡命之徒。　司馬黑石：人名。事見本卷。

［4］文小羅：人名。《南史》作“文山羅”。

［5］世財：人名。本書僅此一見，其事不詳。

［6］王玄謨：人名。字彦德，太原祁人。宋時將領。本書卷七六有傳。　殿中將軍：官名。侍衛武職。六品。　郭元封：人名。本書僅此一見，其事不詳。

［7］智黑石、安陽二人：中華本校勘記云：“《南史》作‘智安陽二人’，疑當從《南史》。上云司馬黑石徒黨三人，一人名智，一人名安陽，一人名續之。此祇言二人，則從《南史》作‘智、安陽二人’爲是，若從《宋書》，則是三人，非二人。且司馬黑石時爲其主，史列黑石之名，亦不當在智之後，疑‘黑石’二字是衍文。”

［8］壽陽：縣名。治所在今安徽壽縣。

太宗初即位，[1]四方反叛，及南賊敗於鵲尾，[2]西陽蠻田益之、田義之、成邪財、田光興等起義攻郢州，[3]剋之。以益之爲輔國將軍，都統四山軍事，[4]又以蠻户立宋安、光城二郡，[5]以義之爲宋安太守，光興爲龍驤將軍、光城太守。封益之邊城縣王，[6]食邑四百一十一户；成邪財陽城縣王，[7]食邑三千户；[8]益之徵爲虎賁中郎將，[9]將軍如故。順帝昇明初，又轉射聲校尉、冠軍將軍。[10]成邪財死，子婆思襲爵，爲輔國將軍、武騎常侍。[11]晋熙蠻梅式生亦起義，[12]斬晋熙太守閻湛之、晋安王子勛典籤沈光祖，[13]封高山侯，食所統牛崗、下柴二村三十户。

[1]太宗初即位：“太宗”，諸本作“世宗”，按宋無“世宗”廟號。《南史》作“明帝”，中華本據改。

[2]及南賊敗於鵲尾：指明帝泰始二年政府軍大敗鄧琬軍於鵲尾。鵲尾，地名。在今安徽繁昌縣東北。

[3]田益之、田義之、成邪財、田光興：皆人名。均爲西陽蠻首領，其事皆見本卷。　郢州：治所在今湖北武漢市武昌區。

[4]都統四山軍事：《通鑑》作“督弋陽西蠻事”，本書卷八七《殷琰傳》作“督弋陽西山事”，皆不言“四山”。疑“四山”乃“西山”之誤。軍事，諸本作“軍人”，中華本據《南史》改。

[5]宋安、光城二郡：治所均在今河南光山縣。

[6]邊城縣：治所在今河南商城縣。

[7]陽城縣：治所在今江西永豐縣。

[8]食邑三千户：成邪財封户多於田益之顯然不合理。丁福林《校議》認爲，“郢州土人居於山區，人口稀少，三千户之封明顯又於情理不合”，故疑此“三千户”乃“三百户”之訛。

[9]虎賁中郎將：官名。侍衛武職，亦作贈官。

[10]射聲校尉：官名。侍衛武職。四品。

[11]武騎常侍：官名。侍衛武職。

[12]晉熙：郡名。治所在今安徽潛山縣。　梅式生：人名。本書僅此一見，其事不詳。

[13]沈光祖：人名。諸本作“沈光明祖”。孫彪《考論》云：“《自序》篇見晉安王子勛典籤沈光祖，此衍明字。”

史臣曰：漢世西譯遐通，兼途累萬，跨頭痛之山，[1]越繩度之險，[2]生行死徑，身往魂歸。晉氏南移，

河、隴复隔，戎夷梗路，外域天斷。若夫大秦、天
竺，[3]迥出西溟，[4]二漢衒役，[5]特艱斯路，而商貨所資，
或出交部，[6]汎海陵波，因風遠至。又重峻參差，氏衆
非一，殊名詭號，種別類殊，山琛水寶，由兹自出，通
犀翠羽之珍，蛇珠火布之異，千名萬品，並世主之所虛
心，故舟舶繼路，商使交屬。太祖以南琛不至，遠命師
旅，泉浦之捷，[7]威震滄溟，未名之寶，入充府實。夫
四夷孔熾，患深自古，蠻、僰殊雜，種衆特繁，依深傍
岨，充積畿甸，咫尺華氓，易興狡毒，略財據土，歲月
滋深。自元嘉將半，寇慝彌廣，遂盤結數州，搖亂邦
邑。於是命將出師，恣行誅討，自江漢以北，廬江以
南，搜山盪谷，窮兵罄武，繫頸囚俘，蓋以數百萬計。
至於孩年齠齒，執訊所遺，將卒申好殺之憤，干戈窮酸
慘之用，雖云積怨，爲報亦甚。張奐所云："流血于野，
傷和致災。"[8]斯固仁者之言矣。

[1]頭痛之山：即頭痛山，在今新疆塔什庫爾干塔吉克自治縣
西南。

[2]越繩度之險：越過用繩索牽引纔能度過來的險阻。

[3]大秦：中國古代史書對羅馬帝國的稱謂。

[4]西溟：古代傳説中的日落西方之處。溟，同"冥"。《文
選》謝莊《月賦》李善注："西冥，昧谷也。"此處泛指遙遠的
西方。

[5]二漢衒役：西漢、東漢奉命服役。

[6]交部：交州，此泛指五嶺以南廣東、廣西大部及越南北部
地區。

[7]泉浦之捷：泉浦疑爲"象浦"之訛。據《通鑑》文帝元嘉

二十三年四月條記載。檀和之等拔區粟，斬范扶龍，乘勝入象浦，林邑王陽邁傾國來戰。林邑兵大敗，和之遂克林邑。象浦之戰是征服林邑的關鍵性戰役，故"威震滄溟"。象浦，又稱盧容浦，在今越南承天省境東香江、浦江合流入海處。

　　[8]張奐：人名。東漢名將，字然明，敦煌酒泉（今甘肅酒泉市）人。《後漢書》卷六五有傳。　流血于野，傷和致災：見《後漢書》卷六五《段熲傳》，原爲"血流汙野，傷和致災"。與此文稍異。

宋書　卷九八

列傳第五十八

氐胡

　　略陽清水氐楊氏，[1]秦、漢以來，世居隴右，[2]爲豪族。漢獻帝建安中，[3]有楊騰者，爲部落大帥。騰子駒，勇健多計略，始徙仇池。[4]仇池地方百頃，因以百頃爲號，四面斗絕，高平地方二十餘里，羊腸蟠道，三十六回。山上豐水泉，煮土成鹽。駒後有名千萬者，魏拜爲百頃氐王。千萬子孫名飛龍，[5]漸强盛，晉武假征西將軍，[6]還居略陽。無子，養外甥令狐氏子爲子，名戊搜。[7]晉惠帝元康六年，[8]避齊萬年之亂，[9]率部落四千家，還保百頃，自號輔國將軍、右賢王。[10]關中人士奔流者多依之，戊搜延納撫接，欲去者則衛護資遣之。愍帝以爲驃騎將軍、左賢王。[11]時南陽王保在上邽，[12]又以戊搜子難敵爲征南將軍。[13]建興五年，[14]戊搜卒，難敵襲位。與堅頭分部曲，[15]難敵號左賢王，屯下辯；[16]堅頭號右賢王，屯河池。[17]元帝太興四年，[18]劉曜伐難敵，[19]與堅頭俱奔晉壽，[20]臣於李雄。[21]曜退，復還仇池。

[1]略陽：郡名。治所在今甘肅秦安縣隴城鎮。　清水：縣名。治所在今甘肅清水縣西北。

[2]隴右：隴山之右。約今甘肅隴山、六盤山以西和黃河以東一帶。

[3]建安：漢獻帝劉協年號（196—220）。

[4]仇池：山名。在今甘肅西和縣西南。

[5]千萬子孫名飛龍：丁福林《校議》云：“義頗難解。《魏書》及《北史》之《氐傳》作‘千萬孫名飛龍’，疑是。”

[6]征西將軍：《魏書》卷一〇一《氐傳》、《通典·邊防典》作“平西將軍”。

[7]戊搜：人名。《魏書》《通典》作“茂搜”。

[8]元康：晉惠帝司馬衷年號（291—299）。

[9]齊萬年：人名。關中氐人首領，元康六年起兵稱帝，後被鎮壓。事見《晉書》卷四《惠帝紀》。

[10]自號輔國將軍、右賢王：《魏書·氐傳》、《北史》卷九六《氐傳》均作“茂搜自號輔國將軍、右賢王”。此處在“自號”之前佚“茂搜”二字。

[11]驃騎將軍：官名。高級名號將軍。二品。　左賢王：本匈奴首領封號，位次於單于。

[12]南陽王：王爵名。王國在今河南南陽市。　保：人名。即司馬保。西晉宗室，字景度，南陽王模之子。《晉書》卷三七有附傳。　上邽：縣名。治所在今甘肅天水市秦州區。

[13]征南將軍：官名。四征將軍之一。三品。

[14]建興：晉愍帝司馬鄴年號（313—317）。

[15]堅頭：人名。難敵之弟。事見《魏書·氐傳》。

[16]下辯：縣名。治所在今甘肅成縣。

[17]河池：縣名。治所在今甘肅徽縣銀杏鎮。

[18]太興：亦作“大興”，晋元帝司馬睿年號（318—321）。

[19]劉曜：人名。西晋末匈奴將領，前趙的創建者。《晋書》卷一〇三有載記。

[20]晋壽：縣名。治所在今四川廣元市市中區。

[21]李雄：人名。西晋末氐族首領，前蜀的創建者。《晋書》卷一二一有載記。

　　成帝咸和九年，[1]難敵卒，子毅立，自號使持節、龍驤將軍、左賢王、下辯公。以堅頭子槃爲使持節、冠軍將軍、右賢王、河池公。[2]咸康元年，[3]遣使稱蕃於晋，以毅爲征南，槃征東將軍。[4]三年，毅族兄初襲殺毅，并有其衆，自立爲仇池公，臣於石虎。[5]後遣使稱蕃於穆帝。[6]永和三年，[7]以初爲使持節、征南將軍、雍州刺史、平羌校尉、仇池公。初子國爲鎮東將軍、武都太守。[8]十年，改封初天水公。十一年，毅小弟宋奴使姑子梁式王因侍直手刃殺初，[9]初子國率左右誅式王及宋奴，[10]復自立。征西將軍桓温表國爲鎮北將軍、秦州刺史、平羌校尉，[11]國子安爲振威將軍、武都太守。[12]十二年，國從父楊俊復殺國自立，安奔苻生，[13]俊遣使歸順。升平三年，[14]以俊爲平西將軍、平羌校尉、仇池公。四年，俊卒，子世立，復以爲冠軍將軍、平羌校尉、武都太守、仇池公。海西公太和三年，[15]遷征西將軍、秦州刺史，以世弟統爲寧東將軍、武都太守。五年，世卒，統廢世子纂自立。纂一名德，聚黨殺統，遣使詣簡文帝自陳，[16]復以纂爲平羌校尉、秦州刺史、仇池公。咸安元年，苻堅遣楊安、苻雅等討纂，[17]克之，徙其民於關中，[18]空百頃之地。纂後爲楊安所殺。

[1]咸和：晋成帝司馬衍年號（326—334）。

[2]使持節：官名。時重要將領出鎮的職銜，表示有皇帝的重大授權，可以殺二千石以下官員不用上奏。　龍驤將軍：官名。名號將軍。三品。　冠軍將軍：官名。名號將軍。三品。

[3]咸康：晋成帝司馬衍年號（335—342）。

[4]征東將軍：官名。名號將軍。三品。

[5]石虎：人名。羯族首領，十六國時期後趙君主。《晋書》卷一〇六有載記。

[6]穆帝：晋穆帝司馬聃。公元345年至361年在位。《晋書》卷八有紀。

[7]永和：晋穆帝司馬聃年號（345—356）。

[8]武都：郡名。治所在今甘肅成縣西。

[9]梁式王：丁福林《校議》云："'式王'，《魏書》《北史》皆作'三王'，未知孰是。"

[10]初子國率左右：諸本脱"初"字，中華本據《魏書》卷一〇一《氐傳》補。

[11]桓温：人名。字元子，譙國龍亢（今安徽懷遠縣）人，東晉權臣。《晋書》卷九八有傳。

[12]振威將軍：官名。五威將軍之一。四品。

[13]苻生：人名。氐族首領，十六國時前秦君主。公元355年至356年在位。《晋書》卷一一二有載記。

[14]升平：晋穆帝司馬聃年號（357—361）。

[15]海西公：公爵名。即晋廢帝司馬奕，後被桓温廢爲海西公。《晋書》卷八有紀。

[16]簡文帝：晋皇帝司馬昱。《晋書》卷九有紀。

[17]苻堅：人名。氐族首領，十六國時前秦君主，曾一度統一北方，淝水之戰失利，北方又陷分裂。公元357年至385年在位。《晋書》卷一一三、一一四有載記。

[18]關中：地區名。指今陝西關中地區。

　　宋奴之死也，二子佛奴、佛狗奔逃關中，苻堅以佛奴爲右將軍，[1]佛狗爲撫夷護軍。[2]後以女妻佛奴子定，以定爲尚書、領軍將軍。[3]孝武帝太元八年，[4]苻堅敗於淮南，[5]關中擾亂，定盡力奉堅。堅死，乃將家奔隴右，徙治歷城，[6]城在西縣界，[7]去仇池百二十里。置倉儲於百頃。招合夷、晋，得千餘家，自號龍驤將軍、平羌校尉、仇池公，稱蕃於晋孝武帝，孝武帝即以其自號假之。求割天水之西縣、武都之上禄爲仇池郡，[8]見許。十五年，又以定爲輔國將軍、秦州刺史，定已自署征西將軍。又進持節、都督隴右諸軍事、輔國大將軍、開府儀同三司，[9]校尉、刺史如故。其年，進平天水略陽郡，遂有秦州之地，自號隴西王。[10]至十九年，攻隴西虜乞佛乾歸，[11]定軍敗見殺。無子，佛狗子盛先爲監國，守仇池，襲位，自號使持節、征西將軍、秦州刺史、平羌校尉、仇池公。諡定爲武王。分諸四山氏、羌爲二十部護軍，各爲鎮戍，不置郡縣。安帝隆安三年，[12]遣使稱蕃，奉獻方物。安帝以盛爲輔國將軍、平羌校尉、仇池公。元興三年，[13]桓玄輔晋，[14]進盛平北將軍、涼州刺史、西戎校尉。義熙元年，[15]姚興伐盛，[16]盛懼，遣子難當爲質。興遣將王敏攻城，因梁州別駕呂瑩，求救於盛，盛遣軍次潓口，敏退。[17]以盛爲都督隴右諸軍事、征西大將軍、開府儀同三司。時益州刺史毛璩討桓玄所置梁州刺史桓希，[18]敗走，漢中空虛，[19]盛遣兄子平南將軍撫守漢中。三年，又假盛使持節、北秦州刺史。盛又遣將苻宣行梁州刺史代撫。[20]九年，梁州刺史索邈鎮南城，宣乃還。[21]高祖踐阼，進盛車騎大將軍，加侍中。永初三年，[22]改封武都王，以長子玄爲武都王世子，加號前將軍，[23]難當爲冠軍將軍，撫爲安南將軍。盛嗣位三十年，太祖元嘉二年六月卒，[24]時年六十二，私謚曰惠文王。

　　[1]右將軍：官名。宋時軍府名號，前、後、左、右四將軍之一，不領營兵，不掌宿衛。三品。

　　[2]撫夷護軍：官名。將軍名號，領護少數民族。

　　[3]領軍將軍：官名。與中領軍通職，掌宿衛。三品。

　　[4]太元：晋孝武帝司馬曜年號（376—396）。

　　[5]苻堅敗於淮南：即敗於淝水之戰。

　　[6]歷城：城名。在今甘肅西和縣北。

　　[7]西縣：治所在今甘肅天水市。

　　[8]天水：郡名。治所在今甘肅天水市西南。　上禄：縣名。治所在今甘肅西和縣東南。

　　[9]開府儀同三司：官名。爲大臣加號，許開府設署，同三公禮遇。

　　[10]自號隴西王：諸本脱“隴”字，中華本據《魏書》卷一〇一《氐傳》補。

　　[11]乞佛乾歸：人名。隴西鮮卑族首領，十六國時期西秦君主。《晋書》卷一二五有載記，作“乞伏乾歸”。

[12]隆安：晋安帝司馬德宗年號（397—401）。

[13]元興：晋安帝司馬德宗年號（402—404）。

[14]桓玄：人名。東晋大臣，桓温之子。時控制東晋大權，後篡晋自立爲帝，改國號爲楚，不久敗於北府兵。《晋書》卷九九有傳。

[15]義熙：晋安帝司馬德宗年號（405—418）。

[16]姚興：人名。羌族首領，十六國時期後秦君主。《晋書》卷一一七有載記。

[17]“興遣將王敏攻城”至“敏退”：疑有誤。中華本校勘記據《晋書·姚興載記》：“晋義熙二年，平北將軍、梁州督護苻宣入漢中，興梁州別駕吕瑩、漢中徐逸、席難起兵應宣，求救於楊盛，盛遣軍臨瀘口，南梁州刺史王敏退守武興。”又引《通鑑》晋安帝義熙三年條類似文字，以證明本書此段文字有脱訛。瀘口，城名。一名白馬城、陽平關、陽安關，在今陝西勉縣西。

[18]毛璩：人名。東晋將領。《晋書》卷八一有附傳。

[19]漢中：郡名。治所在今陝西漢中市。

[20]梁州：治所在今陝西漢中市東。

[21]宜乃還：“宜”三朝本、殿本、局本作“寧”。中華本據上文及《晋書》《通鑑》改正。

[22]永初：宋武帝劉裕年號（420—422）。

[23]前將軍：官名。前、後、左、右四將軍之一，職掌與右將軍同。三品。

[24]元嘉：宋文帝劉義隆年號（424—453）。

　　玄字黄眉，自號使持節、都督隴右諸軍事、征西大將軍、開府儀同三司、平羌校尉、秦州刺史、武都王。雖爲蕃臣，猶奉義熙之號。善待士，爲流、舊所懷。[1]安南將軍撫有文武智略，玄不能容，三年，因其子殺人，并誅之。太祖即以玄爲使持節、征西將軍、平羌校尉、北秦州刺史、武都王。[2]乃改義熙之號，奉元嘉正朔。初，盛謂玄曰："吾年已老，當爲晋臣，汝善事宋帝。"故玄奉焉。追贈盛驃騎大將軍，[3]餘如故。六年六月，玄卒，私謚曰孝昭王。

[1]流、舊：流民、土著。

[2]太祖：諸本作"明帝"。龔道耕《蛛隱盧日箋》云："此段並述元嘉中事，明帝當作太祖。"龔説是，中華本據改。

[3]驃騎大將軍：官名。重號將軍，居諸名號將軍之首。一品。

弟難當廢玄子保宗一名羌奴而自立，號使持節、都督雍涼諸軍事、秦州刺史、平羌校尉、武都王。[1]太祖以爲冠軍將軍、秦州刺史、武都王。九年，進號征西將軍，加持節、都督、校尉之號。難當拜保宗爲鎮南將軍，鎮宕昌，[2]以次子順爲鎮東將軍、秦州刺史，守上邽。保宗謀襲難當，事泄，收繫之。先是，四方流民有許穆之、郝恢之二人投難當，並改姓爲司馬。穆之自云名飛龍，恢之自云名康之，云是晋室近戚。康之尋爲人所殺。十年，[3]難當以益州刺史劉道濟失蜀土人情，[4]以兵力資飛龍，使入蜀爲寇，道濟擊斬之。時梁州刺史甄法護刑法不理，[5]太祖遣刺史蕭思話代任。[6]難當因思話未至，法護將下，[7]舉兵襲梁州，破白馬，[8]獲晋昌太守張範。[9]法護遣參軍魯安期、沈法慧等拒之，[10]並各奔退。難當又遣建忠將軍趙進攻葭萌，[11]獲晋壽太守范延朗。[12]其年十一月，法護委鎮奔洋川，[13]難當遂有漢中之地。以氐苻粟持爲梁州刺史，[14]又以其凶悍殺之，以司馬趙溫代爲梁州。十年正月，[15]思話使司馬蕭承之先驅進討，[16]所向剋捷，遂平梁州，事在《思話傳》。四月，難當遣使奉表謝罪，曰：

[1]雍：州名。治所在今陝西西安市。　涼：州名。治所在今甘肅武威市。

[2]宕昌：古地名。今甘肅宕昌縣。

[3]十年：丁福林《校議》云：“上事本書《劉道濟傳》、《建康實錄》卷一二、《通鑑》卷一二二皆記在元嘉九年。”

[4]劉道濟：人名。沛郡蕭（今安徽蕭縣西北）人，劉粹之弟。本書卷四五有附傳。

[5]時梁州刺史甄法護刑法不理：丁福林據本書《劉道濟傳》、《通鑑》考證，此“時”乃指“元嘉十年”。甄法護，人名。中山無極（今河北無極縣）人，其事主要見本卷及本書卷七八《蕭思話傳》。

[6]蕭思話：人名。南蘭陵（今江蘇常州市武進區）人，外戚。本書卷七八有傳。

[7]法護將下：“將”字之下諸本並衍“軍”字，中華本據《通鑑》元嘉十年刪。

[8]白馬：古城名。即陽平關，在今陝西勉縣西老沔縣。

[9]晉昌：郡名。治所在今陝西石泉縣西。　張範：人名。本書僅此一見，其事不詳。

[10]魯安期、沈法慧：皆人名。本書均一見。

[11]葭萌：縣名。治所在今四川廣元市西南。

[12]范延朗：人名。本書僅此一見，其事不詳。

[13]洋川：地名。在今陝西西鄉縣。

[14]苻粟持：人名。氐族。本書僅此一見，其事不詳。

[15]十年正月：丁福林《校議》據本書《文帝紀》、《建康實錄》卷一二、《通鑑》卷一二二考證，此"十年正月"及下文之"四月"均爲元嘉十一年之"正月""四月"。

[16]蕭承之：人名。字嗣伯，南蘭陵人，蕭道成之父。蕭道成建齊稱帝追尊爲宣皇帝。事見《南齊書》卷一《高帝紀上》。

臣聞生成之德，含氣同係，而榮悴殊塗，遭遇異兆，至於恩降自然，誠無答謝。夫以狂聖道隔，猶存克念之誠，況君親莫二，不期自感者哉。每思自竭，奉遵光訓，丹誠未諒，大謗已臻。梁州刺史甄法護誣臣遣司馬飛龍擾亂西蜀，諸所譖引，言非一事，長塗萬里，無路自明，風塵之聲，日有滋甚。與其逆生，寧就清滅，文武同憤，制不自由。遣參軍姚道賢齎書詣梁州刺史蕭思話，尋續又遣詣臺歸罪。[1]道賢至西城，[2]爲守兵所殺，行李蔽擁，日月莫照。法護恇擾，望風奔逃，臣即回軍，秋毫無犯，權留少守，以俟會通。其後數旬，官軍尋至，守兵單弱，懼不自免，續遣輕兵，共相迎接。值秦流民，懷土及本，行將既旋，不容禁制，由臣約防無素，以致斯闕。

[1]臺：朝廷的代稱。
[2]西城：縣名。治所在今陝西安康市漢濱區。

臣本歷代守蕃，世荷殊寵，王化始基，順天委命，要名期義，不在今日，豈可假託妖妄，毀敗成功，如此之形，灼然易見，仰恃聖明，必垂鑒察。但臣微心不達，迹違忠順，至乃聲聞朝庭，勞煩師旅，負辱之深，罪當誅責。遠隔遐荒，告謝無地，謹遣兼長史齊亮聽命有司，并奉送所授第十一符策，[1]伏待天旨。

太祖以其邊裔，下詔曰：“楊難當表如此，悔謝前愆，可特恕宥，并特還章節。”

[1]符策：即符契簡策。古代朝廷傳達詔令或徵調兵將的簡册和兵符。符，銅虎符、竹使符。策，同“册”。

十二年，難當釋保宗，遣鎮董亭。[1]保宗奔，[2]索虜主拓跋燾以爲都督隴西諸軍事、征西大將軍、開府儀同三司、平羌校尉、南秦王，[3]遣襲上邦。難當子順失守退，以爲雍州刺史，守下辯。十三年三月，難當自立爲大秦王，號年曰建義，立妻爲王后，世子爲太子，置百官，具擬天朝，然猶奉朝庭，貢獻不絕。十七年，其國大旱，多災異，降大秦王復爲武都王。

[1]董亭：地名。在今甘肅武山縣南。諸本作“童亭”，《魏書》卷一〇一《氐傳》作“董亭”。按《水經·渭水注》：“涇谷水又東北歷董亭下。楊難當使兄子保宗鎮董亭，即此亭也。”據改。

[2]保宗奔：中華本曰：“‘奔’字下疑脫‘索虜’二字。”

[3]索虜：南朝對北魏鮮卑族的蔑稱。以其頭上有辮髮之故。拓跋燾：人名。即北魏太武帝。《魏書》卷四有紀。

十八年十月，傾國南寇，規有蜀土，[1]慮漢中軍出，遣建忠將軍苻沖出東洛以防之。[2]梁州刺史劉真道擊斬沖。[3]十一月，難當剋葭萌，獲晉壽太守申坦，[4]遂圍涪城。[5]巴西太守劉道錫嬰城固守，[6]難當攻之十餘日，不剋，乃還。十九年正月，太祖遣龍驤將軍裴方明、太子左積弩將軍劉康祖、後軍參軍梁坦甲士三千人，[7]又發荊、雍二州兵討難當，受劉真道節度。五月，方明等至漢中，長驅而進。真道到武興，[8]攻偽建忠將軍苻隆，剋之。安西參軍韋俊、建武將軍姜道盛別向下辯，真道又遣司馬夏侯穆季西取白水，[9]難當子雍州刺史順、建忠將軍楊亮拒之，並望風奔走。閏月，方明至蘭皋，[10]難當鎮北將軍苻義德、建節將軍苻弘祖萬餘人列陣拒戰，方明擊破之，斬弘祖，殺二千餘人，義德遁去。天水任愈之率部曲歸順。[11]難當世子撫軍大將軍和據修城，方明又遣軍率愈之攻和，大破之。於是難當將妻子奔索虜，死于虜中。安西參軍魯尚期追難當出寒峽，[12]生禽建節將軍楊保熾、安昌侯楊虎頭。初，難當遣第二子虎爲鎮南將軍、益州刺史，[13]守陰平。[14]聞父走，逃還，至下辯。方明使子蕭之要之，生禽虎，傳送京師，斬于建康市。仇池平。

[1]蜀土：指今四川成都平原一帶。

[2]建忠將軍：官名。四品。　苻沖：人名。楊難當的部將，本書僅此一見。　東洛：古地名。在洛水東岸，今四川廣漢市境內。

[3]劉真道：人名。宋武帝劉裕堂侄。官至梁、南秦二州刺史，以破氐之後贓略下獄死。諸本作“劉道真”，按：本書卷四七《劉

真道傳》作"劉真道"，據改。

[4]申坦：人名。魏郡魏（今河北大名縣）人。本書卷六五有
附傳。

[5]涪城：在今四川綿陽市涪城區東。

[6]劉道錫：人名。宋時將領，以退氐功，官至廣州刺史，後
以貪贓下獄病死。諸本作"劉道銀"，按：本書卷六五《劉道産傳》
作"劉道錫"，據改。

[7]裴方明：人名。河東（今山西夏縣）人。官至潁川、南平
昌太守，坐贓免官。本書卷四七有附傳。　劉康祖：人名。彭城
（今江蘇徐州市）人。以勇戰著稱，官至左軍將軍，元嘉二十七年
（450）與北魏作戰中陣亡。本書卷五〇有傳。

[8]武興：縣名。治所在今陝西略陽縣。

[9]夏侯穆季：人名。本書僅此一見，其事不詳。　白水：古
關名。在今陝西寧强縣西南。

[10]蘭皋：古戍名。在今甘肅康縣。

[11]任愈之：人名。本書僅此一見，其事不詳。

[12]寒峽：《水經・漾水注》作"塞峽"，即今甘肅西和縣祁
家峽，應以"塞峽"爲是。

[13]第二子虎：丁福林《校議》據上文載難當"以次子順爲
鎮東將軍"及本書《劉真道傳》考證，認爲"第二子虎"應爲
"第三子虎"之誤。

[14]陰平：縣名。東晉僑置於今四川江油市東北。

以輔國司馬胡崇之爲龍驤將軍、秦州刺史、平羌校
尉，[1]守仇池。索虜拓跋燾遣安西大將軍吐奚弼、平北
將軍拓跋齊等二萬人邀崇之。[2]二十年二月，崇之至濁
水，[3]去仇池八十里，遇齊等，戰敗没，餘衆奔還漢中。

　　[1]輔國司馬：官名。輔國將軍的屬吏，主將軍府署事。　胡崇之：人名。歷官冗從僕射、崇武將軍，曾參與鎮壓謝晦叛亂，後在對北魏戰爭中戰死。《南齊書》卷一作"胡宗之"。　秦州刺史：丁福林《校議》云："按秦州即南秦州，而北秦州則氐楊仇池之地，見《南齊書·州郡志下》，胡崇之既守仇池，則必爲北秦州刺史，據此乃於'秦州'前佚'北'一字。"

　　[2]吐奚弼：人名。即魏大將建興公古弼。亦譯作"吐奚愛弼"。《魏書》卷二八有傳。　拓跋齊：人名。即北魏河間公元齊。後封敬王。《魏書》卷一四有傳。

　　[3]濁水：古城名。在今甘肅成縣西南。

　　三月，前鎮東司馬苻達、征西從事中郎任朏等舉義，[1]立保宗弟文德爲主。拓跋齊聞兵起遁走，達追擊斬齊，[2]因據白崖，[3]分平諸戍。文德自號使持節、都督秦河涼三州諸軍事、征西大將軍、秦河涼三州牧、平羌校尉、仇池公，遣露板馳告朝廷。[4]太祖詔曰："近者校尉仇池公表虜縱逸，寇竊仇池，將士挫傷，民萌塗炭，眷言西顧，矜慨在懷。楊文德世篤忠順，誠感家國，糾率義徒，奄殄凶醜，鋒旗所向，殲潰無遺，氛祲澄清，蕃境寧一，念功惟事，良有欣嘉。便可遣使慰勞，宣示朝旨，并勅梁州刺史申坦隨宜應援。"又詔曰："顯錄勳效，蓋惟國典，施賞務速，無或踰時。楊文德志氣果到，文武兼全，乘機潛奮，殊功仍集，告捷歸誠，獻俘萬里，朝無暫土，樹難自肅，休烈昭著，朕甚嘉焉。楊氏世祖西勞，方忠累葉，[5]宜紹先緒，膺受寵榮。可使持節、散騎常侍、都督北秦雍二州諸軍事、征西大將軍、平羌校尉、北秦州刺史，封武都王。"任朏祖父岐，

伯父祚，父綜，並仕楊氏，爲諮議從事中郎。朏有志
幹，文德以爲左司馬。

[1]鎮東司馬：官名。鎮東將軍屬吏，主將軍府署事。　苻達：
人名。本書僅此一見，其事不詳。　征西從事中郎：官名。征西將軍
屬吏，參與軍謀。六品。　任朏：人名。本書僅此一見，其事不詳。

[2]達追擊斬齊：李祖桓《仇池國志》云：“據《魏書》卷五
一《皮豹子傳》説，‘真君四年十一月，義隆復遣楊文德、姜道盛
率衆二萬人寇濁水……豹子又與河間公元齊俱會于濁水，賊衆震
恐’。則據此，《宋書》卷九八《氐胡傳》所説苻達追擊元齊事，
實乃烏有。”又據《魏書》卷一四《元齊傳》云：“（文德）求援於
劉義隆。義隆遣將房亮之、苻昭、啖龍等率衆助文德，齊擊斬殺
龍，擒亮之，氐遂平。以功拜内都大官，卒，謚曰敬。”認爲“達
追擊斬齊”實誤。

[3]白崖：地名。在今陝西寧强縣。

[4]露板：不密封的文書。

[5]楊氏世祖西勞，方忠累葉：張森楷《校勘記》云：“疑當作
‘楊氏世祖西方，勞忠累葉’。”

　　文德既受朝命，進戍茄蘆城。[1]二十五年，爲索虜
所攻，奔于漢中。時世祖鎮襄陽，[2]執文德歸之于京師，
以失守，免官，削爵土。二十七年，王師北討，起文德
爲輔國將軍，率軍自漢中西入，摇動沔、隴。[3]文德宗
人楊高率陰平、平武群氐，[4]據唐魯橋以距文德。文德
水陸俱攻，大破之，衆並奔散。高遁走奔羌，文德追之
至黎印嶺，[5]高單身投羌仇阿弱家，[6]追斬之，陰平、平
武悉平。又遣文德伐啖提氐，[7]不剋，梁州刺史劉秀之

執送荆州，^[8]使文德從祖兄頭成茹蘆。荆州刺史南郡王義宣反，^[9]文德不同見殺，世祖追贈征虜將軍、秦州刺史。

[1]茹蘆城：城名。一作"葭蘆城"。在今甘肅隴南市武都區東南。

[2]世祖：宋孝武帝劉駿廟號。　襄陽：郡名。治所在今湖北襄陽市襄城區。

[3]汧、隴：汧水、隴山，泛指今甘肅東部與陝西西部地區。

[4]楊高：人名。氐族。本書兩見，所記事同。　平武：縣名。在今四川平武縣東北。

[5]黎卬嶺：今地不詳。

[6]仇阿弱：人名。本書僅此一見，其事不詳。

[7]啖提氏：族名。武都氐族的一支，以啖爲氏。

[8]劉秀之：人名。字道寶，東莞莒（今山東莒縣）人。本書卷八一有傳。

[9]荆州：治所在今湖北荆州市荆州區。　南郡王：王爵名。王國在今湖北荆州市荆州區。　義宣：人名。即劉義宣。宋武帝子。本書卷六八有傳。

孝建二年，^[1]以保宗子元和爲征虜將軍，以頭爲輔國將軍。元和既楊氏正統，群氐欲相宗推，年小才弱，不能綏御所部，頭母妻子弟並爲索虜所執，頭至誠奉順，無所顧懷。朝廷既不正元和號位，部落未有定主，雍州刺史王玄謨上表曰：^[2]"被勅令臣遣使與楊元和、楊頭相聞，并致信餉。即遣中軍行參軍呂智宗齎書并信等，^[3]亦自遣使隨智宗。及頭語智宗，頃破家爲國，母妻子弟并墜没虜中，不顧孝道，陳力邊捍，竭忠盡誠，未爲朝廷所識。若以元和承統，宜授王爵；若以其年小未堪大任，則應別有所委。頃來公私紛紜，華、戎交構，皆此之由。臣伏尋頭元嘉以來，實有忠誠於國，棄親遺愛，誠在可嘉。氐、羌負遠，又與虜咫尺，急之則反，緩之則怨。觀頭使人言語，不敢便望仇池公，所希政在西秦州假節而已。如臣愚見，蕃捍漢川，[4] 使無虜患，頭實有力，四千户荒州，殆不足吝。元和小弱，若未可專委，復數年之後，必堪嗣業，用之不難。若才用不稱，則應歸頭。若茄蘆不守，漢川亦無立理。"上不許。其後立元和爲武都王，治白水，不能自立，復走奔索虜。

[1]孝建：宋孝武帝劉駿年號（454—456）。

[2]王玄謨：人名。字彦德，太原祁人，宋時將領，多有戰功。本書卷七六有傳。諸本並脫"玄"字，據本書卷七六本傳補。

[3]中軍行參軍：官名。將軍府屬吏，參謀軍事。七品。

[4]漢川：即漢水。

元和從弟僧嗣，[1] 復自立，還戍茄蘆，以爲寧朔將軍、仇池太守。[2] 太宗泰始二年，[3] 詔曰："僧嗣遠守西疆，世篤忠款，宜加旌顯，以甄義概。可冠軍將軍、北秦州刺史、武都王，太守如故。"三年，加持節、都督北秦雍二州諸軍事，進號征西將軍、校尉，刺史如故。僧嗣卒，從弟文度復自立。泰豫元年，以爲龍驤將軍、略陽太守，封武都王，又改龍驤爲寧朔將軍。後廢帝元徽四年，[4]加督北秦州諸軍事、平羌校尉、北秦州刺史，將軍如故。文度遣弟龍驤將軍文弘伐仇池，[5]破戍兵於蘭皋。順帝昇明元年，[6]詔曰：“茂賞有章，實昭國度，疇庸斯炳，載宣史册。督北秦州諸軍事、寧朔將軍、平羌校尉、北秦州刺史、武都王文度門乘輝寵，世榮邊邑，忠果既亮，才勁兼彰。龍驤將軍楊文弘肅協成規，躬提桴鼓，申稜百頃，席卷蘭皋，功烈之美，並足嘉嘆，宜膺爵授，以酬勳緒。文度可使持節、都督北秦雍二州諸軍事、征西將軍，刺史、校尉悉如故。文弘輔國將軍、略陽太守。”其年，虜破茄蘆，文度見殺，追贈本官，加散騎常侍。以文弘督北秦州諸軍事、平羌校尉、北秦州刺史，襲封武都王，將軍如故。退治武興。

[1]從弟：丁福林《校議》云：“《魏書》、《北史》之《氐傳》皆作‘從叔’。”丁氏又以《南齊書》卷五九《氐傳》、《梁書》卷五四《諸夷傳》、《南史》卷七九《夷貊傳下》爲據，證明作“從叔”爲是。

[2]寧朔將軍：官名。名號將軍。四品。

[3]泰始：宋明帝劉彧年號（465—471）。

[4]元徽：宋後廢帝劉昱年號（473—477）。

[5]文度遣弟龍驤將軍文弘伐仇池：中華本校勘記云：“‘文弘’《魏書》本紀作‘楊鼉’，《氐傳》作‘楊鼠’。蓋魏獻文帝名弘，魏史臣避諱改之。”

[6]昇明：宋順帝劉準年號（477—479）。

大且渠蒙遜，[1]張掖臨松盧水胡人也。[2]匈奴有左且渠、右且渠之官，蒙遜之先爲此職。羌之酋豪曰大，故且渠以位爲氏，而以大冠之。世居盧水爲酋豪。蒙遜高祖暉仲歸，曾祖遮，皆雄健有勇名。祖祁復延，封狄地王。[3]父法弘襲爵，苻氏以爲中田護軍。[4]

[1]大且渠蒙遜：人名。一作“沮渠蒙遜”。匈奴族，十六國時北凉的建立者。《晋書》卷一二九有載記。

[2]張掖：郡名。治所在今甘肅張掖市。　臨松：縣名。治所在今甘肅肅南裕固族自治縣。　盧水胡：古少數民族。對其族屬學術界仍有不同看法，但多數認爲應屬匈奴。見王鍾翰主編《中國民族史》。

[3]狄地王：《晋書》卷一二九作“北地王”。

[4]中田護軍：官名。前秦、後凉均設此官職，但品級、職掌均不詳。

蒙遜代父領部曲，[1]有勇略，多計數，爲諸胡所推服。吕光自王於凉州，[2]使蒙遜自領營人配箱直，又以蒙遜叔父羅仇爲西平太守。[3]安帝隆安三年春，[4]吕光遣子鎮東將軍纂率羅仇伐枹罕虜乞佛乾歸，[5]爲乾歸所敗，光委罪羅仇，殺之。四月，蒙遜求還葬羅仇，因聚萬餘人叛光，殺臨松護軍，屯金山。[6]五月，光揮纂擊破蒙遜，蒙遜將六七人逃山中，[7]家户悉亡散。時蒙遜兄男成將兵西守晋昌，[8]聞蒙遜反，引軍還，殺酒泉太守叠滕，[9]推建康太守段業爲主。[10]業自號龍驤大將軍、凉州牧、建康公，以男成爲輔國將軍。男成及晋昌太守王德圍張掖，[11]剋之，業因據張掖。蒙遜率部曲投業，業以蒙遜爲鎮西將軍、臨池太守，[12]王德爲酒泉太守。尋又以蒙遜領張掖太守。三年四月，業使蒙遜將萬人攻光弟子純於西郡，[13]經旬不剋，乃引水灌城，窘急乞降，執之以歸。時王德叛業，自稱河州刺史，[14]業使蒙遜西討，德焚城，將部曲走投晉昌太守唐瑶，[15]蒙遜追德至沙頭，大破之，虜其妻子部落而還。轉西安太守，將軍如故。四年五月，[16]蒙遜與男成謀殺業，男成不許，蒙遜反譖男成於業，業殺男成。蒙遜乃謂其部曲曰："段公無道，枉殺輔國。吾爲輔國報讎。"遂舉兵攻張掖，殺段業，自稱車騎大將軍，[17]建號永安元年。[18]

[1]部曲：漢時軍隊的編制，代指軍隊。魏晉以後指私人家兵。

[2]呂光：人名。字世明，氐族首領，十六國時後涼君王。《晉書》卷一二二有載記。

[3]叔父：《晉書》作"伯父"。　西平：郡名。治所在今青海西寧市。

[4]隆安三年：丁福林《校議》據《通鑑》卷一〇九、《晉書》卷一二九《沮渠蒙遜載記》、《晉書》卷一〇《安帝紀》考證："此'隆安三年'乃'隆安元年'之訛也。"

[5]枹罕：縣名。治所在今甘肅臨夏市。

[6]殺臨松護軍：丁福林《校議》云："考《晉書》之《沮渠蒙遜載記》《呂光載記》皆云是時蒙遜斬殺'中田護軍馬邃'，是也。此云'殺臨松護軍'，恐有誤。"　金山：縣名。治所在今甘肅民樂縣南。

[7]蒙遜將六七人逃山中：諸本並脱"蒙遜"二字，中華本據《通鑑》補。

[8]蒙遜兄男成：丁福林《校議》云："《晉書》之《呂光載記》、《通鑑》卷一〇九皆云男成爲蒙遜從兄。此云蒙遜兄者，非是。"　晉昌：郡名。治所在今甘肅安西縣東南鎖陽城。

[9]曡滕:《晋書·吕光載記》、《通鑑》作"壘澄"。

[10]段業:人名。原爲後涼的建業太守,吕光殺仇羅,沮渠蒙遜爲給叔父仇羅報仇,推段業爲涼州牧、涼王,共反吕光。後段業也爲蒙遜所殺。

[11]王德:人名。本書僅此一見,其事不詳。

[12]臨池太守:《晋書·沮渠蒙遜載記》、《通鑑》作"臨池侯"。

[13]西郡:治所在今甘肅永昌縣西北。

[14]河州:治所在今甘肅臨夏市西南。

[15]唐瑶:人名。本書僅此一見,其事不詳。

[16]四年五月:丁福林《校議》云:"考之《魏書·沮渠蒙遜傳》《北史·僭僞附庸傳》記上事在北魏天興四年,即晋之隆安五年。則此'四年五月',恐爲'五年四月'之倒誤。"

[17]自稱車騎大將軍:《晋書·沮渠蒙遜載記》作"使持節、大都督、大將軍、涼州牧、張掖公"。

[18]永安:北涼沮渠蒙遜年號(401—412)。

是月,敦煌太守李暠亦起兵,[1]自號冠軍大將軍、西胡校尉、沙州刺史,[2]太守如故。稱庚子元年。[3]與蒙遜相抗。其冬,暠遣唐瑶及鷹揚將軍宋繇攻酒泉,[4]獲太守大且渠益生,蒙遜從叔也。

[1]敦煌:郡名。治所在今甘肅敦煌市。 李暠:人名。字玄盛,小字長生,隴西成紀人。十六國時西涼建立者。《晋書》卷八七有傳。

[2]沙州:治所在今甘肅敦煌市。

[3]庚子元年:此處記事先後有誤。查《通鑑》李暠改元庚子在晋安帝隆安四年(400)十一月,是西涼建立的開始,沮渠蒙遜

殺段業是在隆安五年五月，而本卷記蒙遜殺段業在隆安四年，與史實不符。其建號永安元年，各種紀年、年表工具書均定爲公元401年，足證李暠改元庚子在前，蒙遜殺段業在後。又庚子實是干支紀年，李暠改元庚子，其本意在於不用後涼年號，有另立政權之意。至庚子五年以後，遂又改年爲建初（405—416），這纔屬於正式紀年年號。庚子，西涼李暠年號（400—404）。

[4]酒泉：郡名。在今甘肅酒泉市。

　　吕光死，子纂立，元年，[1]爲從弟隆所纂。姚興攻涼州，隆稱臣請降，蒙遜亦遣使詣興，興以爲鎮西將軍、沙州刺史、西海侯。二年二月，[2]蒙遜與西平虜禿髮傉檀共攻涼州，[3]爲隆所破。十月，傉檀復攻隆，三年三月，[4]隆以蒙遜、傉檀交逼，遣弟超詣姚興求迎。七月，興遣將齊難迎隆，隆説難伐蒙遜，蒙遜懼，遣弟爲質，獻寶貨於難，乃止，以武衛將軍王尚行涼州刺史而還。

　　[1]元年：丁福林《校議》據《晋書》卷一〇《安帝紀》、《通鑑》卷一一一及一一二、《魏書》卷二《太祖紀》、《北史》卷一《魏本紀》考證：“此‘元年’應易爲‘隆安五年’。”

　　[2]二年二月：丁福林《校議》據《通鑑》卷一一二、《晋書·安帝紀》、《魏書·太祖紀》考證，認爲此“二年”爲“元年”之訛，“元年”前又應加“元興”二字。

　　[3]禿髮傉檀：人名。鮮卑族首領，十六國南涼君主。《晋書》卷一二六有載記。

　　[4]三年三月：丁福林《校議》據《晋書》卷一二二《吕隆載記》、《通鑑》卷一一三、《御覽》卷一二五引《後涼録》考證，認爲此“三年”乃“二年”之訛。

義熙元年正月，李暠改稱大將軍、大都督、涼州牧、護羌校尉、涼公；五月，[1]移據酒泉。姚興假傉檀涼州刺史，代王尚屯姑臧。[2]二年九月，蒙遜襲李暠，至安彌，[3]去城六十里，暠乃覺。引軍出戰，大敗，退還，閉城自守，蒙遜亦歸。六年，蒙遜攻破傉檀，傉檀走屯樂都。[4]武威人焦朗入姑臧，自號驃騎大將軍，[5]臣于李暠。八年，蒙遜攻焦朗，殺之。[6]據姑臧，自號大都督、大將軍、河西王，改稱玄始元年，[7]立子正德爲世子。

[1]五月：《通鑑》卷一一四記爲"九月"。

[2]姑臧：縣名。治所在今甘肅武威市。

[3]安彌：縣名。治所在今甘肅酒泉市。

[4]樂都：郡名。治所在今青海樂都縣。

[5]自號驃騎大將軍：丁福林《校議》云："'驃騎'，《晉書·禿髮傉檀載記》、《通鑑》卷一一五作'龍驤'。"

[6]攻焦朗，殺之：錢大昕《考異》云："《晉書》云攻朗，克而宥之。與此傳不同。"

[7]玄始：北涼沮渠蒙遜年號（412—428）。

十三年五月，李暠死，子歆立。[1]六月，歆伐蒙遜，至建康，[2]蒙遜拒之。歆退走，追到西支澗，[3]蒙遜大敗，死者四千餘人，[4]乃收餘衆，增築建康城，置兵戍而還。

[1]歆：人名。即李歆。字士業。《晉書》卷八七有附傳。

　　[2]建康：郡名。治所在今甘肅高臺縣西南。

　　[3]西支澗："澗"諸本作"間"，中華本據《魏書》《晉書》改正。"西支"《魏書》《晉書》作"解支"，錢大昕《考異》云："解當作鮮，鮮西聲相近也。"考《晉書》卷一〇《安帝紀》、《通鑑》卷一一八正作"鮮支澗"。

　　[4]死者四千餘人：丁福林《校議》云："《晉書·涼武昭王李玄盛傳》作'俘斬七千餘級'，《通鑑》作'斬首七千餘級'。"

　　十四年，蒙遜遣使詣晉，奉表稱藩，以蒙遜爲涼州刺史。高祖踐阼，以歆爲使持節、都督高昌敦煌晉昌酒泉西海玉門堪泉七郡諸軍事、護羌校尉、征西大將軍、酒泉公。[1]

　　[1]高昌：縣名。治所在今新疆吐魯番市東南高昌廢址。　西海：郡名。治所在今内蒙古額濟納旗。　玉門：郡名。治所在今甘肅玉門市。　堪泉：郡名。治所今地不詳。《晉書》祇言都督七郡諸軍事，無具體郡名。《晉書·地理志》不記堪泉郡。

　　永初元年七月，蒙遜東略浩亹，[1]李歆乘虛攻張掖，蒙遜回軍西歸，歆退走，追至臨澤，[2]斬歆兄弟三人，[3]進攻酒泉，剋之。歆弟敦煌太守恂據郡，自稱大將軍。十月，蒙遜遣世子正德攻恂，不下。三年正月，[4]蒙遜自往築長堤引水灌城，數十日，又不下。三月，恂武衛將軍宋承、廣武將軍張弘舉城降，[5]恂自殺，李氏由是遂亡。於是鄯善王比龍入朝，[6]西域三十六國皆稱臣貢獻。

[1]浩亹：縣名。治所在今甘肅永登縣。

[2]臨澤：縣名。治所在今甘肅臨澤縣。

[3]斬歆兄弟三人：丁福林《校議》云："《晉書·李歆傳》、《通鑑》卷一一九並云蒙遜於是役斬歆，而歆諸弟翻、預、密等西奔敦煌。亦與此異。"

[4]三年正月：丁福林《校議》據本書卷三《武帝紀下》、《通鑑》卷一一九、《魏書》卷三《太宗紀》考證，認爲"此'三年'恐是'二年'之訛"。

[5]張弘：諸本並脱"張"字，中華本據《晉書》補。

[6]鄯善：西域古國名。治所在今新疆鄯善縣。

高祖以蒙遜爲使持節、散騎常侍、都督涼州諸軍事、鎮軍大將軍、開府儀同三司、涼州刺史、張掖公。

十二月，晉昌太守唐契反，復遣正德攻契。景平元年三月，[1]克之，契奔伊吾。[2]

[1]景平：宋少帝劉義符年號（423—424）。 三月：《通鑑》卷一一九作"四月"。

[2]伊吾：縣名。治所在今甘肅安西縣北。

八月，芮芮來抄，[1]蒙遜遣正德距之。正德輕騎進戰，軍敗見殺。乃以次子興國爲世子。

[1]芮芮：古民族。即柔然，生活在西北地區。

是歲，進蒙遜侍中、都督涼秦河沙四州諸軍事、驃騎大將軍、領護匈奴中郎將、西夷校尉、涼州牧，河西王，開府、持節如故。

太祖元嘉元年，枹罕虜乞佛熾槃出貊渠谷攻河西白草嶺，[1]臨松郡皆没，執蒙遜從弟成都、從子日蹄、頗羅等而去。[2]

[1]乞佛熾槃：人名。即乞伏熾槃，匈奴族首領。十六國時西秦君主。《晋書》卷一二五有載記。　白草嶺：地名。在今青海門源回族自治縣西北。

[2]日蹄：《通鑑》作“白蹄”。

三年，改驃騎爲車騎。世子興國遣使奉表，請《周易》及子集諸書，太祖並賜之，合四百七十五卷。蒙遜又就司徒王弘求《搜神記》，[1]弘寫與之。

[1]王弘：人名。字休元，琅邪臨沂人，宋時大臣。本書卷四二有傳。　《搜神記》：干寶所作。語神怪故事。

六年，蒙遜征枹罕，時乞佛熾槃死矣，子茂蔓大破蒙遜，生禽興國，殺三千餘人。蒙遜贖興國，送穀三十萬斛，竟不遣。蒙遜乃立興國母弟菩提爲世子，朝廷未知也。七年，以興國爲冠軍將軍、河西王世子。其年夏四月，西虜赫連定爲索虜拓跋燾所破，[1]奔上邽。十一月，茂蔓聞定敗，將家户及興國東征，欲移居上邽。八年正月至南安，[2]定率衆禦茂蔓，大破之，殺茂蔓，[3]執興國而還。四月，定避拓跋燾，欲渡河西擊蒙遜。五月，率部曲至治城峽口，[4]渡河，濟未半，爲吐谷渾慕瑣所邀，[5]見獲，興國被創數日死。

[1]赫連定：人名。匈奴族首領，十六國時夏國末代君主，爲吐谷渾所滅。事見《晋書》卷一三〇《赫連勃勃載記》。

[2]南安：郡名。治所在今甘肅隴西縣東南。

[3]殺茂蔓：丁福林《校議》云："'茂蔓'，即《魏書》《通鑑》之'暮末'。考《魏書·乞伏國仁傳暮末附傳》云是時'暮末及宗族五百餘人出降，送於上邽'，《通鑑》卷一二二云是年正月暮末出降，六月爲夏主赫連定所殺。此云殺茂蔓而還，恐是傳聞之誤。"

[4]治城峽口：地名。在今甘肅臨夏縣。

[5]吐谷渾：古西北少數民族。本書卷九六有傳。

九年，以菩提爲冠軍將軍、河西王世子。十年四月，蒙遜卒，時年六十六。私謚曰武宣王。菩提年幼，蒙遜第三子茂虔時爲酒泉太守，[1]衆議推茂虔爲主，襲蒙遜位號。十一年，茂虔上表曰："臣聞功以濟物爲高，非竹帛無以述德，名以當實爲美，非謚號無以休終。先臣蒙遜西復凉城，澤憺崐裔，芟夷群暴，清灑區夏。暨運鍾有道，備大宋之宗臣，爵班九服，享惟永之丕祚，功名昭著，剋固貞節。考終由正，而請名之路無階，懿跡雖弘，而述叙之美有缺。臣子痛感，咸用不安。謹案謚法，剋定禍亂曰武，善聞周達曰宣。先臣廓清河外，勳光天府，標牓稱迹，實兼斯義。輒上謚爲武宣王。若允天聽，垂之史筆，則幽顯荷榮，始終無恨。"詔曰："使持節、侍中、都督秦河沙凉四州諸軍事、車騎大將軍、開府儀同三司、領護匈奴中郎將、西夷校尉、凉州牧河西王蒙遜，才兼文武，勳濟西服，爰自萬里，款誠夙著，方仗忠果，翼宣遠略，奄至薨隕，悽悼于懷。便遣使弔祭，并加顯謚。嗣子茂虔，纂戎前軌，乃心彌彰，宜蒙寵授，紹兹蕃業。可持節、散騎常侍、都督涼秦河沙四州諸軍事、征西大將軍、領護匈奴中郎將、西夷校尉、涼州刺史、河西王。"

[1]茂虔：人名。《御覽》引《十六國春秋·北涼録》《晉書》同，而《魏書》《通鑑》則作"牧健"。錢大昕《考異》云："茂虔，《北史》作牧犍。茂牧聲相近，犍與虔同音。"蓋聲音轉譯。

　　河西人趙㲯善歷算。[1]十四年，茂虔奉表獻方物，并獻《周生子》十三卷，《時務論》十二卷，《三國總略》二十卷，《俗問》十一卷，[2]《十三州志》十卷，[3]《文檢》六卷，《四科傳》四卷，《燉煌實録》十卷，[4]《涼書》十卷，[5]《漢皇德傳》二十五卷，《亡典》七卷，《魏駁》九卷，《謝艾集》八卷，《古今字》二卷，《乘丘先生》三卷，[6]《周髀》一卷，[7]《皇帝王歷三合紀》一卷，《趙㲯傳》并《甲寅元歷》一卷，《孔子讚》一卷，合一百五十四卷。茂虔又求晉、趙起居注諸雜書數十件，太祖賜之。

[1]趙㲯：人名。河西敦煌（今甘肅敦煌市）人。歷術學家，拓跋燾平北涼，入仕於魏，對北魏曆法改革很有貢獻，以其所著《玄始曆》代替《景初曆》，文成帝拓拔濬時又用"甲寅之曆"。不知所終。
[2]《俗問》：疑即《問禮俗》，三國魏人董勛撰，久佚，現存有清代王謨等三種輯本。

[3]《十三州志》：北魏敦煌人闞駰（字玄陰）撰。駰博通經傳，曾任北涼沮渠蒙遜秘書考課郎中。北涼亡後，於北魏任從事郎中。書久佚，現存有王謨、張澍、王仁俊三種輯本。

[4]《燉煌實錄》：北魏敦煌人劉昞（字延明）撰。劉昞於西涼李暠時任儒林祭酒，從事中郎，後任北涼沮渠蒙遜秘書郎，入魏任樂平王從事中郎，著有《涼書》《略記》等書。《燉煌實錄》爲西涼國史，久佚，現存有清湯球及《說郛》兩種輯本。

[5]《涼書》：按《涼書》有兩種，一爲北魏渤海蓨（今河北景縣）人高謙之（字通讓）所撰。謙之祖父高潛娶北涼沮渠茂虔女爲妻，故其父高崇曾入繼茂虔爲後嗣，入北魏歷任奉朝請、國子博士等官。另一種爲劉昞所撰。從高、劉二人所處歷史時間考察，元嘉十四年進獻的《涼書》應是劉昞所撰。但兩種《涼書》均已失傳，清張澍《涼州記》輯本中附錄《涼書》兩則，也不知是哪家《涼書》的佚文。

[6]《乘丘先生》三卷：中華本校勘記云：“乘丘”《元龜》二三二作“桑丘”，《隋書·經籍志》雜家云：“梁有《桑丘先生書》二卷，晉征南軍師楊偉撰，亡。”章宗源《考證》云：“案《宋書·大且渠蒙遜傳》‘乘丘先生’，即此‘桑丘先生’也。生下當有書字。”

[7]《周髀》：中國古代天體學說“蓋天說”專著，相傳成書於周公。解釋此書者有《周髀算經》，今存。

十六年閏八月，[1]拓跋燾攻涼州，茂虔兄子萬年爲虜內應，茂虔見執。茂虔弟安彌縣侯無諱先爲征西將軍、沙州刺史、都督建康以西諸軍事、酒泉太守，第六弟武興縣侯儀德爲征東將軍、秦州刺史、都督丹嶺以西諸軍事、張掖太守。[2]燾既獲茂虔，遣軍擊儀德。棄城奔無諱。於是無諱、儀德擁家户西就從弟敦煌太守唐兒。燾使將守武威、酒泉、張掖而還。十七年正月，無

諱使唐兒守敦煌，自與儀德伐酒泉，三月，剋之。攻張
掖、臨松，得四萬餘户，還據酒泉。十八年五月，唐兒
反，[3]無諱留從弟天周守酒泉，復與儀德討唐兒。唐兒
將萬餘人出戰，大敗，執唐兒殺之，復據敦煌。七月，
拓跋燾遣軍圍酒泉。十月，城中饑，萬餘口皆餓死，天
周殺妻以食戰士，食盡，城乃陷，執天周至平城，[4]殺
之。于時虜兵甚盛，無諱衆饑，懼不自立，欲引衆西
行。十一月，遣弟安周五千人伐鄯善，堅守不下。十九
年四月，無諱自率萬餘家棄敦煌，西就安周，未至而鄯
善王比龍將四千餘家走，因據鄯善。初，唐契自晋昌奔
伊吾，是年攻高昌，高昌城主闞爽告急。[5]八月，無諱
留從子豐周守鄯善，自將家户赴之。未至，而芮芮遣軍
救高昌，殺唐契，部曲奔無諱。九月，無諱遣將衞寮夜
襲高昌，[6]爽奔芮芮，無諱復據高昌。

[1]閏八月：丁福林《校議》云："《通鑑》載上事在是年九月
丙戌，《魏書·世祖紀上》載在太延五年九月丙戌，即宋之元嘉十
六年九月也。考元嘉十六年乃閏九月，非閏八月，則此云'閏八
月'者必誤。是年九月壬戌朔，二十五日丙戌，此'閏八月'，應
爲'九月'之訛。"

[2]武興：郡名。治所在今甘肅武威市涼州區。　儀德：人名。
《魏書》《通鑑》作"宜得"。　丹嶺：縣名。治所在今甘肅迭部縣
東南。

[3]十八年五月，唐兒反：《通鑑》卷一二三記唐兒叛在元嘉
十八年"四月"，非"五月"。

[4]平城：地名。時北魏的都城。治所在今山西大同市。

[5]闞爽：人名。諸本作"闞爽"。《北史》卷九七《西域傳》

作“闚爽”，中華本據改。

　　[6]衛寮：人名。《魏書》作“衛興奴”。

　　遣常侍氾僑奉表使京師，獻方物。太祖詔曰：“往年狁虜縱逸，侵害涼土，西河王茂虔遂至不守，淪陷寇逆，累世著誠，以爲矜悼。次弟無諱克紹遺業，保據方隅，外結鄰國，内輯民庶，係心闕庭，踐修貢職，宜加朝命，以褒篤勳。可持節、散騎常侍、都督涼河沙三州諸軍事、征西大將軍、領護匈奴中郎將、西夷校尉、涼州刺史、河西王。”

　　無諱卒，弟安周立。二十一年，詔曰：“故征西大將軍、河西王無諱弟安周，才略沈到，世篤忠款，統承遺業，民衆歸懷。雖亡士喪師，孤立異所，而能招率殘寡，攘寇自今，宜加榮授，垂軌先烈。可使持節、散騎常侍、都督涼河沙三州諸軍事、領西域戊己校尉、涼州刺史、河西王。”[1]世祖大明三年，[2]安周奉獻方物。

　　[1]西域戊己校尉：官名。初置於西漢，領護屯田，秩比二千石。曹魏治所在高昌。後作爲中央政府管理西域的重要官員之一。

　　[2]大明：宋孝武帝劉駿年號（457—464）。

　　史臣曰：氐藉世業之資，胡因倔起之衆，結根百頃，跨有河西，雖戎夷猾夏，自擅荒服，而財力雄富，頗尚禮文。楊氏兵精地險，境接華漢，伺隙邊關，首鼠疆場，遂西入白馬，東出黄金，[1]乘晉壽之捷，構圍涪之釁，規吞黑水，[2]志傾井絡，[3]紀、郫之勢方危，[4]樊、鄧之心屢駭。[5]天子聽朝不怡，有懷辛、李之將，[6]而齊之宣皇，[7]率偏旅數百，定命先驅，推鋒直指，勢踰風電，雲徹席卷，致屆南城，逐北追奔，全勝萬里，敵人皆裹骨輿屍，越至險而自竄，其餘皆膏身山野，[8]委骸川澤。既而裴、劉二將，[9]藉其威聲，故使濁水靡旗，蘭皋失嶮，氐族轉徙奔亡，遺燼不滅者若綖，梁土獲乂，以迄于今。由此而言，功烈可謂盛矣。

[1]黃金：古戍名。爲戰略要地，在今陝西洋縣東北黃金山上。

[2]黑水：河名。漢水的一條支流，流經陝西漢中地區。泛指漢中。

[3]井絡：地名。語出《河圖·括地象》：“岷山之精，上爲井絡。”用以概指蜀中。

[4]紀、郢：紀南城、郢都。爲春秋楚國都城，在今湖北荊州市荊州區。

[5]樊：在今湖北襄陽市樊城區。　鄧：西周春秋時國名。在今湖北襄陽市西北。

[6]有懷辛、李之將：懷念抗擊外族的辛、李兩位將軍。辛，即辛武賢。狄道人，辛慶忌之父。在漢中期兩次任破羌將軍，平定羌亂，征烏孫，至敦煌，後不復出。事見《漢書》卷六九《辛慶忌傳》。李，即李廣。號飛將軍，抗擊匈奴名將。史稱其“猿臂善射，匈奴畏之”。《漢書》卷五四有傳。

[7]齊之宣皇：即齊高帝蕭道成之父蕭承之，蕭道成稱帝後追尊爲宣皇帝。此指元嘉十年蕭承之任漢中太守時討氐帥楊難當事。事見本書卷七八《蕭思話傳》及《南齊書》卷一《高帝紀上》。

[8]膏身：獻身。

[9]裴：即龍驤將軍裴方明。　劉：即積弩將軍劉康祖。裴、劉在劉真道節制下，大破氐酋楊難當。事見本卷。

宋書　卷九九

列傳第五十九

二凶

　　元凶劭字休遠，[1]文帝長子也。帝即位後生劭，時上猶在諒闇，[2]故秘之。三年閏正月，[3]方云劭生。自前代以來，未有人君即位後皇后生太子，唯殷帝乙既踐阼，正妃生紂，[4]至是又有劭焉。體元居正，上甚喜説。

　　[1]元凶：罪魁禍首，因劉劭弑父篡位而得此惡名。

　　[2]諒闇：又作“亮陰”“涼陰”。本爲居喪之所，即凶廬，引申爲居喪之時。

　　[3]三年：指元嘉三年（426）。

　　[4]唯殷帝乙既踐阼，正妃生紂：此乃附會之辭。《史記》卷三《殷本紀》：“帝乙長子曰微子啓，啓母賤，不得嗣。少子辛，辛母正后，辛爲嗣。”説明辛（紂）並非帝乙踐阼所生。

　　年六歲，拜爲皇太子，中庶子二率入直永福省。[1]更築宮，制度嚴麗。年十二，出居東宮，[2]納黄門侍郎殷淳女爲妃。[3]十三，加元服。[4]好讀史傳，尤愛弓馬，及長，美須眉，大眼方口，長七尺四寸。親覽宮事，延接賓客，意之所欲，上必從之。東宮置兵，與羽林等。[5]十七年，劭拜京陵，[6]大將軍彭城王義康、竟陵王誕、尚書桂陽侯義融並從，[7]司空江夏王義恭自江都來會京口。[8]

[1]中庶子：官名。即太子中庶子。太子屬官，掌護養太子之職。五品。　二率：官名。即太子左、右衛率。太子宿衛武官。五品。

[2]東宮：太子所居宮。

[3]黄門侍郎：官名。門下省次官，掌諫議侍從。五品。　殷淳：人名。字粹遠，陳郡長平人，官至秘書丞。本書卷五九有傳。　女：即殷淳之女。劉劭篡位立爲皇后。

[4]元服：冠。《漢書》卷七《昭帝紀》：“帝加元服。”顏師古注：“元，首也。冠者，首之所著，故曰元服。”加元服後即爲成年人。

[5]羽林：皇帝的衛隊。

[6]京陵：在京口。

[7]彭城王：王爵名。王國在今江蘇徐州市。　義康：人名。即劉義康。宋武帝子。本書卷六八有傳。　竟陵王：王爵名。王國在今湖北鍾祥市。　誕：人名。即劉誕。字休文，文帝第六子。本書卷七九有傳。　義融：人名。即劉義融。宋宗室，劉裕之弟道憐子。本書卷五一有附傳。

[8]江夏王：王爵名。王國在今湖北武漢市武昌區。　義恭：人名。即劉義恭。宋武帝子，屢任宰輔。本書卷六一有傳。　京口：地名。在今江蘇鎮江市京口區。

二十七年，上將北伐，劭與蕭思話固諫，[1]不從。
索虜至瓜步，[2]京邑震駭，[3]劭出鎮石頭，[4]總統水軍，
善於撫御。上登石頭城，有憂色，劭曰："不斬江湛、
徐湛之，[5]無以謝天下。"上曰："北伐自我意，不關二
人也。"

[1]蕭思話：人名。南蘭陵（今江蘇常州市武進區）人，外
戚。本書卷七八有傳。
[2]索虜：南朝對北魏的蔑稱。以鮮卑人頭上有辮髮故稱索虜
或索頭虜。　瓜步：山名。在今江蘇南京市六合區。古時南臨長
江，爲軍事要地。
[3]京邑：首都建康，在今江蘇南京市。
[4]石頭：古城名。在今江蘇南京市西清涼山，控扼江險，爲
捍衛京師的軍事要地。
[5]江湛：人名。字徽淵，濟陽考城（今河南民權縣）人。本
書卷七一有傳。　徐湛之：人名。字孝源，東海人。本書卷七一
有傳。

上時務在本業，勸課耕桑，使宮内皆蠶，欲以諷勵
天下。有女巫嚴道育，本吳興人，[1]自言通靈，能役使
鬼物。夫爲劫，坐没入奚官。[2]劭姊東陽公主應閣婢王
鸚鵡白公主云：[3]"道育通靈有異術。"主乃白上，託云
善蠶，求召入，見許。道育既入，自言服食，主及劭並
信惑之。始興王濬素佞事劭，[4]與劭並多過失，慮上知，
使道育祈請，欲令過不上聞。道育輒云："自上天陳請，
必不泄露。"劭等敬事，號曰天師。後遂爲巫蠱，[5]以玉
人爲上形像，埋於含章殿前。[6]

［1］吴興：郡名。治所在今浙江湖州市吴興區。

［2］奚官：官署名。屬少府，掌役使罪奴。

［3］東陽公主：即劉英娥。王僧綽妻，王儉嫡母。初封武康公主，後改封東陽公主，袁皇后所生。

［4］始興王：王爵名。王國在今廣東韶關市東南蓮花嶺下。濬：人名。即劉濬。本卷有傳。

［5］巫蠱：一種用巫術詛咒人病死的法術。

［6］含章殿：位於東宫之内。

初，東陽主有奴陳天興，鸚鵡養以爲子，而與之淫通。鸚鵡、天興及寧州所獻黄門慶國並預巫蠱事。[1]劭以天興補隊主。[2]東陽主薨，鸚鵡應出嫁，劭慮言語難密，與濬謀之。時吴興沈懷遠爲濬府佐，[3]見待異常，乃嫁鸚鵡與懷遠爲妾，不以啓上，慮後事泄，因臨賀公主微言之。[4]上後知天興領隊，遣閹人奚承祖詰讓劭曰：[5]“臨賀公主南第先有一下人欲嫁，[6]又聞此下人養他人奴爲兒，而汝用爲隊主，抽拔何乃速。汝間用主、副，並是奴邪？欲嫁置何處？”劭答曰：“南第昔屬天興，求將驅使，臣答曰：‘伍那可得，若能擊賊者，可入隊。’當時蓋戲言耳，都不復憶。後天興道上通辭乞位，追存往爲者，不忍食言，呼視見其形容粗健，堪充驅使，脱爾使監禮兼隊副。比用人雖取勞舊，亦參用有氣幹者。謹條牒人名上呈。下人欲嫁者，猶未有處。”時鸚鵡已嫁懷遠矣。劭懼，馳書告濬，并使報臨賀主：“上若問嫁處，當言未有定所。”濬答書曰：“奉令，伏深惶怖，啓此事多日，今始來問，當是有感發之者，未測源由耳。計臨賀故當不應翻覆言語，自生寒熱也。此姥由來挾兩端，難可孤保，正爾自問臨賀，冀得審實也。其若見問，當作依違答之。天興先署佞人府位，不審監上當無此簿領耳。急宜犍之。殿下已見王未？宜依此具令嚴自躬上啓聞。彼人若爲不已，[7]正可促其餘命，[8]或是大慶之漸。"凡劭、濬相與書疏類如此，所言皆爲名號，謂上爲"彼人"，或以爲"其人"，以太尉江夏王義恭爲"佞人"，東陽主第在西掖門外，故云"南第"，王即鸚鵡姓，躬上啓聞者，令道育上天白天神也。

[1]寧州：治所在今雲南曲靖市。　黃門：宦官。初補內侍稱小黃門，遷補則爲內侍黃門。　慶國：人名。僅兩見於本卷，其事不詳。

[2]隊主：軍隊的下級軍官，掌管一隊。

[3]沈懷遠：人名。吳興武康（今浙江德清縣）人，時任濬府參軍。本書卷八二有附傳。

[4]臨賀公主：本書僅此一見，其事不詳。

[5]奚承祖：人名。本書僅此一見，其事不詳。

[6]臨賀公主南第先有一下人欲嫁：丁福林《校議》根據上下文意認爲："臨賀公主後佚一'云'字，即'南第先有一下人欲嫁'乃臨賀所云也。"

[7]彼人若爲不已：《通鑑》宋元嘉二十九年"若"字下有"所"字。

[8]促：諸本作"保"。中華本據《南史》《通鑑》改。

鸚鵡既適懷遠，慮與天興私通事泄，請劭殺之。劭密使人害天興。慶國謂宣傳往來，唯有二人，天興既死，慮將見及，乃具以其事白上。上驚惋，即遣收鸚鵡，封籍其家，得劭、濬書數百紙，皆呪詛巫蠱之言，得所埋上形像於宮內。道育叛亡，討捕不得，上大怒，窮治其事，分遣中使入東諸郡搜討，[1]遂不獲。上詰責劭、濬，劭、濬惶懼無辭，唯陳謝而已。道育變服爲尼，逃匿東宮，濬往京口，又載以自隨，或出止民張旿家。[2]

[1]中使：宮中使者，多以宦者充任。
[2]張旿：人名。其事僅見本卷，餘不詳。

江夏王義恭自盱眙還朝，[1]上以巫蠱告之，曰：“常見典籍有此，謂之書傳空言，不意遂所親覩。劭雖所行失道，未必便亡社稷，南面之日，非復我及汝事。汝兒子多，將來遇此不幸爾。”

[1]盱眙：郡名。治所在今江蘇盱眙縣東北。

先是二十八年，彗星起畢、昴，[1]入太微，[2]掃帝座端門，[3]滅翼、軫。[4]二十九年，熒惑逆行守氐，[5]自十一月霖雨連雪，太陽罕曜。三十年正月，大風飛霰且雷。上憂有竊發，輒加劭兵眾，東宮實甲萬人。車駕出行，劭入守，使將白直隊自隨。[6]

[1]畢：星宿名。畢宿，二十八宿之一。　昴：星宿名。昴宿，二十八宿之一。

[2]太微：星座名。即太微垣。古代天文學認爲其是日、月、行星的廷堂、出發點。

[3]帝座：帝星。

[4]翼、軫：皆屬二十八宿。

[5]熒惑：火星的別名。　氐：星宿名。二十八宿之一。東方蒼龍宿第三宿，有星四顆，也稱天根。古人認爲以上皆爲天象異常，預示人間戰亂。

[6]白直隊：東宮編外的值班衛隊。

其年二月，濬自京口入朝，當鎮江陵，[1]復載道育還東宮，欲將西上。有告上云：“京口民張旰家有一尼，服食，出入征北内，[2]似是嚴道育。”上初不信，試使掩録，得其二婢，云：“道育隨征北還都。”上謂劭、濬已當斥遣道育，而猶與往來，惆悵惋駭。乃使京口以船送道育二婢，須至檢覈，廢劭，賜濬死，以語濬母潘淑妃，[3]淑妃具以告濬。濬馳報劭，劭因是異謀，每夜輒饗將士，或親自行酒，密與腹心隊主陳叔兒、詹叔兒、齋帥張超之、任建之謀之。[4]

[1]江陵：治所在今湖北荆州市荆州區。

[2]征北：官名。即征北將軍。多授出鎮將軍以爲號。時劉濬爲征北將軍。

[3]潘淑妃：宋文帝之寵妃。《南史》卷一一有傳。

[4]陳叔兒：人名。本書卷七九《竟陵王誕傳》稱“逆黨陳叔兒等，泉寶鉅億，資貨不貲”，可見也是個搜刮能手。　詹叔兒：

人名。時任龍驤將軍，率軍抵抗柳元景。　齋帥：官名。諸王及太子的屬官，負責侍衛及灑掃等事，多由寒人充任。　張超之：人名。亦作“張超”。劉劭逆黨。　任建之：人名。其事僅見本卷，餘不詳。

　　道育婢將至，其月二十一日夜，詐上詔云：“魯秀謀反，[1]汝可平明守闕，率衆入。”因使超之等集素所畜養兵士二千餘人，皆使被甲，召內外幢隊主副，[2]豫加部勒，云有所討。宿召前中庶子、右軍長史蕭斌，[3]夜呼斌及左衛率袁淑，[4]中舍人殷仲素、左積弩將軍王正見，[5]並入宮，告以大事，自起拜斌等，因流涕，衆並驚愕，語在《淑傳》。明旦未開鼓，劭以朱服加戎服上，乘畫輪車，與蕭斌同載，衛從如常入朝之儀，守門開，從萬春門入。[6]舊制，東宮隊不得入城，劭與門衛云：“受敕，有所收討。”令後隊速來，張超之等數十人馳入雲龍、東中華門及齋閤，[7]拔刃徑上合殿。[8]上其夜與尚書僕射徐湛之屏人語，至旦燭猶未滅，直衛兵尚寢。超之手行弒逆，并殺湛之。劭進至合殿中閤，太祖已崩，出坐東堂，蕭斌執刀侍直。呼中書舍人顧嘏，[9]嘏震懼不時出，既至，問曰：“欲共見廢，何不蚤啓。”未及答，即於前斬之。遣人於崇禮闥殺吏部尚書江湛。太祖左細杖主卜天與攻劭於東堂，[10]見殺。又使人從東閤入殺潘淑妃，又殺太祖親信左右數十人。急召始興王濬，率衆屯中堂。又召太尉江夏王義恭、尚書令何尚之。[11]

　　[1]魯秀：人名。小字天念，扶風人。本書卷七四有附傳。

[2]內外幢隊主副：內外儀衛隊的主將和副將。幢隊，儀衛隊，有時也可出征。

[3]右軍長史：官名。右軍將軍府幕僚長，管府中庶務。　蕭斌：人名。宋時將領。本書卷七八有附傳。

[4]袁淑：人名。字陽源，陳郡陽夏人。本書卷七〇有傳。

[5]中舍人：官名。即太子中舍人。與中庶子共掌東宮文翰，位在中庶子下。　殷仲素：人名。其事僅見本卷，餘不詳。　左積弩將軍：官名。即太子左積弩將軍。掌東宮侍衛。　王正見：人名。其事僅見本卷，餘不詳。

[6]萬春門：門名。臺城（苑城）的東門，舊名東華門。

[7]雲龍：門名。二重宮牆的東門，直對萬春門。　齋閣：皇帝宮中的書房。

[8]合殿：齋閣中的內房。《通鑑》注引李延壽曰：“晋世諸帝多處內房……不製嘉名，文帝因之，亦有合殿之稱。”

[9]中書舍人：官名。中書省屬吏，南朝時多受皇帝信用，掌詔誥文書參預機謀，漸成要職。七品。　顧嘏：人名。本書僅此一見，其事不詳。

[10]左細杖主：官名。掌皇帝儀衛，一般由直閣將軍擔任。卜天與：人名。吳興餘杭（今浙江杭州市餘杭區）人。本書卷九一有傳。

[11]太尉：官名。東漢時爲三公之一，魏晋南朝時無實際職掌，但東晋末年劉裕任太尉時則有實權，多加重臣。一品。　尚書令：官名。尚書省長官，掌政務。三品。　何尚之：人名。字彥德，廬江人。本書卷六六有傳。

劭即僞位，爲書曰：“徐湛之、江湛弑逆無狀，吾勒兵入殿，已無所及，號惋崩衄，肝心破裂。今罪人斯得，元凶克殄，可大赦天下。改元嘉三十年爲太初元年。[1]文武並賜位二等,[2]諸科一依丁卯。"[3]初使蕭斌作詔,斌辭以不文,乃使侍中王僧綽爲之。[4]使改元爲太初,劭素與道育所定。斌曰:"舊踰年改元。"劭以問僧綽,僧綽曰:"晋惠帝即位,便改號。"劭喜而從之。百僚至者裁數十人,劭便遽即位。即位畢,稱疾還入永福省,然後遷大行皇帝升太極前殿。是日,以蕭斌爲散騎常侍、尚書僕射、領軍將軍,[5]何尚之爲司空,[6]前右衛率檀和之戍石頭,[7]侍中營道侯義綦爲征虜將軍、晋陵南下邳二郡太守,[8]鎮京城,[9]尚書殷沖爲侍中、中護軍。[10]大行皇帝大斂,劭辭疾不敢出。先給諸王及諸處兵仗,悉收還武庫。殺徐湛之、江湛親黨新除始興内史荀赤松、新除尚書左丞臧凝之、山陰令傅僧祐、吴令江徽、前征北行參軍諸葛詡、右衛司馬江文綱。[11]以殷仲素爲黄門侍郎,王正見爲左軍將軍,[12]張超之及諸同逆聞人文子、徐興祖、詹叔兒、陳叔兒、任建之等,並將校以下龍驤將軍帶郡,[13]各賜錢二十萬。遣人謂魯秀曰:"徐湛之常欲相危,我已爲卿除之矣。"使秀與屯騎校尉龐秀之對掌軍隊。[14]以侍中王僧綽爲吏部尚書,[15]司徒左長史何偃爲侍中。[16]成服日,劭登殿臨靈,號慟不自持。博訪公卿,詢求治道,薄賦輕繇,損諸遊費。田苑山澤,有可弛者,假與貧民。

[1]太初:元凶劉劭年號(453)。

[2]位:九品官人法下的品位。

[3]諸科一依丁卯:意爲一切獎勵政策皆按元嘉四年三月丙子詔令辦理。見本書卷五《文帝紀》,文長不録。丁卯,干支紀年,

即元嘉四年（427）。

［4］侍中：官名。門下省長官，掌侍從諫議。三品。　王僧綽：人名。琅邪臨沂人。本書卷七一有傳。

［5］散騎常侍：官名。掌侍從諫議。三品。　尚書僕射：官名。尚書省次官。三品。　領軍將軍：官名。掌宿衛。三品。

［6］司空：官名。位比三公。一品。

［7］右衛率：官名。太子的侍衛武官。五品。本書卷九七《林邑傳》作“左衛率”。　檀和之：人名。文帝時任龍驤將軍、交州刺史，征林邑時立有大功，受詔令嘉獎，並升任黃門侍郎，領越騎校尉行建武將軍。

［8］營道侯：侯爵名。侯國在今湖南寧遠縣東。　義綦：人名。即劉義綦。劉氏宗室，凡鄙無識知。本書卷五一有附傳。

［9］京城：即京口，又名北京、北府。

［10］殷沖：諸本作“殷仲景”。孫彪《考論》云：“據《殷淳傳》，殷沖以度支尚書爲元凶侍中、護軍。此殷仲景又一人，按即沖字誤，又衍景字。”中華本據改。

［11］内史：官名。掌治封國政務，職同郡守。五品。　荀赤松：人名。潁川潁陰（今河南許昌市）人，荀伯子之子。本書卷六〇有附傳。　尚書左丞：官名。尚書省屬吏，掌佐尚書令管省内事。六品。　臧凝之：人名。東莞莒（今山東莒縣）人，臧燾之孫。事見本書卷五五《臧燾傳》。　山陰：縣名。治所在今浙江紹興市。　傅僧祐：人名。臧燾外孫。本書卷五五有附傳。　吳：縣名。治所在今江蘇蘇州市。　江徽：人名。濟陽考城人，江秉之子。事見本書卷九二《江秉之傳》。　征北行參軍：官名。征北將軍的屬吏。行參軍職略低於參軍，職掌相同。七品。　諸葛詡：人名。本書僅此一見，其事不詳。　右衛司馬：官名。右衛將軍的佐吏。　江文綱：人名。本書僅此一見，其事不詳。

［12］左軍將軍：官名。宿衛武職，四軍將軍（左、右、前、後）之一。四品。

[13]聞人文子、徐興祖：皆人名。事皆見本卷，餘不詳。　龍驤將軍：官名。名號將軍。三品。

[14]屯騎校尉：官名。掌侍衛。四品。　龐秀之：人名。河南人，原爲劉劭所信任，後投孝武帝。本書卷七八有附傳。

[15]吏部尚書：官名。尚書省吏部曹長官，掌官吏選任。三品。

[16]司徒左長史：官名。司徒的佐吏，掌司徒府。司徒不設時，仍掌司徒府事，如民政、户口、九品官人法下的資品確定等。五品。　何偃：人名。廬江灊（今安徽霍山縣）人，何尚之之子。本書卷五九有傳。

三月，遣大使分行四方，分浙以東五郡爲會州，[1]省揚州立司隸校尉，[2]以殷沖補之。以大將軍江夏王義恭爲太保，[3]司徒南譙王義宣爲太尉，衛將軍、荆州刺史始興王濬進號驃騎將軍。[4]王僧綽以先預廢立，見誅。長沙王瑾、瑾弟楷、臨川王燁、桂陽侯覬、新渝侯玠，[5]並以宿恨下獄死。禮官希旨，謚太祖不敢盡美稱，上謚曰中宗景皇帝。以雍州刺史臧質爲丹陽尹。[6]進世祖號征南將軍，[7]加散騎常侍，撫軍將軍南平王鑠中軍將軍，[8]會稽太守隨王誕會州刺史。[9]江夏王義恭以太保領大宗師，諮稟之科，依晉扶風王故事。

[1]會州：治所在今浙江紹興市。

[2]揚州：治所在京師，即今江蘇南京市。　司隸校尉：官名。監察京師百官。三品。

[3]太保：官名。無實際職掌，多加重臣以爲榮寵，同三公。一品。

［4］衛將軍、驃騎將軍：皆屬重號將軍，以授重臣。二品。

［5］新渝侯玠：諸本作“新諭侯球”，中華本據本書卷五一《長沙景王道憐傳》改。

［6］丹陽尹：官名。丹陽郡長官。時丹陽治京師，故郡守稱尹。

［7］世祖：宋孝武帝劉駿廟號。　征南將軍：官名。四征將軍之一，多授出鎮大臣。三品。

［8］撫軍將軍、中軍將軍：皆官名。名號將軍。三品。

［9］會稽：郡名。治所在今浙江紹興市。

世祖及南譙王義宣、隨王誕諸方鎮並舉義兵。[1]劭聞義師大起，悉聚諸王及大臣於城內，移江夏王義恭住尚書下舍，義恭諸子住侍中下省。自永初元年以前，[2]相國府入齋、傳教、給使，免軍戶，屬南彭城薛縣。[3]劭下書，以中流起兵，當親率六師，[4]觀變江介，悉召下番將吏。[5]加三吳太守軍號，[6]置佐領兵。四月，立妻殷氏爲皇后。

［1］南譙王：王爵名。王國在今安徽巢湖市居巢區東南。　義宣：人名。即劉義宣。宋武帝子。本書卷六八有傳。

［2］永初：宋武帝劉裕年號（420—422）。

［3］南彭城薛縣：治所均在今江蘇鎮江市、丹陽市、常州市一帶。

［4］六師：一作“六軍”。軍隊的總稱。

［5］下番將吏：《通鑑》胡三省注曰：“宿衛分上下番，更休迭代。今悉召下番將吏以自備，更不分番。”

［6］三吳：吳、吳興、會稽。

世祖檄京邑曰：

　　夫運不常隆，代有莫大之釁。爰自上葉，或因多難以成福，或階昏虐以兆亂，咸由君臣義合，理悖恩離，故堅冰之遘，每鍾澆末，未有以道御世、教化明厚，而當梟鏡反噬、難發天屬者也。[1]先帝聖德在位，功格區宇，明照萬國，道洽無垠，風之所被，荒隅變識，仁之所動，木石開心。而賊劭乘藉冢嫡，夙蒙寵樹，正位東朝，禮絶君后，凶慢之情，發於韶齓，猜忍之心，成於幾立。賊濬險躁無行，自幼而長，交相倚附，共逞姦回。先旨以王室不造，家難亟結，故含蔽容隱，不彰其釁，訓誘啓告，冀能革音。何悟狂慝不悛，同惡相濟，肇亂巫蠱，終行弑逆，聖躬離荼毒之痛，[2]社稷有翦墜之哀，四海崩心，人神泣血，生民以來，未聞斯禍。奉諱驚號，肝腦塗地，煩冤膈臆，容身無所。大將軍、諸王幽閉窮省，[3]存亡未測。徐僕射、江尚書、袁左率，皆當世標秀，一時忠貞，或正色立朝，或聞逆弗順，並橫分階闥，懸首都市。宗黨夷滅，豈伊一姓，禍毒所流，未知其極。

[1]梟鏡：亦作“梟獍”。舊説梟爲惡鳥，生而食母；獍爲惡獸，生而食父。《漢書・郊祀志》：“祠黃帝用一梟、破鏡。”孟康注：“梟，鳥名，食母。破鏡，獸名，食父。”

[2]躬離：即躬羅，親自遭遇。

[3]幽閉窮省：“閉”，諸本作“閑”。龔道耕《蛛隱廬日箋》云：“閑當作閉。”中華本據改。

　　昔周道告難，齊、晋勤王，[1]漢曆中圮，虛、牟立節，[2]異姓末屬，猶或亡軀，況幕府職同昔人，義兼臣子，所以枕戈嘗膽，[3]苟全視息，志梟元凶，少雪仇耻。今命冠軍將軍領諮議中直兵柳元景、寧朔將軍領中直兵馬文恭等，[4]統勁卒三萬，風馳徑造石頭，分趨白下。[5]輔國將軍領諮議中直兵宗慤等，[6]勒甲楯二萬，征虜將軍領司馬武昌內史沈慶之等，[7]領壯勇五萬，相尋就路。支軍別統，或焚舟破釜，步自姑孰，[8]或迅檝蕪湖，[9]入據雲陽。[10]凡此諸帥，皆英果權奇，智略深贍，名震中土，勳暢遐疆。幕府親董精悍一十餘萬，授律枕戈，駱驛繼邁。司徒叡哲淵謨，赫然震發，徵甲八州，電起荊郢。冠軍將軍臧質忠烈協舉，[11]雷動漢陰。[12]冠軍將軍朱脩之誠節亮款，悉力請奮。荆、雍百萬，稍次近塗，蜀、漢之卒，續已出境。又安東將軍誕、平西將軍遵考、前撫軍將軍蕭思話、征虜將軍魯爽、前寧朔將軍王玄謨，[13]並密信俱到，不契同期，傳檄三吳，馳軍京邑，遠近俱發，揚斾萬里。樓艦騰川，則滄江霧咽，銳甲赴野，則林薄摧根。謀臣智士，雄夫毅卒，畜志須時，懷憤待用。先聖靈澤，結在民心，逆順大數，冥發天理，無父之國，天下無之。羽檄既馳，華夷響會，以此衆戰，誰能抗禦，以此義動，何往不捷。況逆醜無親，人鬼所背，計其同惡，不盈一旅，崇極群小，是與比周，哲人君子，必加積忌。傾海注螢，頹山壓卵，商、周之勢，曾何足云。

[1]周道告難，齊、晉勤王：公元前 644 年，戎族侵周，周襄王告難於齊，齊桓公率諸侯軍戍周。事見《左傳》襄公十六年。公元前 635 年，平王子帶之亂，晉文公送周襄王還周。事見《左傳》僖公二十五年。

[2]漢曆中圮，虛、牟立節：漢高祖劉邦死後，吕后當政，封諸吕爲王，欲傾覆劉氏政權。齊悼惠王劉肥之子朱虛侯劉章、東牟侯劉興居堅決反對，與絳侯周勃、潁陰侯灌嬰内外聯合，消滅吕氏集團，保住劉姓江山。中圮，中衰。

[3]枕戈嘗膽：即枕戈待旦，卧薪嘗膽。前者典出《晉書》卷六二《劉琨傳》，後者典出《史記》卷四一《越王句踐世家》。兩者皆爲熟典。故不録。

[4]諮議中直兵：官名。即諮議、中直兵參軍。時孝武帝軍府屬史。諮議參軍掌謀議事，中直兵參軍掌軍府親兵。　柳元景：人名。宋時大臣。本書卷七七有傳。　寧朔將軍：官名。名號將軍。四品。　馬文恭：人名。本書卷四五有附傳。

[5]白下：古城名。在今江蘇南京幕府山南。北臨長江，時爲軍事要地。

[6]輔國將軍：官名。名號將軍。三品。　宗慤：人名。宋時將領。本書卷七六有傳。

[7]征虜將軍：官名。名號將軍。四品。　沈慶之：人名。字弘先，吳興人。本書卷七七有傳。

[8]姑孰：地名。在今安徽當塗縣。時爲豫州治所。

[9]蕪湖：地名。在今安徽蕪湖市。

[10]雲陽：地名。在今江蘇丹陽市延陵鎮。

[11]臧質：人名。字含文，東莞莒人。宋時將領。本書卷七四有傳。

[12]漢陰：地區名。泛指陝西漢中市漢水南岸地區。

[13]誕：人名。即隨王劉誕。　遵考：人名。即劉遵考。宋宗室，武帝族弟。本書卷五一有傳。　魯爽：人名。小名女生，扶風人。本書卷七四有傳。　王玄謨：人名。字彥德，太原祁人。本書卷七六有傳。

　　諸君或奕世貞賢，身□皇渥，或勳烈肺腑，休否攸同。拘逼凶勢，俛眉寇手，[1]含憤茹感，[2]不可爲心。大軍近次，威聲已接，便宜因變立功，洗雪滓累；若事有不獲，能背逆歸順，亦其次也；如有守迷遂往，黨一凶類，刑茲無赦，戮及五宗。[3]賞罰之科，信如日月。原火一燎，異物同灰，幸求多福，無貽後悔。書到宣告，咸使聞知。

[1]俛眉：低眉下氣。

[2]茹感：忍受悲痛。

[3]五宗：高祖、曾祖、祖、父、己身，五世即稱五宗。

　　劭自謂素習武事，語朝士曰：“卿等但助我理文書，勿措意戎陳。若有寇難，吾當自出，唯恐賊虜不敢動爾。”司隸校尉殷沖掌綜文符，左衛將軍尹弘配衣軍旅，[1]蕭斌總衆事。中外戒嚴。防守世祖子於侍中下省，南譙王義宣諸子於太倉空屋。[2]劭使濬與世祖書曰：“聞弟忽起狂檄，阻兵反噬，縉紳憤嘆，義夫激怒。古來陵上內侮，誰不夷滅，弟洞鑒墳籍，豈不斯具。今主上天縱英聖，靈武宏發，自登宸極，威澤兼宣，人懷甘死之志，物競舍生之節。弟蒙眷遇，著自少長，東宮之歡，其來如昨，而信惑姦邪，忘茲恩友，此之不義，人鬼同疾。今水步諸軍悉已備辦，上親御六師，太保又乘鉞臨統，[3]吾與烏羊，相尋即道。所以淹霆緩電者，猶冀弟迷而知返耳。故略示懷，言不盡意。主上聖恩，每厚法師，今在殿內住，想弟欲知消息，故及。"烏羊者，南平王鑠；法師，世祖世子小名也。

[1]左衛將軍：官名。掌宮禁宿衛，與右衛將軍對置。四品。尹弘：人名。事見下文。

[2]太倉：國家糧倉。

[3]乘鉞：丁福林《校議》云："《南史·宋宗室及諸王傳下》作'執鉞'，疑是。"按："乘鉞"疑是"秉鉞"之訛。

劭欲殺三鎮士庶家口，[1]江夏王義恭、何尚之說之曰："凡舉大事者，不顧家口。且多是驅逼，今忽誅其餘累，正足堅彼意耳。"劭謂爲然，乃下書一無所問。使褚湛之戍石頭，[2]劉思考鎮東府。[3]濬及蕭斌勸劭勒水軍自上決戰，若不爾，則保據梁山。[4]江夏王義恭慮義兵倉卒，船舫陋小，不宜水戰。乃進策曰："賊駿少年未習軍旅，遠來疲弊，宜以逸待之。今遠出梁山，則京都空弱，東軍乘虛，容能爲患。若分力兩赴，則兵散勢離。不如養銳待期，坐而觀釁。"劭善其議，[5]蕭斌厲色曰："南中郎二十年少，[6]業能建如此大事，豈復可量。三方同惡，勢據上流，沈慶之甚練軍事，柳元景、宗慤屢嘗立功。形勢如此，實非小敵。唯宜及人情未離，[7]尚可決力一戰。端坐臺城，[8]何由得久。主相咸無戰意，此自天也。"劭不納。疑朝廷舊臣悉不爲己用,厚接王羅漢、魯秀,[9]悉以兵事委之,多賜珍玩美色,以悦其意。羅漢先爲南平王鑠右軍參軍,[10]劭以其有將用,故以心膂委焉。或勸劭保石頭城者,劭曰:"昔人所以固石頭,俟諸侯勤王爾。我若守此,誰當見救。唯應力戰決之,不然不剋。"日日自出行軍,慰勞將士,親督都水治船艦,焚南岸,驅百姓家悉渡水北。使有司奏立子偉之爲皇太子,以褚湛之爲後將軍、丹陽尹,[11]置佐史,驃騎將軍始興王濬爲侍中、中書監、司徒、録尚書六條事,[12]中軍將軍南平王鑠爲使持節、都督南兗兗青徐冀五州諸軍事、征北將軍、開府儀同三司、南兗州刺史,[13]新除左將軍、丹陽尹建平王宏爲散騎常侍、鎮軍將軍、江州刺史。[14]

[1]三鎮:指南譙王義宣所統之荆州、隨王誕所統之雍州、孝武帝未即位時所統之江州。三鎮起兵攻劭,故劭欲殺其家口。

[2]褚湛之:人名。字休玄,河南陽翟(今河南禹州市)人。宋武帝駙馬,終於尚書左僕射。本書卷五二有附傳。

[3]劉思考:人名。諸本作"劉思孝"。張森楷《校勘記》云:"當作劉思考。"本書卷五一《宗室傳》有遵考從弟思考,按:作"思考"是。 東府:丞相兼揚州刺史的治所,又稱東府城。在今江蘇南京市通濟門附近。

[4]梁山:山名。在安徽和縣江邊。時爲軍事要地。

[5]議:諸本作"義",中華本據《南史》改。

[6]南中郎:指孝武帝劉駿。時駿爲南中郎將。

[7]人情未離:諸本脱"未離"二字,中華本據《通鑑》補。

[8]臺城:城名。本三國吴所築苑城,東晉成帝改爲臺城,皇

帝常駐此，在今南京市雞鳴山南。

[9]王羅漢：人名。文帝時任尉武戍主，左軍長兼行參軍，對北魏戰爭中被俘。後夜斷敵軍將頭，抱鎖逃歸。劉劭篡位，成爲心腹將領。

[10]南平王：王爵名。王國在今湖北公安縣。 鑠：人名。即劉鑠。字休玄，文帝第四子。本書卷七二有傳。 右軍參軍：官名。右軍將軍的屬吏，掌一曹事。七品。

[11]後將軍：官名。本書卷五二《褚湛之傳》作“輔國將軍”，與此不同。

[12]中書監：官名。中書省長官，與令對掌中書事。三品。錄尚書六條事：錄尚書事，自東漢以後爲宰相之任。時設分錄，即將尚書所理政務分類，六條即六類。錄六條事，即總管六類政務。

[13]都督南兗兗青徐冀五州諸軍事：丁福林《校議》云：“本書《文九王傳》云是時元凶劭以南平王鑠‘都督南兗徐兗青冀幽六州諸軍事’，亦與此異。”南兗，州名。治所在今江蘇揚州市。

[14]建平王：王爵名。王國在今重慶巫山縣。 宏：人名。即劉宏。字休度，文帝第七子。本書卷七二有傳。 鎮軍將軍：官名。與中軍、撫軍，號稱三將軍，爲中央軍職，亦授出鎮。三品。江州：治所時在今湖北黃梅縣。

龐秀之自石頭先衆南奔，人情由是大震。以征虜將軍營道侯義綦即本號爲湘州刺史，[1]輔國將軍檀和之爲西中郎將、雍州刺史。[2]

[1]湘州：治所在今湖南長沙市。

[2]西中郎將：官名。東、西、南、北四中郎將之一，多授出鎮大臣。四品。 雍州：治所在今湖北襄陽市。

十九日，義軍至新林，[1]劭登石頭烽火樓望之。二十一日，義軍至新亭。[2]時魯秀屯白石，[3]劭召秀與王羅漢共屯朱雀門。[4]蕭斌統步軍，褚湛之統水軍。二十二日，使蕭斌率魯秀、王羅漢等精兵萬人攻新亭壘，劭登朱雀門躬自督率，將士懷劭重賞，皆爲之力戰。將克，而秀斂軍遽止，爲柳元景等所乘，故大敗。劭又率腹心同惡自來攻壘，元景復破之，劭走還朱雀門，蕭斌臂爲流矢所中。褚湛之攜二子與檀和之同共歸順。劭駭懼，走還臺城。其夜，魯秀又南奔。時江夏王義恭謀據石頭，會劭已令濬及蕭斌備守。劭並焚京都軍籍，[5]置立郡縣，悉屬司隸爲民。以前軍將軍、輔國將軍王羅漢爲左衞將軍，輔國如故，左軍王正見爲太子左衞率。二十五日，義恭單馬南奔，自東掖門出，[6]於冶渚過淮。[7]東掖門隊主吳道興是臧質門人，冶渚軍主原稚孫是世祖故吏，義恭得免。[8]劭遣騎追討，騎至冶渚，義恭始得渡淮。義恭佐史義故二千餘人，隨從南奔，多爲追兵所殺。遣濬殺義恭諸子。以輦迎蔣侯神像於宮內，[9]啓顙乞恩，拜爲大司馬，封鍾山王，[10]食邑萬戶，加節鉞。蘇侯爲驃騎將軍。[11]使南平王鑠爲祝文，罪狀世祖。

[1]新林：地名。在今江蘇南京市西南雨花臺區。臨大江，時爲交通、軍事要地。

[2]新亭：地名。在今江蘇南京市南，臨江有壘，時爲交通、軍事要衝。

[3]白石：古壘名。在今江蘇南京市西。

[4]朱雀門：門名。時建康城南門，約在今江蘇南京市中華門

內，秦淮河岸。

[5]劭並焚京都軍籍：時軍人有專門的户籍，稱軍户。軍户要世代爲兵，地位低下。焚軍籍，使軍户脱離軍事管制，此意在激勵士兵效命。

[6]東掖門：門名。京師東便門。

[7]冶渚：地名。在今江蘇南京市城東。

[8]吳道興：人名。本書僅此一見，其事不詳。　原稚孫：人名。本書僅此一見，其事不詳。

[9]蔣侯：六朝時京師建康奉祀的土地神。廣陵人蔣子文東漢末爲秣陵尉，追賊至鍾山下，爲賊所傷而死。三國吳時，傳説其現身自謂當爲此土地神，孫吳使者封其爲中都侯，世謂蔣侯。奉祀蔣侯之風在建康一帶大盛。見干寶《搜神記》卷五。

[10]封鍾山王：諸本作“封鍾山郡王”，《通鑑》作“鍾山王”。按：鍾山非郡，不當有“郡”字，據《通鑑》改。

[11]蘇侯：六朝時奉祀的神靈。傳説東晉時的將領蘇峻死而化爲神，爲百姓所奉祀。

加濬使持節、都督南徐會二州諸軍事、領太子太傅、南徐州刺史，[1]給班劍二十人，[2]征北將軍、南兖州刺史南平王鑠進號驃騎將軍，與濬並録尚書事。二十七日，臨軒拜息偉之爲太子，百官皆戎服，劭獨衮衣。下書大赦天下，唯世祖、劉義恭、義宣、誕不在原例，餘黨一無所問。

[1]使持節：官名。古者大臣出使，持有皇帝所予之節杖，以爲權力的象徵。使持節具有皇帝所予之重大事情處置權，如可殺二千石級的官員。　太子太傅：官名。掌訓護太子。三品。　南徐州：治所在今江蘇鎮江市京口區。

[2]班劍：有紋飾的劍，以武士佩帶，以爲儀仗，賜給大臣以示榮崇。

先遣太保參軍庾道、員外散騎侍郎朱和之，[1]又遣殿中將軍燕欽東拒誕。[2]五月，世祖所遣參軍顧彬之及誕前軍，[3]並至曲阿，[4]與道相遇，與戰，大破之。劭遣人焚燒都水西裝及左尚方，[5]決破柏崗、方山埭以絶東軍。[6]又悉以上守家之丁巷居者，緣淮豎舶船爲樓，多設大弩。又使司隷治中監琅邪郡事羊希柵斷班瀆、白石諸水口。[7]于時男丁既盡，召婦女親役。

[1]太保參軍：官名。太保的屬吏，掌一曹事。七品。　庾道：人名。本書卷七九《竟陵王誕傳》、《元龜》卷三七九作“庾導”，《南史》作“庾遵”。　員外散騎侍郎：官名。多爲貴族子弟的起家官。六品。　朱和之：人名。本書僅此一見，其事不詳。

[2]殿中將軍：官名。掌侍衞皇帝於殿中。七品。　燕欽：人名。曾任幢主，抗擊過北魏軍。本書卷七九、九五，《南齊書》卷五五，《南史》卷一四、七三均作“華欽”。

[3]顧彬之：人名。亦作“顧彬”，曾任安北參軍隨沈慶之討雍州蠻，平定劉劭後因功封陽新縣侯。

[4]曲阿：縣名。治所在今江蘇丹陽市。

[5]都水西裝：官署名。屬都水臺，掌舟船水運。　左尚方：官署名。負責軍器製作。

[6]破柏崗、方山埭：水利設施。在今江蘇南京市江寧區秦淮河上。

[7]司隷治中：官名。即司隷治中從事史。司隷校尉的屬吏，掌校尉府事。　琅邪郡：即南琅邪郡。東晉僑置，治所在今江蘇句容市。屬司隷校尉。　羊希：人名。字泰聞，太山南城（今山東平

邑縣南）人。本書卷五四有附傳。　班瀆：地名。在今江蘇南京市、鎮江市之間。

　　其月三日，魯秀等募勇士五百人攻大航，[1]鉤得一舸。王羅漢副楊恃德命使復航，[2]羅漢昏酣作伎，聞官軍已渡，驚懼放伎歸降。緣渚幢隊，以次奔散，器仗鼓蓋，充塞街衢。是夜，劭閉守六門，[3]於門内鑿塹立柵，以露車爲樓，城内沸亂，無復綱紀。丹陽尹尹弘、前軍將軍孟宗嗣等下及將吏，[4]並踰城出奔。劭使詹叔兒燒輦及衮冕服。蕭斌聞大航不守，惶窘不知所爲，宣令所統，皆使解甲，自石頭遣息約詣闕請罪，[5]尋戴白幡來降，即於軍門伏誅。

[1]大航：即朱雀航。在今江蘇南京市鎮淮橋東，跨秦淮河上。
[2]楊恃德：人名。本書僅此一見，其事不詳。
[3]六門：臺城六門。《通鑑》胡三省注：“大司馬門、東華門、西華門、萬春門、太陽門、承明門也。”
[4]孟宗嗣：人名。平昌安丘（今山東安丘市）人，孟懷玉之孫，官至竟陵太守、中大夫。
[5]約：人名。即蕭斌兒子蕭約。本書僅此一見，其事不詳。

　　四日，太尉江夏王義恭登朱雀門，總群帥，遣魯秀、薛安都、程天祚等直趣宣陽門。[1]劭軍主徐興祖、羅訓、虞丘要兒等率衆來降。劭先遣龍驤將軍陳叔兒東討，事急，召還。是日始入建陽門，[2]遙見官軍，所領並棄仗走。劭腹心白直諸同逆先屯閶闔門外，[3]並走還入殿。天祚與安都副譚金因而乘之，[4]即得俱入。安都及軍主武念、宗越等相繼進，[5]臧質大軍從廣莫門入，[6]同會太極殿前，即斬太子左衛率王正見。建平、東海等七王並號哭俱出。劭穿西垣入武庫井中，隊副高禽執之。劭率左右數十人，與南平王鑠於西明門出，[7]俱共南奔。於越城遇江夏王義恭，[8]劭下馬曰：“南中郎今何所作？”義恭曰：“四海無統，百司固請，上已俯順群心，君臨萬國。”又曰：“虎頭來得無晚乎？”義恭曰：“殊當恨晚。”又曰：“故當不死耶？”義恭曰：“可詣行闕請罪。”又曰：“未審猶能賜一職自效不？”義恭又曰：“此未可量。”勒與俱歸，於道斬首。

[1]宣陽門：城門名。又稱白門。建康城南面正門。約在今江蘇南京市中山路以南的淮海路一帶。

[2]建陽門：城門名。建康城東門。

[3]閶闔門：城門名。建康城東門。

[4]譚金：人名。荒中傖人。事見本書卷八三《宗越傳》。

[5]武念：人名。新野（今河南新野縣）人，出身郡將。本書卷八三有附傳。　宗越：人名。南陽葉人，宋時將領。本書卷八三有傳。諸本作“宋越”。中華本據本書《宗越傳》改。

[6]廣莫門：城門名。建康外城北東門。

[7]西明門：城門名。建康城西門。

[8]越城：地名。在今江蘇南京市。

濬字休明，將產之夕，有鵬鳥鳴於屋上。[1]元嘉十三年，年八歲，封始興王。十六年，都督湘州諸軍事、後將軍、湘州刺史。仍遷使持節、都督南豫豫司雍并五州諸軍事、南豫州刺史，[2]將軍如故。十七年，爲揚州

刺史，將軍如故，置佐領兵。十九年，罷府。二十一
年，加散騎常侍，進號中軍將軍。

[1]鵬鳥：鳥名。又名山鵁，夜鳴，聲惡，古以爲不祥之鳥。
[2]南豫州：治所在今安徽和縣。

明年，濬上言：“所統吳興郡，衿帶重山，地多汙
澤，泉流歸集，疏決遲壅，時雨未過，已至漂没。或方
春輟耕，或開秋沈稼，田家徒苦，防遏無方。彼邦奥
區，地沃民阜，一歲稱稔，則穰被京城，時或水潦，則
數郡爲災。頃年以來，儉多豐寡，雖賑貸周給，傾耗國
儲，公私之弊，方在未已。州民姚嶠比通便宜，[1]以爲
二吳、晉陵、義興四郡，[2]同注太湖，而松江滬瀆壅噎
不利，[3]故處處涌溢，浸漬成災。欲從武康紵溪開漕谷
湖，[4]直出海口，一百餘里，穿渠洽必無閡滯。自去踐
行量度，二十許載。去十一年大水，已詣前刺史臣義康
欲陳此計，即遣主簿盛曇泰隨嶠周行，互生疑難，議遂
寢息。既事關大利，宜加研盡，登遣議曹從事史虞長孫
與吳興太守孔山士同共履行，[5]准望地勢，格評高下，
其川源由歷，莫不踐校，圖畫形便，詳加算考，如所較
量，決謂可立。尋四郡同患，非獨吳興，若此洽獲通，
列邦蒙益。不有暫勞，無由永晏。然興創事大，圖始當
難。今欲且開小漕，觀試流勢，輒差烏程、武康、東遷
三縣近民，[6]即時營作。若宜更增廣，尋更列言。昔鄭
國敵將，[7]史起畢忠，[8]一開其説，萬世爲利。嶠之所
建，雖則舂薨，如或非妄，庶幾可立。”從之。功竟

不立。

[1]姚嶠：人名。水利專家。本書僅此一見，其事不詳。

[2]二吳：吳、吳興二郡。　晉陵：郡名。治所在今江蘇常州市。　義興：郡名。治所在今江蘇宜興市。

[3]松江：水名。即今江蘇太湖尾閭吳淞江。　滬瀆：水名。指今上海青浦鎮古吳淞江。

[4]武康：縣名。治所在今浙江德清縣。

[5]議曹從事史：官名。州府屬吏，掌議曹。

[6]烏程：縣名。治所在今浙江湖州市吳興區。　東遷：縣名。治所在今浙江湖州市南潯區東遷鎮。

[7]鄭國：人名。戰國時韓國人，去秦國修渠，以耗損秦國力。後被發覺，欲殺之，鄭國言：“始臣爲閒，然渠成亦秦之利也。”渠成，名爲鄭國渠。見《史記·河渠書》。

[8]史起：人名。戰國時魏國鄴令，“引漳水漑鄴，以富魏之河內”。事見《漢書·溝洫志》。

二十三年，給鼓吹一部。[1]二十六年，出爲使持節、都督南徐兗二州諸軍事、征北將軍、開府儀同三司、南徐兗二州刺史，常侍如故。二十八年，遣濬率衆城瓜步山，[2]解南兗州。三十年，徙都督荊雍益梁寧南北秦七州諸軍事、衛將軍、開府儀同三司、荊州刺史、領護南蠻校尉，[3]持節、常侍如故。

[1]鼓吹：樂隊儀仗。

[2]瓜步山：山名。即今江蘇南京市六合區東南瓜埠山，古時南臨大江，爲軍事要地。

[3]護南蠻校尉：官名。掌荊州少數民族事務，常由地位較高

之將軍兼領。四品。

濬少好文籍，姿質端妍。母潘淑妃有盛寵。時六宮無主，[1]潘專總內政。濬人才既美，母又至愛，太祖甚留心。建平王宏、侍中王僧綽、中書侍郎蔡興宗並以文義往復。[2]初，元皇后性忌，[3]以潘氏見幸，遂以恚恨致崩，故劭深疾潘氏及濬。濬慮將來受禍，乃曲意事劭，劭與之遂善。多有過失，屢爲上所詰讓，憂懼，乃與劭共爲巫蠱。及出鎮京口，聽將揚州文武二千人自隨，優遊外藩，甚爲得意。在外經年，又失南兗，於是復願還朝。廬陵王紹以疾患解揚州，[4]時江夏王義恭外鎮，濬謂州任自然歸己，而上以授南譙王義宣，意甚不悦。乃因員外散騎侍郎徐爰求鎮江陵，[5]又求助於尚書僕射徐湛之。而尚書令何尚之等咸謂濬太子次弟，不宜遠出。上以上流之重，宜有至親，故以授濬。時濬入朝，遣還京，[6]爲行留處分。至京數日而巫蠱事發，時二十九年七月也。上惋嘆彌日，謂潘淑妃曰：“太子圖富貴，更是一理。虎頭復如此，非復思慮所及。汝母子豈可一日無我耶。”濬小名虎頭。使左右朱法瑜密責讓濬，[7]辭甚哀切，并賜書曰：“鸚鵡事想汝已聞，汝亦何至迷惑乃爾。且沈懷遠何人，其詎能爲汝隱此耶？故使法瑜口宣，投筆惋慨。”濬慚懼，不知所答。濬還京，本暫去，上怒，不聽歸。其年十二月，中書侍郎蔡興宗問建平王宏曰：“歲無復幾，征北何當至？”宏嘆息良久曰：“年內何必還。”在京以沈懷遠爲長流參軍，[8]每夕輒開便門爲微行。上聞，殺其嬖人楊承先。[9]明年正月，荆州事

方行，二月，濬還朝。十四日，臨軒受拜。其日，藏嚴
道育事發，明旦濬入謝，上容色非常。其夕，即加詰
問，濬唯謝罪而已。潘淑妃抱持濬，泣涕謂曰："汝始
呪詛事發，猶冀剋己思愆，何意忽藏嚴道育耶。上責汝
深，至我叩頭乞恩，意永不釋。今日用活何爲，可送藥
來，當先自取盡，不忍見汝禍敗。"濬奮衣而去，曰：
"天下事尋自當判，願小寬憂煎，必不上累。"

[1]六宮：古代皇后之寢宮，後泛指皇后嬪妃所居之地。六宮，
正寢之一，燕寢五，合爲六宮。也代指皇后。

[2]中書侍郎：官名。中書省官員，掌詔誥文書。五品。　蔡
興宗：人名。濟陽考城人，蔡廓少子。本書卷五七有附傳。

[3]元皇后：文帝皇后袁齊嬀，陳郡陽夏人，大臣袁湛之女。
本書卷四一有傳。

[4]盧陵王：王爵名。王國在今江西吉水縣東北。　紹：人名。
即劉紹。字休胤，文帝第五子。出繼盧陵王義真爲嗣，元嘉二十九
年病故，年二十一。本書卷六一有附傳。

[5]徐爰：人名。字長玉，南琅邪開陽人。本書卷九四有傳。

[6]還京：返回京口。

[7]朱法瑜：人名。其事僅見本卷，餘不詳。

[8]長流參軍：官名。公府或將軍府屬吏，掌賊曹事。七品。

[9]嬖人：身份卑下而受寵愛的侍臣。　楊承先：人名。本書
僅此一見，其事不詳。

劭入弒之旦，濬在西州，[1]府舍人朱法瑜奔告濬曰：
"臺內叫喚，宮門皆閉，道上傳太子反，未測禍變所
至。"濬陽驚曰："今當奈何？"法瑜勸入據石頭。濬未

得劭信，不知事之濟不，騷擾未知所爲。將軍王慶曰：[2]“今宮內有變，未知主上安危，預在臣子，當投袂赴難。憑城自守，非臣節也。”濬不聽，乃從南門出，徑向石頭，文武從者千餘人。時南平王鑠守石頭，兵士亦千餘人。俄而劭遣張超之馳馬召濬，濬屏人問狀，即戎服乘馬而去。朱法瑜固止濬，濬不從。出至中門，王慶又諫曰：“太子反逆，天下怨憤。明公但當堅閉城門，坐食積粟，不過三日，凶黨自離。公情事如此，今豈宜去。”濬曰：“皇太子令，敢有復言者斬。”既入，見劭，勸殺荀赤松等。劭謂濬曰：“潘淑妃遂爲亂兵所害。”濬曰：“此是下情由來所願。”其悖逆乃如此。

[1]西州：城名。在建康城西南，爲揚州刺史治所，在今江蘇南京市朝天宮西望仙橋一帶。時濬任荆州刺史，濬自荆州來朝，居京師西州城。

[2]王慶：人名。本書僅此一見，其事不詳。

及劭將敗，勸劭入海，輂珍寶繒帛下船，與劭書曰：“船故未至，今晚期當於此下物令畢，願速敕謝賜出船艦。[1]尼已入臺，願與之明日決也。臣猶謂車駕應出此，不爾無以鎮物情。”人情離散，故行計不果。濬書所云尼，即嚴道育也。

[1]謝賜：人名。當是掌管船艦之都水臺官員。本書僅此一見。

及劭入井，高禽於井中牽出之，劭問禽曰：“天子何在?"禽曰:"至尊近在新亭。"將劭至殿前,臧質見之慟哭,劭曰:"天地所不覆載,丈人何爲見哭。"質因辨其逆狀,答曰:"先朝嘗見枉廢,不能作獄中囚,問計於蕭斌,斌見勸如此。"又語質曰:"可得爲啓,乞遠徙不?"質答曰:"主上近在航南,自當有處分。"縛劭於馬上,防送軍門。既至牙下,據鞍顧望,太尉江夏王義恭與諸王皆共臨視之。義恭詰劭曰:"我背逆歸順,有何大罪,頓殺我家十二兒?"劭答曰:"殺諸弟,此事負阿父。"江湛妻庾氏乘車罵之,龐秀之亦加誚讓,劭厲聲曰:"汝輩復何煩爾!"先殺其四子,謂南平王鑠曰:"此何有哉。"乃斬劭于牙下。[1]臨刑嘆曰:"不圖宗室一至於此。"[2]

[1]牙下:牙旗之下。中軍大旗謂牙旗。
[2]宗室:《南史》作"宋室"。

劭、濬及劭四子偉之、迪之、彬之、其一未有名,濬三子長文、長仁、長道,並梟首大航,暴尸於市。劭妻殷氏賜死於廷尉,臨死,謂獄丞江恪曰:[1]"汝家骨肉相殘害,何以枉殺天下無罪人。"恪曰:"受拜皇后,非罪而何?"殷氏曰:"此權時爾,當以鸚鵡爲后也。"濬妻褚氏,丹陽尹湛之女,湛之南奔之始,即見離絕,故免於誅。其餘子女妾媵,並於獄賜死。投劭、濬尸首於江。其餘同逆,及王羅漢等,皆伏誅。張超之聞兵入,逆走至合殿故基,正於御床之所,[2]爲亂兵所殺。割腸刳心,臠剖其肉,諸將生噉之,焚其頭骨。當時不見傳國璽，問劭，云："在嚴道育處。"就取得之。道育、鸚鵡並都街鞭殺，於石頭四望山下焚其尸，[3] 揚灰于江。毀劭東宮所住齋，汙潴其處。

[1]獄丞：監獄主管官，屬廷尉。　江恪：人名。本書僅此一見，其事不詳。

[2]正：止。

[3]四望山：山名。在今江蘇南京市江寧區。

封高禽新陽縣男，[1] 食邑三百户。追贈潘淑妃長寧園夫人，[2] 置守冢。

[1]新陽縣男：男爵名。封邑在今湖北京山縣。

[2]長寧園：宋文帝葬於長寧陵，在今江蘇南京市東北鍾山。長寧園在長寧陵内，屬於陪葬。　夫人：嬪妃封號，位視三公。

僞司隸校尉殷沖，丹陽尹尹弘，並賜死。沖爲劭草立符文，又妃叔父也。弘二月二十一日平旦入直，至西掖門，聞宮中有變，率城内禦兵至閣道下。及聞劭入，惶怖通啓，求受處分，又爲劭簡配兵士，盡其心力。弘，天水冀人，[1] 司州刺史沖弟也。爲太祖所委任。元嘉中，歷太子左右衛率、左右衛將軍，□人官爵高下，皆以委之。

[1]天水：郡名。治所在今甘肅天水市。　冀：縣名。治所在今甘肅甘谷縣東。

史臣曰：甚矣哉，宋氏之家難也。自赫胥以降，[1]立號皇王，統天南面，未聞斯禍。唯荆、莒二國，[2]棄夏即戎，武靈胡服，[3]亦背華典。戎賊之釁，事起肌膚，而因心之重，獨止此代。難興天屬，穢流牀笫，愛敬之道，頓滅一時，生民得無左衽，[4]亦爲幸矣。

[1]赫胥：赫胥氏，傳説古帝王名。見《莊子·馬蹄》。

[2]荆：楚國。　莒：周初封國，戰國時滅於楚。

[3]武靈胡服：趙武靈王胡服騎射。事見《史記》卷四三《趙世家》。

[4]生民得無左衽：人民没有被戎族征服而穿左大襟的衣服。左衽，左大襟衣服，屬戎狄之服，華夏族則右衽。《論語·憲問》："微管仲，吾其被髮左衽矣。"此處即化用此典。

宋書　卷一〇〇

列傳第六十

自序

　　昔少暤金天氏有裔子曰昧，[1]爲玄冥師，[2]生允格、
臺駘。臺駘能業其官，宣汾、洮，[3]障大澤以處太原，[4]
帝顓頊嘉之，[5]封諸汾川。[6]其後四國，沈、姒、蓐、
黄。[7]沈子國，今汝南平輿沈亭是也，[8]春秋之時，列於
盟會。定公四年，[9]諸侯會召陵伐楚，[10]沈子不會，晋
使蔡伐沈，[11]滅之，以沈子嘉歸。其後因國爲氏。自兹
以降，譜諜罔存。秦末有沈逞，徵丞相，不就。[12]漢初
逞曾孫保，封竹邑侯。[13]保子遵，自本國遷居九江之壽
春，[14]官至齊王太傅、敷德侯。[15]遵子達，驃騎將
軍。[16]達子乾，尚書令。[17]乾子弘，南陽太守。[18]弘子
勗，河内守。[19]勗子奮，御史中丞。[20]奮子恪，將作大
匠。[21]恪子謙，尚書、關内侯。[22]謙子靖，濟陰太
守。[23]靖子戎字威卿，仕州爲從事，[24]説降劇賊尹良，
漢光武嘉其功，[25]封爲海昏縣侯，[26]辭不受。因避地徙

居會稽烏程縣之餘不鄉，[27] 遂世家焉。順帝永建元年，[28] 分會稽爲吳郡，[29] 復爲吳郡人。靈帝初平五年，分烏程、餘杭爲永安縣。[30] 吳孫晧寶鼎二年，[31] 分吳郡爲吳興郡，[32] 復爲郡人。雖邦邑屢改，而築室不遷。晉武帝平吳後，太康二年，[33] 改永安爲武康縣，[34] 史臣七世祖延始居縣東鄉之博陸里餘烏邨。王父從官京師，義熙十一年，[35] 高祖賜館于建康都亭里之運巷。[36]

[1] 少暤金天氏：傳説中的帝王。少暤，一作"少昊"，名摯，字青陽，黃帝子，己姓。以金德王，故稱金天氏。見皇甫謐《帝王世紀》。

[2] 玄冥：水神。《左傳》昭公十八年："禳火于玄冥。"注："玄冥，水神。"

[3] 汾：水名。即汾水，黃河的支流，在山西省。　洮：水名。即洮河，黃河的支流，在甘肅省。

[4] 太原：在今山西太原市一帶。

[5] 顓頊：傳説中的帝王，五帝之一。見《史記》卷一《五帝本紀》。

[6] 汾川：即汾水。今山西汾河。

[7] 沈、姒、蓐、黃：顧炎武《日知録》："按沈、姒、蓐、黃四國，皆在汾水之上，爲晉所滅。黃非江、黃人之黃，則沈亦非沈子嘉之沈。休文乃並列而合之爲一，誤也。"

[8] 平輿：縣名。治所在今河南平輿縣。　沈亭：地名。在今河南平輿縣。

[9] 定公四年：公元前 506 年。定公，春秋魯國國君。

[10] 召陵：地名。在今河南漯河市郾城區東。

[11] 晉：周初所封，姬姓，爲春秋時之强國。　蔡：本商邑，在今河南上蔡縣。周武王滅商，封其弟叔度爲蔡國。春秋遷新蔡

（今河南新蔡縣）。

[12]徵丞相，不就：丁福林《校議》云："《南史·沈約傳》同，中華書局點校本《校勘記》引張森楷《南史校勘記》云：'相'下當有脱字，世固無以丞相徵之事也。"

[13]竹邑侯：侯爵名。侯國在今安徽宿州市符離集。

[14]九江：郡名。治所在今安徽定遠縣西北。　壽春：縣名。治所在今安徽壽縣。

[15]齊：漢初封國。在今山東北部。

[16]驃騎將軍：官名。名號將軍，漢代驃騎將軍位次大將軍，地位隆重。秩萬石。

[17]尚書令：官名。尚書省（臺）長官。西漢尚書屬少府，掌文書。秩千石。

[18]南陽：郡名。在今河南南陽市。

[19]河內：郡名。漢代治所在今河南武陟縣。

[20]御史中丞：官名。御史大夫屬官，掌佐御史大夫在殿中處理府事。秩千石。

[21]將作大匠：官名。漢代列卿之一，不常置，多爲造作皇帝山陵而設，事罷則撤。秩中二千石。

[22]尚書：官名。西漢尚書臺的曹所設官員，主一曹事。秩六百石。　關內侯：侯爵名。位次列侯，有的食邑，有的不食邑。軍功爵第十九級。

[23]濟陰：郡名。時治所在今山東定陶縣。濟陰，《南史》作"濟陽"。

[24]州從事：吏名。漢代州從事選自郡吏，佐刺史監察郡國，位同郡諸曹掾史。

[25]漢光武：即劉秀。東漢開國皇帝，公元 25 年至 57 年在位。《後漢書》卷一有紀。

[26]海昏：縣名。治所在今江西永修縣西北艾城。

[27]會稽：郡名。治所在今浙江紹興市。　烏程：縣名。治所

在今浙江湖州市吳興區。　餘不鄉：在今浙江德清縣東北苕溪河（古名餘不溪）一帶。

［28］永建元年：丁福林《校議》據本書《州郡志一》、《續漢書·地理志》考證，此“永建元年”爲“永建四年”之誤。永建，漢順帝劉保年號（126—132）。

［29］吳郡：治所在今江蘇蘇州市。

［30］靈帝初平五年，分烏程、餘杭爲永安縣：初平爲獻帝年號，説初平是靈帝年號，誤。又初平祇有四年無五年。初平四年之後即改爲興平元年。按：永安縣爲東漢獻帝興平元年所置，在今浙江德清縣千秋鎮。

［31］寶鼎二年：本書《州郡志一》作“寶鼎元年”。寶鼎，三國吳末帝孫晧年號（266—269）。

［32］分吳郡爲吳興郡：丁福林《校議》據本書《州郡志一》、《三國志》卷四八《吳書·三嗣主傳》考證，應爲“分吳、丹陽爲吳興郡”。

［33］太康二年：本書《州郡志一》作“太康元年”。《南史》作“太康三年”。太康，晉武帝司馬炎年號（280—289）。

［34］武康：縣名。治所在今浙江德清縣千秋鎮。

［35］義熙：晉安帝司馬德宗年號（405—418）。

［36］高祖：宋武帝劉裕廟號。按：此時劉裕尚爲晉臣，稱高祖，乃沈約的追述。

戎子酆字聖通，零陵太守，[1]致黃龍芝草之瑞。第二子潚字仲高，安平相。[2]少子景，河間相，[3]演之、慶之、曇慶、懷文其後也。[4]潚子鷟字建光，少有高名，州舉茂才，公府辟州別駕從事史。時廣陵太守陸稠，[5]鷟之舅也，以義烈政績，顯名漢朝，復以女妻鷟。年二十三，早卒。子直字伯平，州舉茂才，亦有清名，年二十八卒。

[1]零陵：郡名。治所在今湖南永州市。

[2]安平：侯國名。在今河北安平縣。　相：官名。侯國的政務長官，職如縣令。

[3]河間：侯國名。在今河北獻縣。

[4]演之：人名。即沈演之。字臺真。本書卷六三有傳。　慶之：人名。即沈慶之。字弘先。本書卷七七有傳。　曇慶：人名。即沈曇慶。本書卷五四有傳。諸本並脱“慶”字，中華本補。　懷文：人名。即沈懷文。字思明。本書卷八二有傳。

[5]廣陵：郡名。治所在今江蘇揚州市廣陵區。

子儀字仲則，少有至行，兄瑜十歲儀九歲而父亡，居喪過禮，毀瘠過於成人。外祖會稽盛孝章，漢末名士也，深加憂傷，每撫慰之，曰，“汝並黃中沖爽，終成奇器，[1]何爲逾制，自取殄滅邪。”三年禮畢，殆至滅性，故兄弟並以孝著。瑜早卒。儀篤學有雅才，[2]以儒素自業。時海內大亂，兵革並起，經術道弛，士少全行。而儀淳深隱默，守道不移，風操貞整，不妄交納，唯與族子仲山、叔山及吳郡陸公紀友善。州郡禮請，二府交辟，公車徵，並不屈，以壽終。

[1]汝並黃中沖爽，終成奇器：你心正而英俊豪爽，一定能成爲大有才能的人。黃中，心臟、内德。中國古代以五色對應五方，土居中，故以黃爲正色，心居五臟之中，故稱黃中。

[2]雅才：諸本作“雄才”，中華本據《元龜》卷五六一改。

子憲字元禮，[1]左中郎、新都都尉、定陽侯，[2]才志顯於吳朝。[3]子矯字仲桓，以節氣立名，仕爲立武校尉、偏將軍，[4]封列侯，[5]建威將軍、新都太守。[6]孫晧時，有將帥之稱。吳平後，爲鬱林、長沙太守，[7]並不就。太康末卒。[8]子陵字景高，太傅東海王越辟爲從事。[9]元帝之爲鎮東將軍，[10]命參軍事。徐馥作亂，[11]殺吳興太守袁琇，[12]陵討平之。子延字思長，桓溫安西參軍、潁川太守。[13]子賀字子寧，桓沖南中郎參軍，[14]圍袁真於壽陽，[15]遇疾卒。

[1]子憲字元禮：《南史》卷五七《沈約傳》作"子曼字元禪"。

[2]左中郎：官名。即左中郎將。左、右、五官三中郎將之一，屬光祿勳，掌郎署。　新都：郡名。治所在今浙江淳安縣西北。都尉：官名。郡守的軍事助手，掌佐郡守管軍事、治安。秩比二千石。　定陽侯：侯爵名。侯國在今浙江常山縣東南。

[3]吳朝：三國時吳國。

[4]立武校尉：官名。東吳置，統兵武職。　偏將軍：官名。雜號將軍中地位較低者，僅高於裨將軍。八品。

[5]列侯：軍功爵制二十級爵位。

[6]建威將軍：官名。五威將軍之一。四品。

[7]鬱林：郡名。治所在今廣西桂平縣。　長沙：郡名。治所在今湖南長沙市。

[8]太康：晉武帝司馬炎年號（280—289）。

[9]越：人名。即司馬越。西晉宗王，晉高密王泰次子。官至司徒、太傅，多擅威權，參與八王之亂。《晉書》卷五九有傳。

[10]元帝：晉元帝司馬睿。《晉書》卷六有紀。　鎮東將軍：

官名。名號將軍，多授出鎮大臣。三品。

[11]徐馥：人名。吳興人，原爲吳興郡功曹。其殺袁琇事在晋愍帝建興三年（315）正月。見《晋書》卷五《愍帝紀》。

[12]袁琇：人名。曾任司馬睿鎮東從事中郎，後任吳興太守。江南豪族周勰、孫吳宗人孫弼因不滿晋的統治，與吳興功曹徐馥聯合起來，殺袁琇。

[13]桓温：人名。東晋權臣。官至大司馬、大將軍録尚書事。《晋書》卷九八有傳。　潁川：郡名。治所在今河南許昌市。

[14]桓沖：人名。東晋將軍，桓温之弟。《晋書》卷七四有附傳。

[15]壽陽：縣名。治所在今安徽壽縣。

子警字世明，惇篤有行業，學通《左氏春秋》。[1]家世富殖，財産累千金，仕郡主簿，[2]後將軍謝安命爲參軍，[3]甚相敬重。警内足於財，爲東南豪士，無仕進意，謝病歸，安固留不止，乃謂警曰：“沈參軍，卿有獨善之志，不亦高乎。”警曰：“使君以道御物，前所以懷德而至，既無用佐時，故遂飲啄之願耳。”還家積載，以素業自娛。前將軍、青兗二州刺史王恭鎮京口，[4]與警有舊好，復引爲參軍，手書慇懃，苦相招致，不得已而應之，尋復謝職。子穆夫字彦和，少好學，亦通《左氏春秋》。王恭命爲前軍主簿，[5]與警書曰：“足下既執不拔之志，高卧東南，故屈賢子共事，非以吏職嬰之也。”初，錢唐人杜子恭通靈有道術，[6]東土豪家及京邑貴望，並事之爲弟子，執在三之敬。警累世事道，亦敬事子恭。子恭死，門徒孫泰、泰弟子恩傳其業，[7]警復事之。隆安三年，[8]恩於會稽作亂，自稱征東將軍，三吳皆響應。穆夫時在會稽，恩以爲前部參軍、振武將軍、餘姚令。[9]其年十二月二十八日，恩爲劉牢之所破，[10]輔國將軍高素於山陰回踵埭執穆夫及僞吳郡太守陸瓌之、吳興太守丘旺，[11]並見害，函首送京邑，事見《隆安故事》。[12]先是宗人沈預素無士行，爲警所疾，至是警聞穆夫預亂，逃藏將免矣，預以告官，警及穆夫、弟仲夫、任夫、預夫、佩夫並遇害，唯穆夫子淵子、雲子、田子、林子、虔子獲全。

[1]《左氏春秋》：書名。即《春秋左氏傳》，亦稱《左傳》。作者未詳，一說爲左丘明。

[2]郡主簿：吏名。郡守的屬吏，由郡守辟除，掌諸簿書。秩二百石至一百石。

[3]後將軍：官名。武官名號，前、後、左、右四將軍之一。不典兵，不與朝政。三品。　謝安：人名。官至錄尚書事，都督中外諸軍事。《晋書》卷七九有傳。

[4]前將軍：官名。前、後、左、右四將軍之一。三品。　青：州名。東晉僑置於廣陵。　兗：州名。時治所在京口（今江蘇鎮江市）。　王恭：人名。東晉將領。《晋書》卷八四有傳。

[5]前軍主簿：官名。即前將軍府主簿。與祭酒、舍人共主閤內事。

[6]錢唐：縣名。治所在今浙江杭州市。　杜子恭：人名。五斗米道師。事見《晋書》卷一〇〇《孫恩傳》。

[7]孫泰：人名。字敬遠，孫恩叔父。事見《晋書·孫恩傳》。　恩：人名。即孫恩。東晉末五斗米道領袖，率衆起兵，後被劉裕所鎮壓。《晋書》卷一〇〇有傳。

[8]隆安：晋安帝司馬德宗年號（397—401）。

[9]餘姚：縣名。治所在今浙江餘姚市。

［10］劉牢之：人名。東晉北府兵將領。《晉書》卷八四有傳。

［11］高素：人名。歷官冠軍將軍、廬江太守、謝琰衛將軍府司馬，淝水之戰時任淮陵太守，立有戰功；討孫恩時任輔國將軍，又立戰功。　山陰：縣名。治所在今浙江紹興市。　回踵埭：回踵湖的渡口，在今浙江紹興市東。　陸瓖之：人名。本書、《晉書》均一見。《晉書》卷一〇〇作“陸瓖”。　丘尪：人名。本書一見，《晉書》兩見，但所記事相同。

［12］《隆安故事》：書名。該書專記晉安帝一朝之事，已佚。

淵子字敬深，少有志節，隨高祖克京城，封繁畤縣五等侯。[1] 參鎮軍、車騎、中軍事，[2] 又爲道規輔國、征西參軍，[3] 領寧蜀太守。[4] 與劉基共斬蔡猛於大簿，[5] 還爲太尉參軍，[6] 從征司馬休之，[7] 與徐逵之同没。時年三十五。

［1］繁畤縣五等侯：侯爵名。侯爵等級之一，不食封。繁畤，在今山西渾源縣西南。

［2］參鎮軍、車騎、中軍事：先後任鎮軍、車騎、中軍三將軍的參軍。參軍，將軍的屬吏，主一曹事。七品。

［3］道規：人名。即劉道規。宋宗室，宋武帝之弟。本書卷五一有傳。

［4］寧蜀：郡名。治所在今四川雙流縣。

［5］劉基：人名。武烈王劉道規參軍。劉裕北伐南燕時，任秦郡太守，在對徐道覆作戰中立下戰功。　蔡猛：人名。徐道覆戰將。　大簿：地名。亦作“大薄”。今地不詳。

［6］太尉參軍：官名。太尉的屬吏，主一曹事。七品。

［7］司馬休之：人名。東晉宗室。官至荆州刺史，因反劉裕，戰敗投姚興，後降北魏，卒。《晉書》卷三七有附傳，《魏書》卷

三七有傳。

　　子正字元直，淹詳有器度，美風姿，善容止，好老、莊之學。弱冠，[1]州辟從事。[2]宗人光禄大夫演之稱之曰：[3]“此宗中千里駒也。”出爲始寧、烏傷、婁令，[4]母憂去職。[5]服闋，爲隨王誕後軍安南行參軍。[6]誕鎮會稽，復參安東軍事。元嘉三十年，[7]元凶弑立，[8]分江東爲會州，[9]以誕爲刺史。誕將受命，正説司馬顧琛曰：[10]“國家此禍，開闢未聞，今以江東義鋭之衆，爲天下倡始，若馳一介，四方詎不響應。以此雪朝庭冤耻，大明臣子之節，豈可北面凶逆，使殿下受其偏寵。”琛曰：“江東忘戰日久，士不習兵。雖云逆順不同，然强弱又異，當須四方有義舉者，然後應之，不爲晚也。”正曰：“天下若有無父之國，則可矣。苟其不爾，寧可自安讎耻，而責義於餘方。今正以弑逆冤醜，義不同戴，舉兵之日，豈求必全耶。馮衍有言，[11]大漢之貴臣，將不如荆、齊之賤士乎。[12]況殿下義兼臣子，事實家國者哉。”琛乃與正俱入説誕，誕猶預未決。會尋陽義兵起，[13]世祖使至，誕乃加正寧朔將軍，[14]領軍繼劉季之。誕入爲驃騎大將軍，[15]正爲中兵參軍，[16]遷長水校尉。[17]孝建元年，[18]移青州鎮歷城，[19]臨淄地空，[20]除寧朔將軍、齊北海二郡太守，[21]委以全齊之任。未拜，二年卒，時年四十三。正生好樂，厚自奉養，既終之後，家無餘財。

　　[1]弱冠：成人禮，引申爲成人。

［2］州辟從事：漢代州郡長官有選任屬吏權，稱辟除制。辟從事，即任爲從事。從事，刺史的屬吏，掌一曹事。秩同郡掾史。

［3］光禄大夫：官名。光禄勳屬官，秩比二千石。

［4］始寧：縣名。治所在今浙江上虞市西南。　烏傷：縣名。治所在今浙江義烏市。　婁：縣名。治所在今江蘇昆山市。

［5］母憂：母親去世。

［6］隨王：王爵名。王國在今湖北隨州市。　誕：人名。即劉誕。字休文，文帝第六子。本書卷七九有傳。　安南：官名。即安南將軍。出鎮名號將軍。四品。　行參軍：官名。將軍屬吏，主一曹事。七品。

［7］元嘉：宋文帝劉義隆年號（424—453）。

［8］元凶：即劉劭。本書卷九九有傳。

［9］會州：治所在今浙江紹興市。

［10］司馬：官名。軍府高級幕僚，掌參贊軍務，管理府内武職，位次於長史。　顧琛：人名。字弘瑋，吳郡吳（今江蘇蘇州市）人。本書卷八一有傳。

［11］馮衍：人名。字敬通，京兆杜陵（今陝西西安市長安區）人。《後漢書》卷二八有傳。

［12］大漢之貴臣，將不如荆、齊之賤士乎：《通鑑》胡三省注曰：“此蓋馮衍責田邑之言。荆、齊之賤士，謂申包胥赴秦求救以存荆，王孫賈殺淖齒以存齊也。”

［13］尋陽義兵起：指孝武帝劉駿起兵於尋陽。劉駿時任江州刺史，駐鎮尋陽。

［14］寧朔將軍：官名。名號將軍。四品。

［15］驃騎大將軍：官名。重號將軍，不輕易授人，名列將軍名號之首。一品。

［16］中兵參軍：官名。此屬驃騎大將軍的屬吏，掌中兵曹。

［17］長水校尉：官名。南朝時爲侍衛武官，不領兵。四品。

［18］孝建：宋孝武帝劉駿年號（454—456）。

［19］歷城：縣名。治所在今山東濟南市歷城區。

［20］臨淄：縣名。治所在今山東淄博市臨淄區。

［21］齊：郡名。治所在今山東淄博市臨淄區。　北海：郡名。治所在今山東昌樂縣。

淵子弟雲子，元嘉中，爲晋安太守。

雲子子煥字士蔚，少爲駙馬都尉、奉朝請。[1]元凶之入弑也，煥時兼中庶子，[2]直坊，[3]逼從入臺。[4]劭既自立，以爲羽林監，[5]辭不拜，拜員外散騎侍郎，[6]使防南譙王義宣諸子，[7]事在《義宣傳》。仍除丞相行參軍，員外散騎侍郎，南昌令，[8]有能名。晋平王休祐驃騎中兵記室參軍，[9]同僚皆以諂進，煥獨不。頃之，記室參軍周敬祖等爲太宗所責得罪，[10]轉煥諮議參軍。[11]後廢帝元徽中，[12]以爲寧遠將軍、交州刺史，[13]未至鎮，病卒，時年四十五。

［1］駙馬都尉：官名。無職事，多授貴族子弟以爲榮寵。秩比二千石。六品。　奉朝請：本不爲官，以朝廷朝會到會，無職事，與駙馬都尉類同。

［2］中庶子：官名。即太子中庶子。太子屬官，掌訓護太子。五品。

［3］直坊：在坊值守。坊，此指太子辦公的地方。

［4］臺：朝廷，中央機構。

［5］羽林監：官名。羽林爲皇帝衛隊，由羽林監掌管。東晋後不領營兵，由文官兼領。秩比二千石。

［6］員外散騎侍郎：官名。無職事，多爲貴族子弟起家官。六品。

[7]南譙王：王爵名。王國在今安徽巢湖市居巢區東南。　義宣：人名。即劉義宣。宋武帝子。本書卷六八有傳。

[8]丞相行參軍：官名。丞相的屬吏，職如公府行參軍。　南昌：縣名。治所在今江西南昌市。

[9]晉平王：王爵名。王國在今福建福州市。　休祐：人名。即劉休祐。宋文帝第十三子。本書卷七二有傳。　驃騎中兵記室參軍：官名。驃騎將軍屬吏。中兵，中兵參軍，掌將軍之親兵中兵曹。記室參軍，掌記室，記室管將軍文書。

[10]太宗：宋明帝劉彧廟號。

[11]諮議參軍：官名。公府或將軍府屬吏，掌諸謀議，位略高於一般參軍，但品秩同。

[12]元徽：宋後廢帝劉昱年號（473—477）。

[13]寧遠將軍：官名。名號將軍，授出鎮邊遠之地大臣。　交州：治所在今越南北寧省仙遊縣東。

田子字敬光，雲子弟也。從高祖克京城，[1]進平京邑，[2]參鎮軍軍事，封營道縣五等侯。義熙五年，高祖北伐鮮卑，[3]田子領偏師，與龍驤將軍孟龍符爲前鋒。[4]慕容超屯臨朐以距大軍，[5]龍符戰没，田子力戰破之。及盧循逼京邑，[6]高祖遣田子與建威將軍孫季高由海道襲廣州，[7]加振武將軍。循黨徐道覆還保始興，[8]田子復與右將軍劉藩同共攻討。[9]循尋還廣州圍季高，田子慮季高孤危，謂藩曰：“廣州城雖險固，本是賊之巢穴，今循還圍之，或有内變。且季高衆力寡弱，不能持久。若使賊還據此，凶勢復振。下官與季高同履艱難，汎滄海，於萬死之中，克平廣州，豈可坐視危逼，不相拯救。”於是率軍南還，比至，賊已收其散卒，還圍廣州。

季高單守危迫，聞田子忽至，大喜。田子乃背水結陳，身率先士卒，一戰破之。於是推鋒追討，又破循於蒼梧、鬱林、寧浦。[10]還至廣州，而季高病死。既兵荒之後，山賊競出，攻没城郭，殺害長吏。田子隨宜討伐，旬日平殄。刺史褚叔度至，[11]乃還京師。除太尉參軍、振武將軍、淮陵內史，[12]賜爵都鄉侯。[13]復參世子征虜軍事，[14]將軍、內史如故。八年，從討劉毅。十一年，復從討司馬休之，領別軍，與征虜將軍趙倫之，[15]參征虜軍事、振武將軍、扶風太守。[16]

[1]京城：即京口城，在今江蘇鎮江市京口區。

[2]京邑：指京師建康，在今江蘇南京市。

[3]鮮卑：指南燕。

[4]龍驤將軍：官名。名號將軍。三品。　孟龍符：人名。平昌安丘（今山東安丘市）人，孟懷玉之弟。本書卷四七有附傳。

[5]慕容超：人名。鮮卑族首領，十六國時南燕的君主。《晉書》卷一二八有載記。　臨朐：縣名。治所在今山東臨朐縣。

[6]盧循：人名。東晉末五斗米道領袖，繼孫恩之後爲五斗米道起兵統帥。《晉書》卷一〇〇有傳。

[7]孫季高：人名。即孫處。季高爲其字，會稽永興（今浙江杭州市蕭山區）人。本書卷四九有傳。

[8]徐道覆：人名。東晉末道教起兵領袖。事見《晉書·盧循傳》。　始興：郡名。治所在今廣東韶關市東南蓮花嶺下。

[9]劉藩：人名。彭城沛（今江蘇沛縣）人，劉毅從弟，參與劉裕京口起兵，任龍驤將軍、兗州刺史，在討桓玄、征南燕、伐盧循等戰鬥中屢立戰功，後跟隨劉毅反劉裕，被殺。

[10]蒼梧：郡名。治所在今廣西梧州市。　寧浦：郡名。治所

在今廣西橫縣西南。

　　[11]褚叔度：人名。本書卷五二有傳。“叔”，諸本作“升”。錢大昕《考異》云：“升當作叔。”中華本據改。

　　[12]淮陵：國名。在今安徽明光市東北。

　　[13]都鄉侯：侯爵名。鄉侯之一。都鄉，縣治所在之鄉。

　　[14]世子：王侯的嗣任者，一般爲嫡長子。

　　[15]領別軍，與征虜將軍趙倫之：王鳴盛《十七史商榷》卷六三云：“案此‘別軍’下似但當作‘參征虜將軍趙倫之軍事’，其下即接‘振武’云云。”趙倫之，人名。字幼成，下邳僮（今安徽泗縣）人。本書卷四六有傳。

　　[16]扶風：郡名。僑置。治所在今湖北穀城縣。

　　十二年，高祖北伐，田子與順陽太守傅弘之各領別軍，[1]從武關入，[2]屯據青泥。[3]姚泓欲自禦大軍，[4]慮田子襲其後，欲先平田子，然後傾國東出。乃率步軍數萬，[5]奄至青泥。田子本爲疑兵，所領裁數百，欲擊之。傅弘之曰：“彼衆我寡，難可與敵。”田子曰：“師貴用奇，不必在衆。”弘之猶固執，田子曰：“衆寡相傾，勢不兩立。若使賊圍既固，人情喪沮，事便去矣。及其未整，薄之必克，所謂先人有奪人之志也。”便獨率所領鼓而進。合圍數重，[6]田子撫慰士卒曰：“諸君捐親戚，棄墳墓，出矢石之間，正希今日耳。封侯之業，其在此乎。”乃棄糧毀舍，躬勒士卒，前後奮擊，所向摧陷。所領江東勇士，便習短兵，鼓譟奔之，賊衆一時潰散，所殺萬餘人，得泓僞乘輿服御。高祖表言曰：“參征虜軍事、振武將軍、扶風太守沈田子，率領勁銳，背城電激，身先士卒，勇冠戎陳，奮寡對衆，所向必摧，自辰及未，斬馘千數。泓喪旗棄衆，奔還霸西，[7]咸陽空盡，[8]義徒四合，清蕩餘燼，勢在跂踵。”天子慰勞高祖曰：“逋寇阻隘，晏安假日，舉斧函谷，[9]規延王誅，群師勤王，將離寒暑。公躬秉鈇鉞，稜威首塗，戎輅載脂，則郊壘叠卷，崤陜甫踐，[10]則潼塞開扃。[11]姚泓窘逼，棄城送死，藍田偏師，覆之霸川，甲首成林，俘獲蔽野，僞首奔进，華、戎雲集，積紀逋寇，旦夕夷殄。”長安既平，高祖燕于文昌殿，舉酒賜田子曰：“咸陽之平，卿之功也。”即以咸陽相賞。田子謝曰：“咸陽之平，此實聖略所振，武臣效節，田子何力之有。”即授咸陽、始平二郡太守。[12]大軍既還，桂陽公義真留鎮長安，以田子爲安西中兵參軍、龍驤將軍、始平太守。時佛佛來寇，[13]田子與安西司馬王鎮惡俱出北地禦之。[14]初，高祖將還，田子及傅弘之等並以鎮惡家在關中，不可保信，屢言之高祖。高祖曰：“今留卿文武將士精兵萬人。彼若欲爲不善，正足自滅耳，勿復多言。”及俱出北地，論者謂鎮惡欲盡殺諸南人，以數十人送義真南還，[15]因據關中反叛。田子與弘之謀，矯高祖令誅之，併力破佛佛，安關中，然後南還謝罪。田子宗人沈敬仁驍果有勇力，[16]田子於弘之營內請鎮惡計事，使敬仁於坐殺之，率左右數十人自歸義真。長史王修收殺田子於長安槀倉門外，[17]是歲義熙十四年正月十五日也。時年三十六。田子初以功應封，因此事寢。高祖表天子，以田子卒發狂易，不深罪也。無子，弟林子以第二子亮爲後。

[1]順陽：郡名。治所在今河南淅川縣。　傅弘之：人名。字仲度，北地泥陽（今甘肅寧縣）人。本書卷四八有傳。

[2]武關：古關隘名。在今陝西商洛市丹江北岸。

[3]青泥：地名。一名青泥關。在今陝西藍田縣，後改名藍田關。

[4]姚泓：人名。羌族首領，十六國時後秦君主。《晉書》卷一一九有載記。

[5]乃率步軍數萬：《南史》卷五七《沈約傳》、《通鑑》卷一一八皆作“步騎數萬”。

[6]合圍數重：丁福林《校議》云：“‘合圍’前，《南史·沈約傳》有‘賊’一字，《通鑑》卷一一八有‘秦兵’二字，是也。”

[7]霸西：地名。灞河之西。在今陝西西安市。

[8]咸陽：地名。在今陝西咸陽市。

[9]函谷：古關名。在今河南靈寶市境內。控入關門户，爲軍事要地。

[10]崤：山名。即崤山。在今河南洛寧縣。　陝：縣名。在今河南陝縣。

[11]潼塞：古關名。即潼關。在今陝西潼關縣。

[12]始平：郡名。治所在今陝西興平市。

[13]佛佛：即赫連勃勃，匈奴族之一支的領袖，十六國時建立夏。《晉書》卷一三〇有載記。

[14]王鎮惡：人名。北海劇（今山東昌樂縣）人，王猛之孫。本書卷四五有傳。　北地：郡名。治所在今陝西銅川市耀州區。

[15]數十人：諸本作“數千人”，據《通鑑》義熙十四年改。　義真：人名。即劉義真。宋武帝次子。本書卷六一有傳。

[16]沈敬仁：人名。本書僅此一見，其事不詳。

[17]王修：人名。字叔治，京兆灞城（今陝西西安市東北）人。事見本書卷六一《廬陵孝獻王義真傳》。

亮字道明，清操好學，善屬文。未弱冠，州辟從事。會稽太守孟顗在郡不法，[1]亮糾劾免官，又言災異，轉西曹主簿。[2]時三吳水淹，[3]穀貴民饑，刺史彭城王義康使立議以救民急，[4]亮議以："東土災荒，民凋穀踊，富民蓄米，日成其價。宜班下所在，隱其虛實，令積蓄之家，聽留一年儲，餘皆勒使糶貨，爲制平價，此所謂常道行於百世，權宜用於一時也。又緣淮歲豐，邑富地穰，麥既已登，黍粟行就，可析其估賦，[5]仍就交市，三吳饑民，即以貸給，使強壯轉運，以贍老弱。且酒有喉脣之利，而非湌餌所資，尤宜禁斷，以息遊費。"即並施行。世祖出鎮歷陽，行參征虜軍事。民有盜發冢者，罪所近村民，與符伍遭劫不赴救同坐。[6]亮議曰：

[1]孟顗：人名。字彥重，平昌安丘人，孟昶之弟，歷官東陽、吳郡、會稽、丹陽四郡太守及侍中、僕射、太子詹事，卒贈左光禄大夫。

[2]西曹：官署名。此指州之西曹，即功曹，掌州吏選用。主簿：官名。掌文書簿籍及經辦之事。

[3]三吳：指吳、吳興、會稽三郡。

[4]彭城王：王爵名。王國在今江蘇徐州市。　義康：人名。即劉義康。宋武帝第四子。本書卷六八有傳。

[5]可析其估賦：可以免除市稅。析，解除。

[6]符伍：東晉南朝閭（里）伍制度的專稱。因士、庶同里伍居住，士人不服傳符（傳送符書）勞務，稱押符，故閭伍改稱符伍。說見朱紹侯《魏晉南北朝土地制度與階級關係》（第284—294頁）。

尋發冢之情，事止竊盜，徒以侵亡犯死，故同之嚴科。夫穿掘之侶，必銜枚以晦其迹；劫掠之黨，必歡呼以威其事。故赴凶赫者易，應潛密者難。且山原爲無人之鄉，丘壟非恒塗所踐，至於防救，不得比之村郭。督實劾名，[1]理與劫異，則符伍之坐，居宜降矣。又結罰之科，雖有同符伍之限，而無遠近之斷。

[1]劾：諸本作“效”，中華本據《通典》改。

夫冢無村界，當以比近坐之，若不域之以界，則數步之內，與十里之外，便應同罹其責。防民之禁，不可頓去，止非之憲，宜當其律。愚謂相去百步內赴告不時者，[1]一歲刑，自此以外，差不及罰。

[1]百步內：“內”，諸本作“同”，中華本據《通典》改。

又啓太祖陳府事曰：[1]“伏見西府兵士，[2]或年幾八十，而猶伏隸；或年始七歲，而已從役。衰耗之體，氣用湮微，兒弱之軀，肌膚未實，而使伏勤昏稚，鶩苦傾晚，於理既薄，爲益實輕。書制休老以六十爲限，役少以十五爲制，若力不周務，故當粗存優減。”詔曰：“前已令卿兄改革，尋值遷回，竟是不施行耶，今更勑西府也。”時營創城府，功課嚴促，亮又陳之曰：

[1]太祖：宋文帝劉義隆廟號。

[2]西府：指荆州。以其在京師之西，故曰西府。

　　經始城宇，莫非造創，基築既廣，夫課又嚴，不計其勞，苟務其速，以歲月之事，求不日之成。比見役人未明上作，閉鼓乃休，呈課既多，理有不逮。至於息日，拘備關限，方涉暑雨，多有死病，頃日所承，亦頗有逃逸。竊惟此既内藩，事殊外鎮，撫莅之宜，無繫早晚。若得少寬其工課，稍均其優劇，徒隸既苦，易以悦加，考其卒功，廢闕無幾。臣聞不居其職，不謀其事，庖割有主，尸不越樽，豈臣疏小，所當預議。但臣泳恩歲厚，服義累世，苟是所懷，忘其常體。

詔答曰："啓之甚佳。此亦由來常患，比屢敕之，猶復如此，甚爲無理。近復令孟休宣旨，想當不同，卿比可密觀其優劇也。"始興王濬臨揚州，[1]復爲主簿、秣陵令，[2]善擿姦伏，有非必禽。太祖稱其能，入爲尚書都官郎。[3]

[1]始興王：王爵名。王國在今廣東韶關市蓮花嶺下。　濬：人名。即劉濬。字休明，文帝次子。本書卷九九有傳。
[2]秣陵：縣名。治所在今江蘇南京市。
[3]尚書都官郎：官名。尚書省屬吏，都官曹之長官，掌刑獄。六品。

　　襄陽地接邊關，[1]江左來未有皇子重鎮。[2]元嘉二十二年，世祖出爲撫軍將軍、雍州刺史。[3]天子甚留心，以舊宛比接二關，[4]咫尺崤、陝，蓋襄陽之北扞，且表裏強蠻，盤帶疆場，以亮爲南陽太守，加揚武將軍。邊蠻畏服，皆納賦調，有數村狡猾，亮悉誅之。遣吏巡行諸縣，孤寡老疾不能自存者，皆就餬養，耆年老齒，歲時有餼。時儒學崇建，亮開置庠序，訓授生徒。民多發冢，并婚嫁違法，皆嚴爲條禁。郡界有古時石堨，蕪廢歲久，亮簽世祖修治之，曰：“施生興業，首教農畝，立民崇政，訓本播穡，故能殷邦康俗，禮節用成。頃北洛侵蕪，南宛彫毀，獫狁肆凶，犬夷充疆，遠肅烽驛，近虞郊閈，遂使沃衍弗井，巨防莫修，窘力輟耕，闕於分地，凶荒無待，流冗及今。禮化孚內，威禁清外，斯實去盜修畎，昭農緒稼之時，弘圖廣務，拓土祈年之日。殿下降心育物，振民復古，且方提封榛棘，綏入殊荒。竊見郡境有舊石堨，區野腴潤，實爲神皋，而蕪決稍積，久廢其利，凡管所見，謂宜創立。昔文翁守官，[5]起沃成産，偉連撫民，[6]開奧增業，惠昭二邦，庸列兩漢。雖效政圖功，不見所絕，聯事惟忝，憂同職同。”□□□□□□□□□□□□□□□□□□又修治馬人陂，[7]民獲其利。在任四年，遷南譙王義宣司空中兵參軍，[8]詔曰：“陝西心膂須才，故授卿此職。”隨王誕鎮襄陽，復爲後軍中兵，領義成太守。[9]亮蒞官清約，爲太祖所嘉，賜以車馬服玩，前後累積。每遠方貢獻絶國勳器，輒班賚焉。又賜書二千卷。二十七年，卒官，時年四十七。[10]所著詩、賦、頌、讚、三言、誄、哀辭、祭告請雨文、樂府、挽歌、連珠、教記、白事、牋、表、籤、議一百八十九首。

[1]襄陽：郡名。治所在今湖北襄陽市襄城區。

[2]江左來：意即東晉以來。因東晉遷都建康，建康居江之左，故名。

[3]世祖：宋孝武帝劉駿廟號。　撫軍將軍：官名。爲中、鎮、撫三將軍之一。三品。　雍州：治所在今湖北襄陽市襄城區。

[4]宛：郡名。治所在今河南南陽市。　二關：武關、函谷關。

[5]文翁：人名。西漢舒（今安徽廬江縣）人，景帝時蜀郡守，起學官，興教化。武帝時令郡國皆立學校，自文翁始。卒後，蜀人祀之。

[6]偉連：人名。其事不詳。

[7]□：共缺十八字，内容已無從查考。　馬人陂：陂塘名。今地不詳。

[8]司空：官名。名譽宰相，無實職，多授予勳臣。一品。

[9]義成：郡名。治所在今湖北丹江口市。

[10]二十七年，卒官，時年四十七：丁福林《校議》云：“今以元嘉二十七年（450）沈亮年四十七計之，則其生於晉安帝元興三年（404）。考下文又載沈邵事，云邵‘元嘉二十六年卒，時年四十三’，則邵又生於義熙三年（407）。按沈亮爲沈林子次子，嗣沈田子，而邵則林子長子，皆見本卷。即邵爲亮兄，不應反生於邵後，此與下文云邵‘元嘉二十六年卒，時年四十三’間必有一誤也。”

　　林子字敬士，田子弟也。少有大度，年數歲，隨王父在京口，王恭見而奇之，曰：“此兒王子師之流也。”[1]與衆人共見遺寶，咸爭趨之，林子直去不顧。年十三，遇家禍，時雖逃竄，而哀號晝夜不絶聲。王母謂之曰："汝當忍死強視，何爲空自殄絶。"林子曰："家門酷橫，無復假日之心，直以至讎未復，故且苟存耳。"一門既陷妖黨，兄弟並應從誅，逃伏草澤，常慮及禍，而沈預家甚强富，志相陷滅。林子與諸兄晝藏夜出，即貨所居宅，營墓葬父祖諸叔，凡六喪，儉而有禮。時生業已盡，老弱甚多，東土饑荒，易子而食，外迫國綱，内畏强讎，沈伏山草，無所投厝。時孫恩屢出會稽，諸將東討者相續，劉牢之、高素之放縱其下，虜暴縱橫，獨高祖軍政嚴明，無所侵犯。林子乃自歸曰："妖賊擾亂，僕一門悉被驅逼，父祖諸叔，同罹禍難，猶復偷生天壤者，正以仇讎未復，親老漂寄耳。今日見將軍伐惡旌善，是有道之師，謹率老弱，歸罪請命。"因流涕哽咽，三軍爲之感動。高祖甚奇之，謂曰："君既是國家罪人，强讎又在鄉里，唯當見隨還京，可得無恙。"乃載以別船，遂盡室移京口，高祖分宅給焉。博覽衆書，留心文義，從高祖剋京城，進平都邑。時年十八，身長七尺五寸。沈預慮林子爲害，常被甲持戈。至是林子與兄田子還東報讎。五月夏節日至，預正大集會，子弟盈堂，林子兄弟挺身直入，斬預首，男女無長幼悉屠之，以預首祭父、祖墓。仍爲本郡所命，劉毅又板爲冠軍參軍，[2]並不就。林子以家門荼蓼，無復仕心，高祖敦逼，至彌年不起。及高祖爲揚州，辟爲從事，謂曰："卿何由遂得不仕。頃年相申，欲令萬物見卿此心耳。"固辭不得已，然後就職，領建熙令，[3]封資中縣五等侯，[4]時年二十一。

[1]王子師：人名。晉代名士，其事失載。

[2]劉毅：人名。東晉末將領。《晉書》卷八五有傳。諸本脫"劉"字，孫彪《考論》云："當著劉字。"中華本據補。

[3]建熙：縣名。本書《州郡志》無此縣，今地不詳。

[4]資中縣五等侯：侯爵名。不食邑。資中，縣名。治所在今四川資陽市。

義熙五年，從伐鮮卑，行參鎮軍軍事。大軍於臨朐交戰，賊遣虎班突騎馳軍後，林子率精勇東西奮擊，皆大破之。慕容超退守廣固，[1]復與劉敬宣攻其西隅。[2]廣固既平，而盧循奄至。初，循之下也，廣固未拔，循潛遣使結林子及宗人叔長。林子即密白高祖，叔長不以聞，反以循旨動林子。叔長素驍果，高祖以超未平，隱之，還至廣固，乃誅叔長。謂林子曰："昔魏武在官渡，[3]汝、兗之士，多懷貳心，唯李通獨斷大義，[4]古今一也。"循至蔡洲，[5]貴遊之徒，皆議遠徙，唯林子請移家京邑，高祖怪而問之，對曰："耿純盡室從戎，[6]李典舉宗居魏。[7]林子雖才非古人，實受恩深重。"高祖稱善久之。林子時領別軍於石頭，[8]屢戰摧寇。循每戰無功，乃僞揚聲當悉衆於白石步上，[9]而設伏於南岸，故大軍初起白石，留林子與徐赤特斷拒查浦。[10]林子乃進計曰："此言妖詐，未必有實，宜深爲之防。"高祖曰："石頭城險，且淮柵甚固，留卿在後，[11]足以守之。"大軍既去，賊果上，赤特將擊之，林子曰："賊聲往白石，而屢來挑戰，其情狀可知矣。賊養銳待期，而吾衆不盈二旅，難以有功。今距守此險，足以自固。若賊僞計不立，大軍尋反，君何患焉。”赤特曰：“今賊悉衆向白石，留者必皆羸老，以銳卒擊之，無不破也。”便鼓譟而出，賊伏兵齊發，赤特軍果敗，棄軍奔北岸，林子率軍收赤特散兵，進戰，摧破之。徐道覆乃更上銳卒，沿塘數里。林子策之曰：“賊沿塘結陣，戰者不過一隊。今我據其津而阨其要，彼雖銳師數里，不敢過而東必也。”於是乃斷塘而鬭。久之，會朱齡石救至，[12] 與林子并勢，賊乃散走。大軍至自白石，殺赤特以殉，以林子參中軍軍事。

[1]廣固：古城名。時爲南燕國都，在今山東青州市。

[2]劉敬宣：人名。劉牢之長子，東晉末北府兵將領。《晋書》卷八四有附傳。

[3]魏武：即曹操。曹丕稱帝後追封曹操爲魏武帝。

[4]李通：人名。字文達，江夏人。曹操的將領。袁紹與曹操相持官渡，李通爲陽安都尉，紹遣使拜通爲征南將軍，通不爲所動，斬其使而拒之。《三國志》卷一八有傳。

[5]蔡洲：古地名。在今江蘇南京市西南。原爲水中沙洲，今已併陸，時爲交通要津。

[6]耿純：人名。字伯山，漢鉅鹿人。西漢末，劉秀至河北，遇王郎起兵而敗逃，耿純在劉秀危急之中率宗族賓客二千人迎之。《後漢書》卷二一有傳。

[7]李典：人名。字曼成，漢魏之際山陽鉅野人。曹魏將領，曹操與袁紹相持官渡時，典率宗族及部曲爲曹軍後勤。《三國志》卷一八有傳。

[8]石頭：古城名。在今江蘇南京市西清凉山。其負山臨江，控扼江險，時爲軍事要地。

〔9〕白石：古壘。在今南京市西。

〔10〕徐赤特：人名。諸本作“徐赤將”。中華本據本書《武帝紀》、《通鑑》改，下凡五出“赤將”，並改。

〔11〕卿：諸本作“鄉”。中華本據《通鑑》改。

〔12〕朱齡石：人名。字伯兒，沛郡沛人。參與平蜀、北伐等戰，多有功。義熙十四年，與赫連勃勃戰，陣亡。本書卷四八有傳。

從征劉毅，轉參太尉軍事。[1]十一年，復從討司馬休之。高祖每征討，林子輒摧鋒居前，[2]雖有營部，至於宵夕，輒勑還內侍。賊黨郭亮之招集蠻眾，屯據武陵，[3]武陵太守王鎮惡出奔，[4]林子率軍討之，斬亮之於七里澗，納鎮惡。武陵既平，復討魯軌於石城，[5]軌棄眾奔襄陽，復追躡之。襄陽既定，權留守江陵。[6]

[1]參太尉軍事：官名。即太尉府參軍事。時劉裕任太尉。
[2]摧鋒：《南史》卷五七《沈約傳》作“推鋒”。
[3]武陵：郡名。治所在今湖南常德市。
[4]太守：《南史》卷五七《王鎮惡傳》作“內史”。
[5]魯軌：人名。始爲東晉將領，後與司馬休之同降北魏。
[6]江陵：縣名。治所在今湖北荆州市荆州區。

十二年，高祖領平北將軍，[1]林子以太尉參軍，復參平北軍事。其冬，高祖伐羌，[2]復參征西軍事，悉署三府中兵，加建武將軍，統軍爲前鋒，從汴入河。[3]時襄邑降人董神虎有義兵千餘人，[4]高祖欲綏懷初附，即板爲太尉參軍，加揚武將軍，領兵從戎。林子率神虎攻

倉垣，[5]剋之，神虎伐其功，徑還襄邑。林子軍次襄邑，
即殺神虎而撫其衆。時僞建威將軍、河北太守薛帛先據
解縣，[6]林子至，馳往襲之，帛棄軍奔關中，林子收其
兵糧。僞并州刺史、河東太守尹昭據蒲坂，[7]林子於陝
城與冠軍檀道濟同攻蒲坂，[8]龍驤王鎮惡攻潼關。姚泓
聞大軍至，遣僞東平公姚紹爭據潼關。林子謂道濟曰：
"今蒲坂城堅池深，不可旬日而剋，攻之則士卒傷，守
之則引日久，不如棄之，還援潼關。且潼關天阻，所謂
形勝之地，鎮惡孤軍，勢危力屈。若使姚紹據之，則難
圖也。及其未至，當并力爭之。若潼關事捷，尹昭可不
戰而服。"[9]道濟從之。既至，紹舉關右之衆，設重圍圍
林子及道濟、鎮惡等。時懸師深入，糧輸艱遠，三軍疑
阻，莫有固志。道濟議欲渡河避其鋒，或欲棄捐輜重，
還赴高祖。林子按劍曰："相公勤王，[10]志清六合，許、
洛已平，[11]關右將定，[12]事之濟否，所係前鋒。今捨已
捷之形，棄垂成之業，大軍尚遠，賊衆方盛，雖欲求
還，豈可復得。下官受命前驅，誓在盡命，今日之事，
自爲將軍辦之。然二三君子，或同業艱難，或荷恩罔
極，以此退撓，亦何以見相公旗鼓耶。"塞井焚舍，示
無全志，率麾下數百人犯其西北，紹衆小靡，乘其亂而
薄之，紹乃大潰，俘虜以千數，悉獲紹器械資實。時諸
將破賊，皆多其首級，而林子獻捷書至，每以實聞，高
祖問其故，林子曰："夫王者之師，本有征無戰，豈可
復增張虛獲，[13]以自夸誕。國淵以事實見賞，[14]魏尚以
盈級受罰，[15]此亦前事之師表，後乘之良轍也。"高祖

曰:"乃所望於卿也。"

[1]平北將軍:官名。多授出鎮大臣。三品。

[2]羌:羌族,此指後秦。

[3]汴:汴水。　河:黃河。

[4]襄邑:縣名。治所在今河南睢縣。　董神虎:人名。本書僅此一見,其事不詳。

[5]倉垣:地名。在今河南開封市西北。

[6]河北:郡名。十六國後秦置,治所在今山西芮城縣。　薛帛:人名。本書僅此一見,《魏書》失載。　解縣:治所在今山西臨猗縣臨晉鎮東南。

[7]尹昭:人名。本書僅此一見,《魏書》失載。　蒲坂:縣名。治所在今山西永濟市蒲州鎮。

[8]檀道濟:人名。高平金鄉人。劉裕時爲將帥,多有功,宋文帝時以猜忌被殺。本書卷四三有傳。

[9]不戰而服:"服"諸本作"復"。中華本據《南史》、《元龜》卷三九八改。

[10]相公:指劉裕。時劉裕封相國,故稱相公。

[11]許、洛:即今河南許昌、洛陽。

[12]關右:即關西。函谷關以西,今河南靈寶市函谷關以西。

[13]虛獲:《南史》卷五七《沈約傳》作"虜獲"。

[14]國淵以事實見賞:典出《三國志》卷一一《魏書·國淵傳》:"破賊文書,舊以一爲十,及淵上首級,如其實數。太祖問其故,淵曰:'夫征討外寇,多其斬獲之數者,欲以大武功,且示民聽也。河間在封域之内,銀等叛逆,雖克捷有功,淵竊耻之。'太祖大悦,遷魏郡太守。"

[15]魏尚以盈級受罰:典出《漢書》卷五〇《馮唐傳》。魏尚爲雲中守,伐匈奴時,因多報六級首級而被削爵。

　　初，紹退走，還保定城，[1]留僞武衛將軍姚鸞精兵
守巇。林子銜枚夜襲，即屠其城，劓鸞而坑其衆。高祖
賜書曰：“頻再破賊，慶快無譬。既屢摧破，想不復久
耳。”紹復遣撫軍將軍姚讚將兵屯河上，絶水道。讚壘
塹未立，林子邀擊，連破之，讚輕騎得脱，衆皆奔散。
紹又遣長史領軍將軍姚伯子、寧朔將軍安鸞、護軍姚默
騾、平遠將軍河東太守唐小方率衆三萬，[2]屯據九泉，[3]
憑河固險，以絶糧援。高祖以通津阻要，兵糧所急，復
遣林子爭據河源。林子率太尉行參軍嚴綱、竺靈秀卷甲
進討，累戰，大破之，即斬伯子、默騾、小方三級，所
俘馘及驢馬器械甚多。所虜獲三千餘人，悉以還紹，使
知王師之弘。兵糧兼儲，三軍鼓行而西矣。或曰：“彼
去國遠鬭，其鋒不可當。”林子白高祖曰：“姚紹氣蓋關
右，而力以勢屈，外兵屢敗，衰亡協兆，但恐凶命先
盡，不得以釁齊斧耳。”尋紹〔疽發背死。高祖以林子
言驗，乃賜書曰：“姚紹〕忽死，[4]可謂天誅。”於是讚
統後事，鳩集餘衆，復襲林子。林子率師禦之，旗鼓未
交，一時披潰，讚輕騎遁走。既連戰皆捷，士馬旌旗甚
盛，高祖賜書勸勉，并致縑帛肴漿。

　　[1]定城：地名。在今陝西華陰市東。
　　[2]姚伯子：人名。中華本校勘記云：“‘姚伯子’《通鑑》作
‘姚洽’。”　姚默騾：人名。中華本校勘記云：“‘姚默騾’本書
《武帝紀》同，《晉書》載記、《通鑑》作‘姚墨蠡’。”　率衆三
萬：《晉書》卷一一九《姚泓載記》作“率騎三千”，《通鑑》卷一
一八作“率衆二千”。丁福林《校議》云：“三萬者，恐沈約張大其

祖林子戰功之虛辭也。"

　　[3]九泉：地名。中華本校勘記云："《通鑑》作'九原'。"

　　[4]"疽發背死"至"姚紹"：以上十七字諸本並脱，中華本據《元龜》卷四二八補。

　　高祖至閿鄉，[1]姚泓掃境内之民，屯兵嶢柳。[2]時田子自武關北入，屯軍藍田，泓自率大衆攻之。高祖慮衆寡不敵，遣林子步自秦嶺，[3]以相接援。比至，泓已摧破，兄弟復共追討，泓乃舉衆奔霸西。田子欲窮追，進取長安，林子止之，曰："往取長安，如指掌耳。復剋賊城，便爲獨平一國，不賞之功也。"田子乃止。復參相國事，總任如前。林子威聲遠聞，三輔震動，關中豪右，望風請附。西州人李焉等並求立功，[4]孫妲羌雜夷及姚泓親屬，盡相率歸林子。高祖以林子綏略有方，頻賜書褒美，并令深慰納之。長安既平，殘羌十餘萬口，西奔隴上，[5]林子追討至寡婦水，[6]轉闘達于槐里，[7]剋之，俘獲萬計。

　　[1]閿鄉：地名。在今河南靈寶市。

　　[2]嶢柳：地名。在今陝西商洛市。

　　[3]秦嶺：即今秦嶺山脈。

　　[4]西州：漢晋時泛指涼州爲西州。　李焉：人名。本書僅此一見，其事不詳。

　　[5]隴上：隴山。在今陝、甘二省之間。

　　[6]寡婦水：一名寡婦渡。在今甘肅慶陽市境。

　　[7]槐里：縣名。治所在今陝西興平市。十六國時後秦姚興稱帝於此。

　　大軍東歸，林子領水軍於石門，[1]以爲聲援。還至，
〔朝議欲授以一州八〕郡，[2]高祖器其才智，不使出也。
故出仕以來，便管軍要，自非戎車所指，[3]未嘗外典焉。
後太祖出鎮荆州，議以林子及謝晦爲藩佐，高祖曰：
“吾不可頓無二人，林子行則晦不宜出。”乃以林子爲西
中郎中兵參軍，[4]領新興太守。林子思議弘深，有所陳
畫，高祖未嘗不稱善。大軍還至彭城，林子以行役既
久，士有歸心，深陳事宜，并言：“聖王所以戒愼祇肅，
非以崇威立武，實乃經國長民，宜廣建藩屏，崇嚴宿
衛。”高祖深相誐納。[5]俄而謝翼謀反，[6]高祖嘆曰：“林
子之見，何其明也。”太祖進號鎮西，[7]隨府轉，加建威
將軍、河東太守。時高祖以二虜侵擾，復欲親戎，林子
固諫，高祖答曰：“吾輒當不復自行。”

　　[1]石門：地名。在今陝西藍田縣西南。

　　[2]朝議欲授以一州八：諸本並脫此八字，中華本據《元龜》
卷二〇〇補。丁福林《校議》云：“‘還至’後《南史·沈約傳》
有‘彭城’二字。”

　　[3]自非戎車所指：“車”諸本作“軍”，中華本據《元龜》卷
二〇〇改。

　　[4]西中郎：官名。即西中郎將。多授出鎮大臣，與東、南、
北中郎將合稱四中郎將。

　　[5]高祖深相誐納：“誐”諸本作“訓”。殿本《考證》云：
“訓疑當作誐。”中華本據改。

　　[6]謝翼謀反：謝翼其人及其謀反事，本書僅見於此處，餘
不詳。

[7]鎮西：官名。即鎮西將軍。多授出鎮大臣，品位較高，與鎮東、南、北將軍合稱四鎮。三品。

高祖踐阼，以佐命功，封漢壽縣伯，[1]食邑六百户，固讓，不許。傅亮與林子書曰：[2]"班爵疇勳，歷代常典，封賞之發，簡自帝心。主上委寄之懷，實參休否，誠心所期，同國榮戚，政復是卿諸人共弘建內外耳。足下雖存挹退，豈得獨爲君子邪。"除府諮議參軍，將軍、太守如故。尋召暫下，以中兵局事副録事參軍王華。[3]上以林子清公勤儉，賞賜重叠，皆散於親故。家無餘財，未嘗問生產之事，中表孤貧悉歸焉。遭母憂，還東葬，乘輿躬幸，信使相望。葬畢，詔曰："軍國多務，內外須才，前鎮西諮議、建威將軍、河東太守沈林子，不得遂其情事，可輔國將軍起。"林子固辭，不許，賜墨詔，朔望不復還朝，每軍國大事，輒詢問焉。時領軍將軍謝晦任當國政，[4]晦每疾寧，輒攝林子代之。林子居喪至孝，高祖深相憂愍。頃之有疾，上以林子孝性，不欲使哭泣減損，逼與入省，日夕撫慰。敕諸公曰："其至性過人，卿等數慰視之。"小差乃出。上尋不豫，被敕入侍醫藥，會疾動還外。永初三年，[5]薨，時年四十六。群公知上深相矜重，恐以實啓，必有損慟，每見呼問，輒答疾病還家，或有中旨，亦假爲其答。高祖尋崩，竟不知也。賜東園秘器，朝服一具，衣一襲，錢二十萬，布二百匹。詔曰："故輔國將軍沈林子，器懷真審，忠績允著，才志未遂，傷悼在懷。可追贈征虜將軍。"有司率常典也。元嘉二十五年，謚曰懷伯。

［1］漢壽縣伯：伯爵名。封邑在今湖南漢壽縣。

［2］傅亮：人名。字季友，北地靈州（今寧夏靈武市）人。本書卷四三有傳。

［3］中兵局：官署名。即中兵曹。此指鎮西將軍府中兵曹，掌本府親兵。　録事參軍：官名。此指鎮西將軍之屬吏録事參軍，掌録衆曹文簿。　王華：人名。字子陵，琅邪臨沂（今山東臨沂市）人。本書卷六三有傳。

［4］領軍將軍：官名。掌宿衛，爲禁軍統帥。三品。　謝晦：人名。字宣明，陳郡陽夏人，晋宋間將領。本書卷四四有傳。

［5］永初：宋武帝劉裕年號（420—422）。

　　林子簡泰廉靖，不交接世務，義讓之美，著於閨門，雖在戎旅，語不及軍事。所著詩、賦、贊、三言、箴、祭文、樂府、表、牋、書記、白事、啓事、論、老子一百二十一首。太祖後讀林子集，嘆息曰：“此人作公，應繼王太保。”［1］子邵嗣。

［1］王太保：即王弘。字休元，琅邪臨沂人。宋文帝時官至太保。本書卷四二有傳。

　　邵字道輝，美風姿，涉獵文史。襲爵，駙馬都尉、奉朝請。太祖以舊恩召見，入拜，便流涕，太祖亦悲不自勝。會强弩將軍缺，［1］上詔録尚書彭城王義康曰：“沈邵人身不惡，吾與林子周旋異常，［2］可以補選。”事見宋文帝中詔。於是拜强弩將軍。出爲鍾離太守，［3］在郡有惠政，夾淮人民慕其化，遠近莫不投集。郡先無市，時江夏王義恭爲南兗州，啓太祖置立焉。事見宋文帝中詔。義恭又啓太祖曰：“盱眙太守劉顯真求自解説，[4]邵往蒞任有績，彰於民聽，若重授盱眙，足爲良二千石。”上不許，曰：“其願還經年，方復作此流遷，必當大罔罔也。”[5]事見宋文帝中詔。上敕州辟邵弟亮，邵以從弟正蚤孤，乞移恩於正，上嘉而許之。在任六年，入爲衡陽王義季右軍中兵參軍。[6]始興王濬初開後軍府，又爲中兵。義季在江陵，安西府中兵久缺，啓太祖求人，上答曰：“稱意才難得。沈邵雖未經軍事，既是腹心，作鍾離郡，及在後軍府，房中甚修理，或欲遣之。”其事不果。事見宋文帝中詔。入爲通直郎。[7]時上多行幸，還或侵夜，邵啓事陳論，即爲簡出。前後密陳政要，上皆納用之，深相寵待，晨夕兼侍，每出游，或敕同輦。時車駕祠南郊，特詔邵兼侍中負璽，[8]代真官陪乘。大將軍彭城王義康出鎮豫章，[9]申謨爲中兵參軍，掌城防之任。廬陵王紹爲江州，[10]以邵爲南中郎府録事參軍，行府州事。[11]事未行，會謨丁艱，[12]邵代謨爲大將軍中兵，加寧朔將軍。事見宋文帝中詔。邵南行，上遂相任委，不復選代，仍兼録事，領城局。[13]後義康被廢，邵改爲廬陵王紹南中郎參軍，將軍如故。義康徙安成，邵復以本號爲安成相。在郡以寬和恩信，爲南土所懷。郡民王孚有學業，志行見稱州里，邵蒞任未幾，而孚卒，邵贈以孝廉，[14]板教曰：“前文學主簿王孚，行潔業淳，棄華息競，志學修道，老而彌篤。方授右職，不幸暴亡，可假孝廉檄，薦以特牲。緬想延陵，[15]以遂本懷。”邵慰恤孤老，勸課農桑，前後累蒙賞賜。邵疾病，使命累續，遣御醫上藥，異味遠珍，金帛衣裘，相望不絕。元嘉二十六年，卒，時年四十三。上甚相痛悼。

[1]强弩將軍：官名。侍衛武職。四品。

[2]周旋：周一良《札記》云：“乃親密往來之意。”

[3]鍾離：郡名。治所在今安徽鳳陽縣東北。

[4]盱眙：郡名。治所在今江蘇盱眙縣東北。　劉顯真：人名。本書僅此一見，其事不詳。

[5]大罔罔也：大爲惶惶不安。

[6]衡陽王：王爵名。王國在今湖南株洲縣西南。　義季：人名。即劉義季。宋武帝幼子。本書卷六一有傳。　右軍：官名。即右軍將軍。侍衛武職，亦授方鎮。與前、後、左將軍合稱四將軍。四品。

[7]通直郎：官名。即通直散騎侍郎。以其與散騎郎通員當直省内得名。南朝屬集書省。

[8]兼侍中：代理侍中。侍中，官名。門下省長官，掌侍從諫議。三品。　侍中負璽：侍中背負印璽隨侍皇帝左右。《晋書·職官志》：“大駕出，則次直侍中護駕，正直侍中負璽陪乘，不帶劍，餘皆騎從。”

[9]豫章：縣名。治所在今江西南昌市。

[10]廬陵王：王國名。王國在今江西吉水縣東北。　紹：人名。即劉紹。本宋文帝子，出繼廬陵王義真爲嗣。本書卷六一有附傳。　江州：治所在今湖北黄梅縣。

[11]行府州事：南朝以幼王出鎮，幼王無理事能力，則多以將軍府長史領“行府州事”，簡稱“行事”，即代行將軍府、刺史州事。

[12]丁艱：父喪守孝爲丁艱。

[13]領城局：兼領城防之局事。

[14]孝廉：察舉的科目。郡縣所選拔之品行優異人物，可推薦中央政府應試做官。

[15]延陵：即吳季札。吳王壽夢少子，封於延陵，故稱延陵季子。吳王欲傳王位於季札，辭不受。周游列國，時稱賢人。事見《史記》卷三一《吳太伯世家》及《左傳》等。

子侃嗣，官至山陽王休祐驃騎中兵參軍、南沛郡太守。[1]侃卒，子整應襲爵，齊受禪，[2]國除。[3]

[1]山陽王：王爵名。王國在今江蘇淮安市。　南沛郡：宋置，治所在今江蘇鎮江市京口區。
[2]齊受禪：齊代宋。
[3]國除：其封爵被廢，封國撤銷。

璞字道真，林子少子也。童孺時，神意閑審，有異於衆。太祖問林子：“聞君小兒器質不凡，甚欲相識。”林子令璞進見，太祖奇璞應對，謂林子曰：“此非常兒。”年十許歲，智度便有大成之姿，好學不倦，善屬文，時有憶識之功。尤練究萬事，經耳過目，人莫能欺之。居家精理，姻族資賴。弱冠，吳興太守王韶之再命，[1]不就。張邵臨郡，[2]又命爲主簿，除南平王左常侍。[3]太祖引見，謂曰：“吾昔以弱年出蕃，卿家以親要見輔，今日之授，意在不薄。王家之事，一以相委，勿以國官乖清塗爲罔罔也。”[4]

[1]王韶之：人名。字休泰，琅邪臨沂人。本書卷六〇有傳。

[2]張邵：人名。字茂宗，吴郡吴人。本書卷四六有傳。

[3]南平王：王爵名。王國在今湖北公安縣。此處指劉鑠。字休玄，文帝第四子。　左常侍：官名。王國左常侍，掌侍從諸王，規諫過失。六品。

[4]勿以國官乖清塗爲罔罔也：時以王國官爲濁途，秩級相同也視爲低一級。故告其曰勿心中不快。

　　元嘉十七年，始興王濬爲揚州刺史，寵愛殊異，以爲主簿。時順陽范曄爲長史，[1]行州事。曄性頗疏，太祖召璞謂曰："神畿之政，既不易理。濬以弱年臨州，萬物皆屬耳目，賞罰得失，特宜詳慎。范曄性疏，必多不同。卿腹心所寄，當密以在意。彼雖行事，其實委卿也。"璞以任遇既深，乃夙夜匪懈，其有所懷，輒以密啓，每至施行，必從中出。曄正謂聖明留察，故深更恭慎，而莫見其際也。在職八年，[2]神州大治，民無謗黷，璞有力焉。二十二年，范曄坐事誅，于時濬雖曰親覽，州事一以付璞。太祖從容謂始興王曰："沈璞奉時無纖介之失，在家有孝友之稱，學優才贍，文義可觀，而沈深守靜，不求名譽，甚佳。汝但應委之以事，乃宜引與晤對。"濬既素加賞遇，又敬奉此旨。璞嘗作《舊宫賦》，久而未畢，濬與璞疏曰："卿常有速藻，《舊宫》何其淹耶，想行就耳。"璞因事陳答，辭義可觀。濬重教曰："卿沈思淹日，向聊相敦問，[3]還白斐然，遂兼紙翰。昔曹植有言，[4]下筆成章，良謂逸才贍藻，誇其辭説，以今况之，方知其信。執省躊躇，三復不已。吾遠慚楚元，[5]門盈申、白之賓，[6]近愧梁孝，[7]庭列枚、馬之客，[8]欣惡交至，諒唯深矣。薄因末牘，以代一面。"
又與主簿顧邁、孔道存書曰：[9]"沈璞淹思踰歲，卿研
慮數旬，瓌麗之美，信同在昔。向聊問之，而還答累
翰，辭藻艷逸，致慰良多。既欣股肱備此髦楚，[10]還慙
予躬無德而稱。復裁少字，宣志於璞，聊因尺紙，使卿
等具知厥心。"此書真本猶存。濬年既長，璞固求辭事，
上雖聽許，而意甚不悦。以璞爲濬始興國大農，[11]尋除
秣陵令。

[1]范曄：人名。字蔚宗，順陽（今河南淅川縣）人，《後漢
書》作者，以牽連劉義康謀反事被殺。本書卷六九有傳。

[2]在職八年：丁福林《校議》云："今考本書《文帝紀》《二
凶傳》，始興王濬以元嘉十七年十二月爲揚州刺史，至元嘉二十六
年十二月改爲南徐兖二州刺史。沈璞爲始興主簿，在職乃十年（實
爲九年），非八年。下文云'二十二年，范曄坐事誅，於時濬雖曰
親覽，州事一以付璞'，自十七年至二十二年，首尾六年，亦非八
年。此'八年'，不知何指。"

[3]向聊相敦問：諸本脱"問"字。中華本據《元龜》卷二九
二補。

[4]曹植：人名。字子建，三國時魏宗室，曹操之子。《三國
志》卷一九有傳。

[5]楚元：即楚元王劉交。字游，西漢人。劉邦同父異母弟，
好《詩》。《漢書》卷三六有傳。

[6]申：即申公。漢初傳《魯詩》，文帝時爲博士，時在楚元
王府。　白：即白生。魯國奄里人，亦爲漢初詩傳名家，同申公俱
爲楚王客。

[7]梁孝：即梁孝王劉武。漢景帝同母弟。《漢書》卷四七
有傳。

[8]枚：即枚乘。字叔，西漢淮陰人，以文章著稱於世，時在梁孝王府中爲客。《漢書》卷五一有傳。 馬：即司馬相如。字長卿，成都人，西漢文學家，亦曾從梁孝王。《漢書》卷五七有傳。

[9]顧邁：人名。吳郡人，輕薄而有才能，深得始興王劉濬信任，家庭秘事無所不談。顧邁將此秘事泄露給好友劉瑀，爲劉瑀所告發，被徙廣州，值蕭簡爲亂，被殺。 孔道存：人名。會稽山陰人，孔琳之之孫。本書卷五六有附傳。

[10]髦楚：才華出衆。

[11]始興國大農：官名。時王國官屬三卿之一，主管農事。六品。

時天下殷實，四方輻輳，京邑二縣，[1]號爲難治。璞以清嚴制下，端平待物，姦吏斂手，猾民知懼。其間里少年，博徒酒客，或財利爭鬭，妄相誣引，前後不能判者，璞皆知其名姓，及巧詐緣由，探摘是非，各標證據，或辨甲有以知乙，或驗東而西事自顯，莫不厭伏，有如神明。以疾去職。太祖厚加存問，賞賜甚厚。濬出爲南徐州，[2]謂璞曰：“濬既出蕃，卿故當卧而護之。”與濬詔曰：“沈璞累年主簿，又經國卿，雖未嘗爲行佐，[3]今故當正參軍耶。若爾，正當署餘曹，兼房住，不爾便宜行佐正署中兵，恐於選體如不多耳。”事見宋文帝中詔。乃爲正佐。[4]

[1]京邑二縣：指建康、秣陵二縣。
[2]南徐州：治所在今江蘇鎮江市京口區。
[3]行佐：行參軍。
[4]正佐：參軍。

　　俄遷宣威將軍、盱眙太守。時王師北伐，彭、汴無虞。[1]璞以强寇對陣，事未可測，郡首淮隅，道當衝要，乃修城壘，浚重隍，聚材石，[2]積鹽米，爲不可勝之算。衆咸不同，朝旨亦謂爲過。俄而賊大越逸，索虜大帥託跋燾自率步騎數十萬，[3]陵踐六州，[4]京邑爲之騷懼，百守千城，莫不奔駭。腹心勸璞還京師，璞曰：“若賊大衆，不盻小城，故無所懼。若肉薄來攻，則成禽也。諸君何嘗見數十萬人聚在一處，[5]而不敗者。昆陽、合淝，前事之明驗。[6]此是吾報國之秋，諸君封侯之日。”衆既見璞神色不異，老幼在焉，人情乃定。收集得二千精手，謂諸將曰：“足矣。但恐賊不過耳。”賊既濟淮，諸軍將帥毛熙祚、胡崇之、臧澄之等，[7]爲虜所覆，無不殄盡，唯輔國將軍臧質挺身走，收散卒千餘人來向城。[8]衆謂璞曰：“若不攻則無所事衆，若其來也，城中止可容見力耳，地狹人多，鮮不爲患。且敵衆我寡，人所共知，雖云攻守不同，故當粗量强弱，知難而退，亦用兵之要。若以質衆法能退敵完城者，[9]則全功不在我，[10]若宜避賊歸都，會資舟檝，則更相蹂踐，正足爲患。今閉門勿受，不亦可乎。”璞嘆曰：“不然。賊不能登城，爲諸君保之。舟檝之計，固已久息。賊之殘害，古今之未有，屠剥之刑，衆所共見，其中有福者，不過得驅還北國作奴婢耳。彼雖烏合，寧不憚此耶。所謂‘同舟而濟，胡、越不患異心’也。今人多則退速，人少則退遲，吾寧欲專功緩賊乎。”乃命開門納質。質見城隍阻固，人情輯和，鮭米豐盛，器械山積，大喜，衆皆稱萬歲。及賊至，四面蟻集攻城，璞與質隨宜應拒，攻守三旬，殄其太半，燾乃遁走。有議欲追之者，璞曰：“今兵士不多，又非素附，雖固守有餘，未可以言戰也。但可整舟艫，示若欲渡岸者，以速其走計，不須實行。”咸以爲然。

[1]彭、汴：即彭城、汴渠。汴渠自滎陽接黃河至彭城北入泗水。彭、汴用以泛指這一地區。

[2]聚材石：諸本作“聚財石”。中華本據《元龜》卷三九改。

[3]索虜大帥託跋燾：即北魏太武帝拓跋燾。以鮮卑人頭上有辮髮，故南朝蔑稱其爲索虜。

[4]六州：指青州、冀州、徐州、豫州、北兗州、南兗州。

[5]諸君：諸本並作“諸軍”，中華本以爲“軍”應爲“君”，改正。

[6]昆陽、合淝，前事之明驗：據《通鑑》注，昆陽指王尋、王邑百萬大軍被劉秀大敗於昆陽（今河南葉縣）；合淝指諸葛恪二十萬大軍被曹軍大敗於合肥。前者見《後漢書》卷一《光武帝紀》，後者見《三國志》卷六四《吳書·諸葛恪傳》。

[7]毛熙祚：人名。諸本作“毛遐祚”，中華本據本書卷七四《臧質傳》及卷九五《索虜傳》改正。　臧澄之：人名。諸本作“臧證之”，中華本據本書卷五《文帝紀》及《臧質傳》改正。

[8]千餘人：《通鑑》卷一二五作“七百人”。

[9]質：諸本作“今”，中華本據《通鑑》元嘉二十七年改。

[10]不：諸本並脫“不”字，中華本據《通鑑》補。

臧質以璞城主，使自上露板。[1]璞性謙虛，推功於質。既不自上，質露板亦不及焉。太祖嘉璞功效，遣中使深相褒美。[2]太祖又別詔曰："近者險急，老弱殊當憂迫耶。念卿爾時，難爲心想。百姓流轉已還，此遣部運尋至，委卿量所贍濟也。"始興王濬亦與璞書曰："狡虜狂凶，自送近服，僞將即斃，酋長傷殘，實天威所喪、卿諸人忠勇之效也。吾式遏無素，致境蕪民瘵，負乘之愧，允當其責。近乞退謝愆，不蒙垂許，故以報卿。"宣城太守王僧達書與璞曰：[3]"足下何如，想館舍平安，[4]士馬無恙。離析有時，音旨無日，憂詠沈吟，增其勞望。間者獫玁扈橫，[5]掠剝邊鄙，郵販絶塵，坰介靡達，瞻江盻淮，眇然千里。吾聞涇陽梗棘，伊滑荐遘，[6]鳥集絃絶，患深自古。承知迺昔寇苦城境，勝胄朝飡，伍甲宵舍，烽鼓交警，羽鏑驟合。而足下砥兵礪伍，總厲豪彦，師請一奮，氓無貳情。遂能固孤城，覆嚴對，陷死地，覿生光，古之田、孫，何以尚兹。[7]商驛始通，粗知梗概，崇讚膽智，嘉賀文猛，甚善甚善。吾近以戎暴橫斥，規效情命，收龜落簪，星舍京里，既獲遄至，胡馬卷迹，支離霑德，復繼前緒，《行葦》之歡，[8]實協初慮。但乖塗重隔，顧增慨涕，比恒疾卧，憂委兼叠，裁書送想，無斁久懷。"

[1]露板：不密封公開上奏的文書。

[2]中使：官名。宮中使者，多由宦者任之。

[3]宣城：郡名。治所在今安徽宣城市宣州區。　王僧達：人名。王弘少子，琅邪臨沂人。本書卷七五有傳。

[4]平安：諸本作"正安"，中華本據《元龜》卷九〇五改。

[5]獫玁：北方古民族。一說即匈奴。此借指鮮卑。

[6]涇陽梗棘，伊滑荐遁：在涇陽（今陝西涇陽縣）大軍受阻，伊川滑臺的軍隊接連遁逃。按：此指王玄謨、柳元景北伐軍敗退的情形。梗棘，阻塞、受阻。荐遁，接連遁逃。

[7]古之田、孫，何以尚兹：古代的田忌、孫臏怎麼能超過他呢。田，田忌；孫，孫臏。均爲戰國時齊國的著名軍事家。公元前353年在桂陵之戰中，以田忌爲將軍、孫臏爲軍師的齊軍大敗魏軍。事見《史記》卷四六《田敬仲完世家》、卷六五《孫子吳起列傳》、《孫臏兵法·擒龐涓》、《戰國策·齊策一》等。

[8]《行葦》之歡：《詩·大雅·行葦》曰：“敦彼行葦，牛羊勿踐履。”對此詩有兩解：經古文學派認爲是泛言周王朝先世之忠厚，經今文學派認爲是專頌公劉之仁德。後世多以之爲歌頌仁慈之典故，用於歌頌朝廷。行葦，路邊的蘆葦。

徵還，淮南太守，[1]賞賜豐厚，日夕讌見。朝士有言璞功者，上曰：“臧質姻戚，又年位在前，盱眙元功，當以歸之。沈璞每以謙自牧，唯恐賞之居前，此士燮之意也。”[2]時中書郎缺，尚書令何尚之領吏部，舉璞及謝莊、陸展，[3]事不行。事見文帝中詔。凡中詔今悉在臺，猶法書典書也。

[1]淮南：郡名。治所在今安徽當塗縣。

[2]士燮：人名。字威彦，三國時吳國蒼梧廣信人。漢末爲交趾太守，與兄弟數人任交州諸郡守，黃武五年卒。《三國志》卷四九有傳。

[3]何尚之：人名。字彦德，廬江灊（今安徽霍山縣）人。本書卷六六有傳。　謝莊：人名。字希逸，陳郡陽夏（今河南太康縣）人。本書卷八五有傳。　陸展：人名。吳郡吳人，陸徽次子，歷官臧質車騎長史、尋陽太守，因隨臧質反孝武帝，兵敗被殺。事

見本書卷九二《陸徽傳》。

三十年，元凶弑立，璞乃號泣曰：“一門蒙殊常之恩，而逢若斯之運，悠悠上天，此何人哉。”日夜憂嘆，以至動疾。會二凶逼令送老弱還都，[1]璞性篤孝，尋聞尊老應幽執，輒哽咽不自勝，疾遂增篤，不堪遠迎，世祖義軍至界首，方得致身。先是，琅邪顏竣欲與璞交，[2]不酬其意，竣以致恨。及世祖將至都，方有讒說以璞奉迎之晚，橫罹世難，時年三十八。所著賦、頌、讚、祭文、誄、七、弔、四五言詩、牋、表，皆遇亂零失，今所餘詩筆雜文凡二十首。璞有子曰約。[3]

[1]二凶：指宋文帝太子劉劭、次子劉濬。見本書卷九九《二凶傳》。

[2]顏竣：人名。字士遜，琅邪臨沂人。本書卷七五有傳。

[3]璞有子曰約：諸本空“約”字。中華本據《南史》、《元龜》卷五六一補。中華本校勘記云：“按沈穆夫五子，沈約《自序》中，淵子、雲子、田子、林子並有事蹟，獨無虔子事蹟。‘璞有子曰約’下，又接叙虔子、伯玉、仲玉事蹟。疑其間有脫葉。司馬光《溫國文正公文集》卷六二《與劉道原書》：‘今國家雖校定摹印正史，校得絕不精。祇如沈約《序傳》，差邵數板亦不瘳，其他可知也。’是則嘉祐初刻，蓋已殘闕不完。”

伯玉字德潤，虔子子也。溫恭有行業，能爲文章。少除世祖武陵國侍郎，[1]轉右常侍，[2]南中郎行參軍，[3]自國入府，[4]以文義見知，文章多見世祖集。世祖踐阼，除員外散騎郎，不拜。左衛顏竣請爲司馬。[5]出補句容令,[6]在縣有能名。復爲江夏王義恭太宰行參軍,[7]與奉朝請謝超宗、何法盛校書東宮,[8]復爲餘姚令,[9]還爲衛尉丞。[10]世祖舊臣故佐,普皆升顯,伯玉自守私門,朔望未嘗問訊。顏師伯、戴法興等並有蕃邸之舊,[11]一不造問,由是官次不進。上以伯玉容狀似畫圖仲尼像,常呼爲孔丘。舊制車駕出行,衛尉丞直門,常戎服。張永謂伯玉曰:[12]“此職乖卿志。”王景文亦與伯玉有舊,[13]常陪輦出,指伯玉白上:“孔丘奇形容。”上於是特聽伯玉直門服玄衣。[14]出爲晉安王子勛前軍行參軍,[15]侍子勛讀書。隨府轉鎮軍行佐。前廢帝時,王景文領選,謂子勛典籤沈光祖曰:[16]“鄧琬一旦爲長史行事,沈伯玉先帝在蕃□佐,今猶不改,民生定不應佳”。戴法興聞景文此言,乃轉伯玉爲參軍事。子勛初起兵,轉府功曹。[17]及即僞位,[18]以爲中書侍郎。[19]初,伯玉爲衛尉丞,太宗爲衛尉,共事甚美。及子勛敗,伯玉下獄,見原,猶以在南無誠,被責,除南臺御史,[20]尋轉武陵國詹事,[21]又轉大農,母老解職。貧薄理盡,閑卧一室,自非弔省親舊,不嘗出門。司徒袁粲、司空褚淵深相知賞,[22]選爲永世令,[23]轉在永興,[24]皆有能名。後廢帝元徽三年,卒,時年五十七。伯玉性至孝,奉親有聞,未嘗妄取於人,有物輒散之知故。溫雅有風味,和而能辨,與人共事,皆爲深交。

[1]武陵國侍郎:官名。王國官屬之一,職侍從諸王。

[2]右常侍:官名。王國官屬之一,職侍從諸王,諫議補缺。

[3]南中郎行參軍:官名。即南中郎將府行參軍。

［4］自國入府：即自武陵國轉入南中郎將府。

［5］左衛：官名。即左衛將軍。侍衛武職，與右衛將軍對置，合稱二衛。四品。

［6］句容：縣名。治所在今江蘇句容市。

［7］太宰行參軍：官名。太宰屬吏，職如其他公府行參軍。

［8］謝超宗：人名。陳郡陽夏人，謝靈運之孫。因靈運案徙嶺南，元嘉末得還，起家奉朝請，入齊歷官黃門郎、南郡王中軍司馬、竟陵王諮議參軍。不得志，以輕慢罪，賜自盡。《南齊書》卷三六有傳。　何法盛：人名。晉宋間士人，著有《晉中興書》，然《南史》卷三三《徐廣傳》謂其爲竊郗紹之作，今佚。清湯球輯其佚文，編入《九家舊晉書輯本》。

［9］餘姚：縣名。治所在今浙江餘姚市。

［10］衛尉丞：官名。衛尉佐吏，掌佐衛尉府事。

［11］顏師伯：人名。字長淵，琅邪臨沂（今山東費縣）人，宋時官員。本書卷七七有傳。　戴法興：人名。會稽山陰人，宋孝武時幸臣，任中書舍人，權傾一時。本書卷九四有傳。

［12］張永：人名。吳郡吳人，張茂度之子。歷任鎮軍將軍、右光禄大夫等。本書卷五三有附傳。

［13］王景文：人名。名彧，琅邪臨沂人，因與宋明帝同名，以字行。本書卷八五有傳。

［14］玄衣：古代祭祀時所穿的黑色禮服，也是卿大夫的命服。

［15］晉安王：王爵名。王國在今福建福州市。　子勛：人名。即劉子勛，字孝德，孝武帝第三子。本書卷八〇有傳。

［16］典籤：官名。原爲州、軍府所設掌管文書的小吏，南朝皇帝始用其監督諸王及刺史，遂成權勢較大的皇帝耳目。　沈光祖：人名。劉子勛稱帝時，用其爲中書舍人。兵敗，被晉熙蠻所殺。

［17］功曹：官名。此爲將軍府功曹，掌選任諸吏事。

［18］及即僞位：指劉子勛爲眾將擁戴稱帝。

［19］中書侍郎：官名。中書省屬官，掌制詔誥文書。五品。

［20］南臺：即御史臺。　御史：官名。御史臺屬官，掌監察百官。

［21］武陵國詹事：官名。王國官屬。掌世子府諸事。

［22］袁粲：人名。字景倩，陽郡陽夏人。本書卷八九有傳。褚淵：人名。字彥回，河南陽翟（今河南禹州市）人，宋、齊時大臣。《南齊書》卷二三有傳。

［23］永世：縣名。治所在今江蘇溧陽市。

［24］永興：縣名。治所在今浙江杭州市蕭山區。

　　弟仲玉，泰始末，[1]爲寧朔長史、蜀郡太守。[2]益州刺史劉亮卒，[3]仲玉行府州事。巴西李承明爲亂，[4]仲玉遣司馬王天生討平之。[5]廢帝詔以爲安成王撫軍中兵參軍，加建威將軍。沈攸之請爲征西諮議，[6]未拜，卒。

［1］泰始：宋明帝劉彧年號（465—471）。

［2］寧朔長史：官名。寧朔將軍府長史，掌府内庶務。　蜀郡：治所在今四川成都市。

［3］益州：治所在今四川成都市。　劉亮：人名。彭城人，以軍功封順陽縣侯，歷黃門郎、梁益二州刺史，頗有政績。欲致長生，服丹藥中毒而死。本書卷四五有附傳。

［4］巴西：郡名。治所在今四川閬中市。　李承明：人名。巴西暴動領袖，執太守張淡，蜀土騷擾，後爲王天生所平。

［5］王天生：人名。太原祁（今山西祁縣）人。齊王蕭道成專權，沈攸之舉兵反，袁粲爲内應。王天生等攻石頭城，斬袁粲，以功官至巴西、梓潼太守，封上黃縣男。事見《梁書》卷九《王茂傳》。

［6］沈攸之：人名。字仲達，吳興武康人。本書卷七四有傳。

史臣年十三而孤，[1]少頗好學，雖棄日無功，而伏
膺不改。常以晋氏一代，[2]竟無全書，年二十許，便有
撰述之意。泰始初，征西將軍蔡興宗爲啓明帝，[3]有勅
賜許，自此迄今，年逾二十，所撰之書，凡一百二十
卷。[4]條流雖舉，而採掇未周。永明初，[5]遇盜失第五
帙。建元四年未終，[6]被勅撰國史。永明二年，又忝兼
著作郎，[7]撰次起居注。[8]自兹王役，無暇搜撰。五年
春，又被勅撰《宋書》。六年二月畢功，表上之，曰：

[1] 史臣：沈約因撰《宋書》，故自謂史臣。

[2] 晋氏：晋朝。

[3] 征西將軍蔡興宗：丁福林《校議》據本書卷八《明帝紀》、
卷五七《蔡興宗傳》考證，是時蔡興宗並未任征西將軍，其爲征西
將軍乃在明帝卒後。丁氏認爲“此云‘征西將軍’者，蓋興宗於
沈約有恩，故乃以其後所任之顯位稱之也”。録此以備一説。蔡興
宗，人名。濟陽考城人。本書卷五七有附傳。

[4] 凡一百二十卷：沈約所撰《晋書》今佚。現《世説新語
注》《北堂書鈔》《初學記》《藝文類聚》《史通》尚保存有數條。
見湯球《九家舊晋書輯本》。

[5] 永明：齊武帝蕭賾年號（483—493）。

[6] 建元：齊高帝蕭道成年號（479—482）。

[7] 著作郎：官名。隸秘書，掌撰修國史及起居注。六品。

[8] 起居注：皇帝日常言行、生活的記録。

　　臣約言：臣聞大禹刊木，[1]事炳虞書，[2]西伯戡
黎，[3]功焕商典。[4]伏惟皇基積峻，帝烈弘深，樹德
往朝，立勳前代，若不觀風唐世，[5]無以見帝嬀之

美，[6]自非覩亂秦餘，何用知漢祖之業。[7]是以掌言未記，爰動天情，曲詔史官，追述大典。臣實庸妄，文史多闕，以兹不才，對揚盛旨，是用夕惕載懷，忘其寢食者也。

[1]大禹：即夏禹。夏朝的創立者。　刊木：指測量山川形勢而治水。《史記》作“表木”。《集解》曰：“表木，謂刊木立爲表記。”

[2]虞書：傳説爲夏朝的文獻，見《尚書》。

[3]西伯：周文王。　戡黎：征服黎國。黎，商時小國，在今山西長治市北。

[4]商典：商朝文獻。《尚書·商書》有《西伯戡黎》篇。

[5]唐世：唐堯之世。帝堯爲陶唐氏，故稱其世爲唐世。

[6]帝嬀：即舜。傳説舜居嬀汭，因嬀爲氏。故稱舜爲帝嬀。

[7]漢祖：即漢高祖劉邦。

　　臣約頓首死罪：竊惟宋氏南面，[1]承歷統天，雖世窮八主，[2]年減百載，而兵車亟動，國道屢屯，垂文簡牘，事數繁廣。若夫英主啓基，名臣建績，拯世夷難之功，配天光宅之運，亦足以勒銘鍾鼎，昭被方策。及虐后暴朝，前王罕二，國釁家禍，曠古未書，又可以式規萬葉，作鑒于後。

[1]宋氏：南朝宋。

[2]世窮八主：自宋武帝劉裕建宋至宋順帝被南齊所廢共歷八帝。

　　宋故著作郎何承天始撰《宋書》，[1]草立紀傳，止於武帝功臣，篇牘未廣。其所撰志，唯《天文》《律歷》，自此外，悉委奉朝請山謙之。[2]謙之，孝建初又被詔撰述，尋值病亡，仍使南臺侍御史蘇寶生續造諸傳，[3]元嘉名臣，皆其所撰。寶生被誅，大明中，又命著作郎徐爰踵成前作。[4]爰因何、蘇所述，勒爲一史，起自義熙之初，訖于大明之末。至於臧質、魯爽、王僧達諸傳，又皆孝武所造。[5]自永光以來，[6]至於禪讓，十餘年內，闕而不續，一代典文，始末未舉。且事屬當時，多非實録，又立傳之方，取捨乖衷，進由時旨，退傍世情，垂之方來，難以取信。臣今謹更創立，製成新史，始自義熙肇號，終於昇明三年。[7]桓玄、譙縱、盧循、馬、魯之徒，[8]身爲晉賊，非關後代。吳隱、謝混、郗僧施，[9]義止前朝，不宜濫入宋典。劉毅、何無忌、魏詠之、檀憑之、孟昶、諸葛長民，[10]志在興復，情非造宋，今並刊除，歸之晉籍。

[1]何承天：人名。東海人，宋歷史學家。本書卷六四有傳。

[2]山謙之：人名。宋時官員，初爲太學中之史學生，後爲學士、奉朝請，爲宋朝撰定禮儀注，參與國史修撰。本書、《南史》等皆無傳，事迹散見本書《禮志》。

[3]蘇寶生：人名。即蘇寶。初爲國子學助教，官至南臺侍御史、江寧令。高闍謀反，知而不舉被殺。本書卷七五有附傳。

[4]徐爰：人名。字長玉，南琅邪開陽人，宋時幸臣。本書卷九四有傳。

[5]孝武：宋孝武帝劉駿。

[6]永光：宋前廢帝劉子業年號（465）。

[7]昇明三年：公元 479 年。齊代宋之年。昇明，宋順帝劉準年號（477—479）。

[8]桓玄：人名。桓温之子，東晉大臣，曾篡晉自立，後爲北府兵推翻。《晋書》卷九九有傳。　譙縱：人名。東晉巴西南充人。率衆反，自稱成都王，義熙九年被平。《晋書》卷一〇〇有傳。馬：即司馬休之。　魯：即魯軌。東晉末將領。不滿劉裕掌權，起兵反叛。失敗而降北魏。

[9]吳隱：人名。即吳隱之。字處默，濮陽鄄城（今山東鄄城縣）人。官至廣州刺史，以清正廉潔著稱於世，卒於義熙九年。《晋書》卷九〇有傳。　謝混：人名。字叔源，東晉末大臣，官至中書令、中領軍、尚書左僕射，以同情劉毅爲劉裕所殺。《晋書》卷七九有附傳。　郗僧施：人名。字惠脱，東晉末官員，官至丹陽尹、南蠻校尉，以黨同劉毅被殺。事見《晋書》卷六七《郗超傳》。

[10]何無忌：人名。東海郯（今山東郯城縣）人。東晉末將領，同劉裕共起兵反桓玄而立功，官至鎮南將軍，在鎮壓盧循的暴亂中爲循將徐道覆部所殺。《晋書》卷八五有傳。　魏詠之：人名。字長道，任城人。東晉末將領。《晋書》卷八五有傳。　檀憑之：人名。字慶子，高平（今山東鄒城市）人。東晉末將領，與劉裕同起兵反桓玄，戰没。《晋書》卷八五有傳。　孟昶：人名。東晉末大臣，官至尚書左僕射。義熙六年，盧循圍京師，在桑落洲大敗晉軍，昶畏懼自殺。　諸葛長民：人名。琅邪陽都（今山東沂南縣）人。東晉末將領，官至豫州刺史，因不滿劉裕殺劉毅，謀反而被殺。《晋書》卷八五有傳。

　　臣遠愧南、董，[1]近謝遷、固，[2]以閭閻小才，述一代盛典，屬辭比事，望古慚良，鞠躬跼蹐，觍汗亡厝。本紀列傳，繕寫已畢，合七帙七十卷，[3]臣今謹奏呈。所撰諸志，須成續上。謹條目録，詣省拜表，奉書以聞。

臣約誠惶誠恐，頓首頓首，死罪死罪。

[1]南、董：即南史氏、董狐。春秋時剛直不阿、置生死於不顧的史官。《左傳》襄公二十五年載：齊國大臣崔杼殺國君，"太史書曰：'崔杼弒其君。'崔子殺之。其弟嗣書，而死者二人，其弟又書，乃舍之。南史氏聞太史盡死，執簡以往。聞既書矣，乃還"。又《左傳》宣公二年：晉靈公無道，欲殺大夫趙盾，盾出奔，而盾之族人趙穿殺靈公，董狐書："趙盾弒其君。"後世以此二人爲良史。

[2]遷：人名。即司馬遷。《史記》作者。　固：人名。即班固。《漢書》作者。

[3]本紀列傳，繕寫已畢，合七帙七十卷："七帙"諸本作"志表"。按：沈約《宋書》本紀十卷、列傳六十卷，合七十卷之數。《宋書》有志無表，故下云："所撰諸志，須成續上。"故"志表"顯誤，《元龜》卷五六一作"七帙"，中華本據改。